南京师范大学教育社会学研究中心
新 教 育 公 平 研 究 丛 书

江苏高校哲学社会科学优秀创新团队

"新教育公平的理论建构与实践探索"项目（2015ZSTD007）研究成果

受江苏高校优势学科建设工程（PAPD）资助

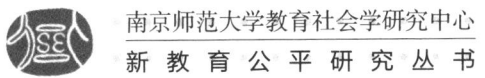

南京师范大学教育社会学研究中心
新教育公平研究丛书

丛书主编　程天君

家长、社区与新教育公平

贺晓星等　著

南京师范大学出版社
NANJING NORMAL UNIVERSITY PRESS

图书在版编目(CIP)数据

家长、社区与新教育公平 / 贺晓星等著. — 南京：南京师范大学出版社，2018.10
(新教育公平研究丛书 / 程天君主编)
ISBN 978-7-5651-3796-9

Ⅰ. ①家… Ⅱ. ①贺… Ⅲ. ①教育制度—研究—中国 Ⅳ. ①G522

中国版本图书馆 CIP 数据核字(2018)第 151893 号

丛 书 名	新教育公平研究丛书
丛书主编	程天君
书 名	家长、社区与新教育公平
作 者	贺晓星等
责任编辑	王　艳
出版发行	南京师范大学出版社
地　　址	江苏省南京市玄武区后宰门西村 9 号(邮编:210016)
电　　话	(025)83598919(总编办)　83598412(营销部)　83598297(邮购部)
网　　址	http://www.njnup.com
电子信箱	nspzbb@163.com
照　　排	南京理工大学资产经营有限公司
印　　刷	南通印刷总厂有限公司
开　　本	787 毫米×960 毫米　1/16
印　　张	16.75
字　　数	272 千
版　　次	2018 年 10 月第 1 版　2018 年 10 月第 1 次印刷
书　　号	ISBN 978-7-5651-3796-9
定　　价	48.00 元

出 版 人　彭志斌

南京师大版图书若有印装问题请与销售商调换
版权所有　侵犯必究

总　序

追求公平和平等是一种"抗议性理想",不平等可归因于天意,而平等只能是人类行为的结果。因此,如果说存在着一个使人踏上无尽历程的理想,那就是平等。[①] 教育公平是人类社会孜孜以求的价值理念,教育公平问题既是古老话题,也是世界性难题,更是中国教育改革和发展进程中的关键问题。[②] 新世纪以来,教育公平作为我国教育改革和发展中一个不容忽视的难题逐渐成为社会各界关注的重心,也日益成为国家大政方针明确保障的目标。

保障人民群众接受良好教育的机会,是党的十六大确立的全面建设小康社会的重要目标,也是建设社会主义和谐社会的重要内容。由此,学界开始广泛探讨教育公平与社会公平的关系以及教育公平对社会和谐发展的重大价值。党的十七大报告提出了"教育是民族振兴的基石,教育公平是社会公平的重要基础"的重要论断,这为教育公平研究提供了更为明确的政策指引,也明确了教育公平的应然定位和意义。党的十八大报告则提出"大力促进教育公平,合理配置教育资源",在促进教育公平方面做出了方向性的制度安排,这对教育公平研究提出了更高要求,需要我们向纵深挖掘。党的十九大基于新的历史方位明确提出,中国特色社会主义进入了新时代,我国社会主要矛盾已经转化为人民日益增长的美好生活需要和不平衡不充分的发展之间的矛盾,强调要"推进教育公平""办好人民满意的教育"。新时代中国社会主要矛盾的变化深刻揭示出我国经济社会发展的阶段性特征,也为政府由"提出教育公平"到"促进教育公平"再到"推进教育公平"这一系列重大决策提供了时代依据。

教育公平既是一个由实践引发的理论问题,也是一个由理论建构的实践

[①] [美]乔万尼·萨托利.民主新论:古典问题[M].上海:上海人民出版社,2015:510-511.
[②] 贺晓星,等.家长、社区与新教育公平[M].南京:南京师范大学出版社,2018:前言.

问题。教育公平与"和谐社会""社会公平""政府责任""教育政策"以及"社会主义新时代"等关键词的紧密关联,反映出建构本土性教育公平理论以及探索我国教育公平实践的现实需要与可能。

正是基于这一境脉,江苏高校哲学社会科学优秀创新团队——"新教育公平的理论建构与实践探索"团队①,立足于"中国教育问题"和"中国教育经验",在借鉴与对话既有教育公平理论的基础上,尝试提出了"新教育公平"理念,以呈现我们对新时期中国教育公平问题的诊断与应答。

教育公平不是新课题,新教育公平也不是为了"标"新。② 但是,在这篇序言里,笔者不得不面对"新教育公平到底'新'在哪里"这一问题。

简单来说,一种思想、一种理论可称之为"新",要么是其自身具有独特性、创新性和不可替代性等基本特征;要么是其深化、拓展了先前的理论,或者转换了研究的视角,提出另一种(alternative)观点。这里所说的"新"大抵是指后一种。这就必然需要以某种已有的参照系为前提来进行讨论。也就是说,对"新教育公平"之"新"在哪里的认识,需要放在既有国内外教育公平研究的框架中去思考。

纵观既有特别是近年来的教育公平研究不难发现,教育公平理论众说纷纭却难有突破,教育公平实践如火如荼却成效不彰。何以如此? 我们觉得,其中主要存在三方面的问题:一是多为宏观研究,二是多为教育外部研究,三是多为理论研究。基于此,"新教育公平"研究尝试另辟蹊径,旨在实现以下三方面的转换:一是从注重教育公平宏观政策的研究下沉到同时注重微观教育过程与质量公平研究;二是从注重教育公平的外部社会支持研究深入到同时注重学校教育内涵式公平研究;三是从注重教育公平的理论研究延伸到同时注重推进教育公平的学校变革实践研究。通过这些转换,建构以"人"为核心评估域的新教育公平理念,并探讨其社会支持策略及相应的学校变革实践。

以"人"为核心评估域的新教育公平理念,可以从三个层面进行理解。

首先,教育公平的核心评估域要发生质的转向,即由侧重考量经济、政治等"社会"的片面指标,转为关注"人"的全面发展,关注"具体的人"在教育过

---

① 该团队由南京师范大学教育社会学研究中心的骨干力量组建而成。2015 年 6 月,该团队被确立为江苏高校哲学社会科学优秀创新团队。

② 王建华.新教育公平的旨趣[J].教育发展研究,2017(2).

总 序

程中是得到如何"具体的对待"的。这是教育经历以政治为本的阶级内公平和以经济为本的功利主义公平之后,对人的直接关照的复归和超越,亦是对此前教育政治化、经济化的反思与拨乱反正。

其次,受益者将出现横向扩展,即教育公平的受惠者是每一个人,而不是部分人。以经济发展为本建构的教育公平实质上是部分人(所谓"学而优者"或"家庭资本优者")受益的公平。惯常的择优录取是以学生分数的高低为依据的,在这种标准下,由各种非智力因素导致的"成绩差"的学生往往不能得到和成绩好的学生同等的对待而成为边缘人甚至是局外人。

最后,教育公平将指向过程和内涵。以"人"为核心评估域的教育公平理念不仅关涉显性、物质等公共资源配置方面的起点平等、均衡,更涵盖诸如尊严、幸福、精神等隐性的"教育系统内部"和"教育教学过程之中"的教育公平,目的在于解决教育系统内部相当程度上存在的不平等、不公平或者贬抑、歧视、排斥等问题。

我们这套"新教育公平研究丛书",正是基于以上设想而辑集问世的。这套丛书,或可看作破解乃至推进解决当前教育公平研究难题的一种努力和尝试,并有望在一定程度上回应和回答新时代"推进教育公平"战略和"以人民为中心"思想的时代课题。

"新教育公平研究丛书"是江苏高校哲学社会科学优秀创新团队"新教育公平的理论建构与实践探索"项目研究的最终成果。这套丛书涉及"教育公平理论的反思与重构""新教育公平的社会支持策略"和"新教育公平视野下的学校变革"等三个项目子课题。应当说,与以往的研究相比,这些论著在理论和实践上都有一定的深化和推进。在理论方面,针对已有教育公平理论重心多在教育公平的外部资源配置和物质支持上这一问题,通过梳理和反思既有教育公平理论,并依据我国社会改革的深入、教育公平的不断推进、新时代社会主要矛盾的变化等现实情况,《新教育公平引论》一书提出了契合新时期社会发展需要的"新教育公平"理念。在实践方面,针对既有研究中关于教育公平的社会支持研究以及关于学校教育过程中教育公平研究不足这两个突出问题,本丛书的其余几部专著着重探讨了新教育公平的社会支持策略和新教育公平视野下学校变革的路径,分别聚焦了"家长、社区与新教育公平""新教育公平视野下的教师教育改革""新教育公平视野下教与学的变革""新教育公平视野下的学校再生产"等主题,并尝试建构了旨在关注教育教学过程公平的"课堂教学公平指标体系"。

"新教育公平研究丛书"的编撰初衷和期望是既葆有国际视野,又凝聚本土经验;既关注理论建构,又着眼实践变革;既注重教育本身和过程,又不忘教育之外和社会支持。借此,在理论上推进和深化教育公平研究,在实践上落实"推进教育公平"战略和促进学校变革。

理想往往很丰满,现实常常很骨感。

"新教育公平的理论建构与实践探索"团队成员虽已努力和尽力,但限于人力和财力,忝为团队带头人的我,在丛书付梓之际,心里除了友谊和感念,更多的则是忐忑和不安。这也是为什么我迟迟提交不了《总序》给出版社的原因。如今,只能硬着头皮请读者批评指正。

"新教育公平的理论建构与实践探索"团队能够成立并被确立为江苏高校哲学社会科学优秀创新团队,离不开南京师范大学和江苏省教育厅的扶持,离不开团队成员,特别是吴康宁、贺晓星、高水红、张义兵、杨跃、王建华、周勇、邵泽斌、柏宏权等诸位师友同事的贡献和襄助;"新教育公平研究丛书"能够面世,离不开南京师范大学出版社,特别是王艳、张文等编者的设计和编辑;"新教育公平的理论建构与实践探索"项目阶段性成果的发表,离不开《教育研究与实验》《教育发展研究》《全球教育展望》等刊物的厚爱和支持,并得到《新华文摘》、人大复印报刊资料《教育学》等刊物的转载和中国社会科学网的关注。在此一并致谢!

草成上文,权作总序,以履行我忝为丛书主编不可回避的职责。

程天君
2018 年 5 月 4 日于金陵随园

前　言

本书是一份调研报告。本调研报告的主题是有关家长参与、社区发展与新教育公平的研究，是作为江苏高校哲学社会科学优秀创新团队"新教育公平的理论建构与实践探索"项目研究的一部分来完成的。

教育公平是人类社会孜孜以求的价值理念。教育公平问题既是古老话题，也是世界性难题，更是中国教育改革和发展进程中的关键问题。教育公平的主要内涵，在法律上，是人人享受平等的受教育权利；在教育政策上，是人人平等地享有公共教育资源；在教育活动中，是人人受到平等的教育对待，人人具有同等的取得学业成就和就业前景的机会。为了真正体现和维护教育公平所蕴含的平等精神，在实际教育活动中，教育公平还必须包括：在客观层面，当社会发展处于不平等的历史时期，公共教育资源配置向社会弱势群体倾斜（"不平等"的矫正）；在现实层面，反对和遏制破坏教育权利平等和机会均等的教育特权（"平等"的维护）[1]。这些教育公平的维度实际上均指向社会层面的公平正义。

指向社会公平正义的教育公平的观念以及实践，在我国一直是很长的一段历史中的一条主线。著名学者杨东平指出，中华人民共和国成立以来的社会发展和教育发展，可以清晰地划分为四个各具特点的不同阶段："文革"前十七年、"文革"时期、实行改革开放的20世纪80年代以及20世纪90年代中期以后。政治意识形态的变化、国家发展目标和发展模式以及社会转型和市场化等因素的消长交织，影响了四个时期教育公平的不同状态。[2] 大体而言，1949年以后到"文革"时期，中国教育面临的突出问题是如何改造"旧教育"并创建社会主义"新教育"，以彰显社会主义制度的优越性，遂使"阶级—

---

[1] 石中英.教育公平的主要内涵与社会意义[J].中国教育学刊,2008(3).
[2] 杨东平.从权利平等到机会均等——新中国教育公平的轨迹[J].北京大学教育评论,2006(2).

权利"成为基本的评估域。① 这段时期中国政府通过一系列强有力的促进平等化的手段,有效地切断了家庭背景与教育获得之间的联系,极大地减弱了教育获得方面的阶级差异。这些手段首先表现为扩大教育系统,其次是实施大众教育(成人教育)规划,最后是采取一些特殊的行政手段来增加工农子弟入学的机会,使工农出身的人在大学生中的比例逐年上升——1953年的比例为28%,1958年上升到55%,1965年达到71%。这些干预政策成功阻断了家庭的社会经济地位与其子女教育获得之间的联系②,这当然也意味着传统意义上的社会中下层特别是下层也充分享有了受教育的权利。然而,就保障每一个人平等的受教育权利而言,正如有学者③尖锐地指出的那样,当时教育公平的成就掩盖了另一个事实。从阶级斗争理论出发,当时的教育平等强调的是"阶级内的平等",主张工农子女享有受教育的"优先权",而这实际上实行的是一条对"非劳动人民"子女而言具有歧视性的"阶级路线"政策,并非保障了每一个人平等受教育的权利。阶级内部的利益也是等级化的,出现了干部阶层的教育特权。基于家庭出身的政治评价,直接导致了"文革"时期"血统论"的泛滥成灾。

1978年以后,经济增长成为最主要的追求目标,人们之间的社会经济差异不再是不可容忍的现象,而成为促进经济增长的一种激励机制。教育的主要功能之一不再是消除阶级差异,而是为经济增长(实现"四化")选拔培育人才。在意识形态及教育功能发生转变的大趋势之下,1978年以来实施的教育改革可以概括为两个方面的转变。一是大众化教育模式向精英化教育模式的转变。这种转变对于农村和贫困地区以及城市贫困家庭和父母文化水平较低家庭的子女产生了不利的影响,他们往往成为被淘汰的对象,辍学率的上升就是这种状况的反映。二是由计划体制向市场体制转变("教育的产业化")。教育的市场化导致了地区之间和不同家庭经济背景的学生之间教育机会分配的不平等。这一时期教育运行的默认逻辑是"教育是生产力"。

---

① 程天君.新教育公平引论——基于我国教育公平模式变迁的思考[J].教育发展研究,2017(2).

② Zhong Deng and Donald J. Treiman. The Impact of the Cultural Revolution on Trends in Educational Attainment in the People's Republic of China[J]. The American Journal of Sociology,1997(2).

③ 应星,刘云杉."无声的革命":被夸大的修辞——与梁晨、李中清等的商榷[J].社会,2015(2).

这种功利主义的教育有利于社会经济发展(也只是"一部分人先富起来"式的非公平发展),但其隐含的是一种精英主义的教育取向,对于受教育者却是一种沉重的负担。在这种理念下,受教育者被贴上标签,像商品一样等待着社会的选择与评判。重点小学、重点中学、重点大学也"理所当然"地成为合理的存在。① 这种"效率优先"的发展观,在"分数面前人人平等"的大义名分下变态地忽视了教育公平。以各种名义实施的"市场化"改革,其实在很大程度上损害了教育的公共性、公益性和公平性,加大了基础教育的城乡差距、地区差距和阶层差距。与此同时,教育规律所要求的教育的相对独立性以及人的发展需求,在很大程度上也被模糊和忽视了。②

杨东平(2015)③一针见血地指出,尽管过去教育公平的评估域出现了强调"政治出身"(教育权利平等)和"个人能力"(分数面前人人平等)两个阶段,但其实都是出于社会需要。建立在此基础上的教育公平观,实质是将人当作社会的工具、政治的工具、经济的工具。人本身不是目的,而是实现其他目的的工具。

我们应该认识到,社会取向和市场(经济)取向的教育公平很难说是真正或充分意义上的教育公平。为什么?因为社会取向和市场(经济)取向的教育公平,关注的主要是资源的均衡配置,强调公共教育资源均衡配置对于每个人的教育公平的优先地位。这样来理解教育公平自有其历史的逻辑性,但也有其历史的局限性。当时的各种教育政策文本中基于资源配置均衡(实质上是向某一特定阶层倾斜或者说是向成绩、分数倾斜)的教育公平观念,忽视了教育系统内部实现每个人的公平才是真正的、实质的教育公平。

肇始于 20 世纪 80 年代末 90 年代初的"素质教育"实践摸索与理论探索,为教育实现由服务"社会"到直面"人"的转向提供了社会基础,也为教育公平评估域的重塑做了必要的准备。此后,"以人为本"的教育理念似乎逐渐深入人心。实行以人为本的教育,意味着需要改变强烈影响我国教育的国家主义、精英主义和工具主义的教育价值,改变以前主要从国家立场出发的定位,转变为以学校和学生为中心;超越政治本位和经济主义的模式,实行以每

---

① 程天君. 新教育公平引论——基于我国教育公平模式变迁的思考[J]. 教育发展研究,2017(2).
② 杨东平. 从权利平等到机会均等——新中国教育公平的轨迹[J]. 北京大学教育评论,2006(2).
③ 专访法国"查理与莫妮克·莫拉泽奖"获得者杨东平[EB/OL]. (2015-11-16). http://news.sina.com.cn/o/2015-11-16/doc-ifxkrwks4006089.shtml.

一个学生的健康成长和终身幸福为本。这包括教育指导思想、教育发展观、教育价值观等许多宏观与微观层面的改变。而以人为本的新教育公平观最直接的体现就是对教育系统内部的每个学生个体差异的尊重,充分解决教育系统内部普遍存在的不平等、不民主以及等级化、边缘化、排斥、欺侮等现象。①

进入21世纪以后,在国家政策层面,对于学生个体的强调,也以《国家中长期教育改革和发展规划纲要(2010—2020年)》(以下简称《规划纲要》)的形式得到了充分的体现。《规划纲要》的第二条"工作方针"提出要"关心每个学生,促进每个学生主动地、生动活泼地发展,尊重教育规律和学生身心发展规律,为每个学生提供适合的教育"。

以上是对教育公平实践领域的一些粗线条的总结归纳。而从研究的角度说,教育公平问题被我国学术界普遍关注和系统研究应该说是始于20世纪90年代,迄今为止,围绕教育公平问题出版的专著、发表的论文等可以用"汗牛充栋"一词来形容。② 这些既有的研究,其关注点集中于教育公平是什么、教育为何不公、教育如何才能公平、怎样评价教育公平等宏观制度、资源配置方面。随着政治、经济、社会、人民生活等各方面的发展,当前我国的教育已经跨入了一个新阶段,追求一种更有质量的教育公平已经成为全社会的共识。"有质量的教育公平处于教育公平发展的高级阶段,是对教育的新诉求。有质量的教育公平以推进教育公平为基本价值取向,追求高质量的教育,重在提高学生学业成就。"③

"提高学业成就"云云的观点依然多少还残留着社会取向和市场(经济)取向的影子,但重要的是,"有质量的教育公平""对教育的新诉求"这样的观念作为问题被提了出来,学者们也开始了自己新的思考。这是新教育公平"新在何处"的问题。

我们的观点是,新教育公平的"新",主要体现为以下三个面向。

第一,对于"个体"的关注。

德国哲学家雅斯贝尔斯曾经写道:"教育是人们灵魂的教育,而非理智知

---

① 石中英.教育公平政策终极价值指向反思[J].探索与争鸣,2015(5).
② 章露红.二十年来我国教育公平研究的学术进展——基于1994—2014年间的文献分析[J].复旦教育论坛,2015(4).
③ 陈如平.走向有质量的教育公平[N].中国教育报,2007-08-18.

识和认识的堆砌。教育就是一棵树摇动另一棵树,一朵云推动另一朵云,一个灵魂唤醒另一个灵魂。"雅斯贝尔斯没有直接在谈教育公平,而是谈的教育,但是在他诗一般的语言中,其实触及了新教育公平之"新"的一个实质性内涵,那就是对于"个体"的关注。要注意到,他的语言是一种"个体"式的语言,在"教育就是……"的"断定式"语气后面,紧跟着是"一棵树""另一棵树""一朵云""另一朵云""一个灵魂""另一个灵魂"这样的以"一"贯之的表述。"一"也就是对"每个"的强调,可以说从本质上阐释了何谓教育公平。这种公平超越了既往教育公平研究主要集中于宏观教育的"资源"和"机会"、注重"效率优先"的思想,而回归到教育的本质——以"学生",以"人=个体"为核心的评估域中。在这一点上,杨东平也有很具思想性的发挥,他认为教育公平要做到三点:一是真正的以学生为本,而不是以教育政绩、教育 GDP 和升学率为本;二是以每一个学生为本,而不是以少数学生为本,也不是以高分学生为本;三是以每一个学生的全面发展和终身幸福为本,而不是以每一个学校的升学率为本。①

理想的教育公平意味着每一个学生都需要被"具体对待"和"认真对待"。人不是物,每一个人都是特殊的,每一个人的教育也是独一无二的,实质性的教育公平就要求教育要适合每一个不同的人,即关注个体间的差异以及基于个体差异的教育公平。② 真正的教育所需要的爱、尊重、承认、陪伴、宽容等,是不可能作为公共资源由政府随意配置的。③ 新教育公平是以人为本,将人作为核心评估域的实质教育公平,其要求教育要适合每一个不同的人,尊重人的差异,以每一个学生的健康成长和终身幸福为本。

第二,对于人的"生命体验、生活感受"的追求。

以人为本,以每个"个体"为本,也必然是一种对于人的"生命体验、生活感受"的追求。著名教育学者叶澜认为:"教育是直面人的生命、通过人的生命、为了人的生命质量的提高而进行的社会活动。"④而教育社会学者程天君敏锐地指出,新教育公平正是提倡关注人自身"发展""成长",从个人的生命

---

① 杨东平. 从权利平等到机会均等——新中国教育公平的轨迹[J]. 北京大学教育评论,2006(2).
② 王建华. 新教育公平的旨趣[J]. 教育发展研究,2017(2).
③ 石中英. 教育公平政策终极价值指向反思[J]. 探索与争鸣,2015(5).
④ 叶澜,郑金洲,卜玉华. 教育理论与学校实践[M]. 北京:高等教育出版社,2000:136.

体验、生活感受以及意义赋予的角度出发,强调对"人"本体的尊重。①

反观社会取向和市场(经济)取向的种种教育公平政策和实践,一直是偏离人,偏离生命的基点,为国家主义、功利主义所主宰。正如艾略特所讽刺的:"个人要求更多的教育,不是为了智慧,而是为了维持下去;国家要求更多的教育,是为了要胜过其他国家;一个阶层要求更多的教育,是为了要胜过其他阶层,或者至少不被其他阶层所胜过。因此,教育一方面同技术效力相联系,另一方面同国家地位的提高相联系。"②在此,教育遵循的不是"生命的诗意存在",而是"产销对路"。有学者指出,当前教育异化的根本症结就在于"教育是培养人的"这一神圣而庄严的命题遭到误读甚至扭曲,"培养人"被"规范人"这一外在的社会化标准所取代,因此,当前的教育只能给予人们种种"武器"来获得在生物界竞争的本事,但却难以赋予人精神上的寄托,使人树立起做人的理想、理念与境界。③

新教育公平的"新"字,一定具体体现为把公平问题与个体的生命体验、生活感受、意义赋予联系起来。

第三,对于"换位思考能力"的强调。

换位思考,简单来说就是能够设身处地为他人着想,即一种想人所想、理解至上的处理人际关系的思考方式。将心比心、设身处地是形成换位思考能力不可缺少的心理机制。它客观上要求我们将自己的内心世界,如情感体验、思维方式等与对方联系起来,站在对方的立场上体验和思考问题,从而与对方在情感上得到沟通,为增进理解奠定基础。可以说换位思考既是一种理解,也是一种关爱,更是融洽人与人之间关系的最佳润滑剂,在日常生活中有着重要的功能。

教育公平在结构上应有软硬两个方面:硬的一面是制度、资源、机会的保障;软的一面则是更注重情感上的公平感体验。形成这种"公平感"需要一种特殊的能力——换位思考,即不同个体之间要平等自由地看待对方的情感体验,将心比心、设身处地地感受他者的教育困境和教育难题。若是缺乏换位思考的能力,即便再怎么强调起点、过程、结果、资源、制度等,都难以真正实现教育公平。

---

① 程天君. 新教育公平引论——基于我国教育公平模式变迁的思考[J]. 教育发展研究,2017(2).
② 冯建军. 论生命化教育的要义[J]. 教育研究与实验,2006(5).
③ 郝德永. 人的存在方式与教育的乌托邦品质[J]. 高等教育研究,2004(4).

前言

　　换位思考能力的开发和提升,是新教育公平得以实现的一个重要的关键节点。换位思考能力的概念与意义,迄今为止,在教育研究的场域被讨论得很少,而本调研报告,将"换位思考能力"定位为一个关键词,用问卷调查的社会学实证方法,来论证家长参与、社区发展以及换位思考能力与新教育公平之间的必不可分的有机联系。

　　本调研报告是一个课题的汇报总结。这份调研报告的研究主题有两个,一是"家长参与与新教育公平",二是"社区发展与新教育公平"。综上所述,本调研报告重点关注的是家长参与、社区居民、换位思考能力与新教育公平的问题。我们把新教育公平的"新"字的意涵落脚在对学生作为"人＝个体"的考量上,主张新教育公平的实现离不开家长参与,也与社区发展紧密关联。家长参与、社区发展以及换位思考能力的有无,直接关系到这种以人为本、以个体为本的新教育公平的实现是可能还是不可能。

施培松　　刘慧　　贺晓星
2018 年 5 月

目 录

总　序 ………………………………………………………… 001

前　言 ………………………………………………………… 001

一　理论与设计
  第一章　新教育公平理论初探 ………………………… 003
  第二章　调研设计与实施 ……………………………… 013

二　家长参与与新教育公平
  第三章　家长群体概述 ………………………………… 027
  第四章　家长的新教育公平感 ………………………… 035
  第五章　亲子交流与家校沟通 ………………………… 052
  第六章　文化资本与换位思考能力 …………………… 076
  第七章　家长参与怎样促进新教育公平 ……………… 089
  第八章　新教育公平意识怎样促进家长参与 ………… 103

三　社区发展与新教育公平
  第九章　社区发展的现状描述 ………………………… 121
  第十章　社区居民的日常生活与社区参与 …………… 136
  第十一章　社区居民的换位思考能力 ………………… 156

第十二章　社区居民的新教育公平感知及需求 …………… 170
　　第十三章　社区发展怎样促进新教育公平意识 …………… 181
　　第十四章　新教育公平意识怎样促进社区发展 …………… 199

四　总结与建议
　　第十五章　总结、思考与政策建议 ………………………… 215

参考文献 ………………………………………………………… 232

附录1　"教育公平与家长参与"问卷 ………………………… 236

附录2　"教育公平与社区发展"问卷 ………………………… 243

后　记 …………………………………………………………… 250

一

理论与设计

第一章
新教育公平理论初探

一、新教育公平与社会正义

教育公平是日常生活中国人最关心的一个问题,牵动着家家户户。教育公平问题既是社会的关注焦点,也是学术研究的热门话题。在相关的研究领域,围绕"公平"一词可以看到一个独特的、以宏观制度性的表述为特色的话语空间,充斥着对社会正义的希望和激情,以及相应的种种具体改革操作指南。但这些操作指南,大多指向了机会与资源的种种不平等,在教育的起点、过程、结果及制度保障上大做文章,而很少去思考作为公平具体落脚点的个体的生命体验、生活感受、意义赋予问题。

本调研报告出于对既有研究的反思,提出一种"新教育公平"的理念和主张。新教育公平的"新"字,具体体现在把公平问题与个体的生命体验、生活感受、意义赋予联系起来。

就这一点,从理论上讲,我们可以从美国学者约翰·罗尔斯(J. Rawls)那里得到一些很有价值的启发。罗尔斯对公平问题的思考独到而又有深度,他把公平与社会正义连接在一起,提请人们去注意"契约"权利问题。笔者在《聋教育改革与新教育公平的理论建构》一文中对罗尔斯的思想也做过简要的论述。①

若对思想史式进行追本溯源,会发现,社会正义与其说是社会学的概念,不如说是伦理学、政治哲学的概念。迄今为止,似乎并没有哪个社会学家展开了成体系的社会正义理论,倒是哲学家,卢梭、洛克、康德等人的名字马上就能浮现眼前。当然,要谈社会正义,绕不过罗尔斯,他写下了极为艰涩的

---

① 贺晓星.聋教育改革与新教育公平的理论建构[J].教育发展研究,2017(2).

《正义论》一书。让我们先来了解一下《正义论》一书的中文版译者何怀宏等人对罗尔斯的解读。

何怀宏等在"译者前言"中首先谈到正义的概念性质:

> "正义"(justice)一词的使用由来已久。在亚里士多德那里,它主要用于人的行为。然而,在近现代的西方思想家那里,"正义"的概念越来越多地被专门用作评价社会制度的一种道德标准,被看作社会制度的首要价值。罗尔斯则更明确地规定,在他的正义论中,正义的对象是社会的基本结构——用来分配公民的基本权利和义务、划分由社会合作产生的利益和负担的主要制度。他认为:人们的不同生活前景受到政治体制和一般的经济、社会条件的限制和影响,也受到人们出生伊始所具有的不平等的社会地位和自然禀赋的深刻而持久的影响,然而这种不平等却是个人无法自我选择的。因此,这些最初的不平等就成为正义原则的最初应用对象。换言之,正义原则要通过调节主要的社会制度,来从全社会的角度处理这种出发点方面的不平等,尽量排除社会历史和自然方面的偶然因素对于人们生活前景的影响。①

以上这段话,基本上是从功能入手,给正义定位的。正义"越来越多地被专门用作评价社会制度的一种道德标准,被看作社会制度的首要价值"。换言之,第一,这个概念本身就涉及道德,第二,正义似乎是为"社会制度"存在而存在的,其用来表征、衡量宏观社会制度的善恶,甚至调节社会制度以达到消解社会的种种不平等。

不可否认,社会制度当然是一个宏观的东西。对于起点、过程、结果的不平等问题以及相应的宏观层面上的制度改革,实际上也确实是迄今为止许多教育公平研究最关注的焦点。教育公平研究领域充斥着诸如以下的言说,大家耳熟能详:

> 1) 采取多种措施,救助弱势群体,这一条涉及实行免费的义务教育,从制度上保证农民工子女享受高质量教育的权利等;2) 创造良好的

---

① [美]约翰·罗尔斯. 正义论[M]. 何怀宏,等译. 北京:中国社会科学出版社,1988:译者前言.

环境,促进弱势群体健康发展;3) 合理配置教育资源,保护弱势群体,其中涉及完善奖学金、助学金、贷学金制度,完善教育资源共享制度等;4) 结合我国国情,吸收借鉴国外的经验,比如若在全国范围内推行教育券制度的话,"排富性"模式的教育券较为符合我国国情等。①

作为达成社会公平的主要途径,人们大多把目光投向了制度性改革。不可否认,宏观层面的制度性改革以及出发点的公平保证当然重要,然而教育所面临的种种不公平问题,并不能仅靠制度性改革得到彻底的解决。不公平问题的解决,讲句套话,是一个复杂的"系统工程"。对"社会正义"的诉求,除了关注社会制度、出发点公平外,还有一些别的因素、别的问题,值得去做更深层次的思考和探析。

二、契约、道德与话语空间

让我们回到《正义论》的"译者前言"。何怀宏等写道:

> 罗尔斯通过进一步概括以洛克、卢梭、康德为代表的契约论,使之上升到更高的抽象水平而提出了他的"作为公平的正义理论"。在此,契约的目标并非是选择建立某一特殊的制度或进入某一特定的社会,而是选择确立一种指导社会基本结构设计的根本道德原则(正义原则)。②

在此我们看到,本身就涉及道德的正义概念实际上是与契约概念紧连在一起的。"正义论"来自"契约论",只不过罗尔斯将之提升到更抽象的层面,在一个纯假设的前提下展开了理念型性质的理论:

> 罗尔斯的契约论是完全与社会历史分开的。他认为,订立契约的"原初状态"(original position)纯粹是一种假设的状态,一种思辨的设

---

① 韩鹏英. 透过弱势群体的教育现状关注教育公平[J]. 教育理论与实践,2007(11).
② [美]约翰·罗尔斯. 正义论[M]. 何怀宏,等译. 北京:中国社会科学出版社,1988:6.

计,对它可以有各种旨在引出不同结论的不同解释;我们可以合理地设置原初状态的条件,使一个人任何时候都能进入这种假设状态,模拟各方面进行合理的推理而做出对正义原则的选择。①

那么,如何合理地设置原初状态的条件呢?罗尔斯用了一个概念"无知之幕"。

这些选择是在无知之幕(the veil of ignorance)后进行的。原初状态中相互冷淡的各方除了有关社会理论的一般知识,不知道任何有关个人和所处社会的特殊信息。这时,各方运用游戏理论中的最大的最小值规则(maximin rule)是恰当的,即选择那种其最坏结果相比于其他选择对象的最坏结果来说是最好结果的选择对象。这样,这一规则马上就排除了功利主义的选择对象,因为功利主义在产生最大利益总额(或平均数)的前提下容许对一部分人的平等自由的严重侵犯。②

于是,在这样的纯假设性条件下,

罗尔斯认为:各方将选择的原则是处在一种"词典式序列"(lexical order)中的两个正义原则,第一个原则是平等自由的原则,第二个原则是机会的公正平等原则和差别原则的结合。其中,第一个原则优先于第二个原则,而第二个原则中的机会公正等原则又优先于差别原则。这两个原则的要义是平等地分配各种基本权利和义务,同时尽量平等地分配社会合作所产生的利益和负担,坚持各种职务和地位平等地向所有人开放,只允许那种能给最小受惠者带来补偿利益的不平等分配,任何人和团体除非以一种有利于最少受惠者的方式谋利,否则就不能获得一种比他人更好的生活。所谓"作为公平的正义"即意味着正义原则是在一种公平的原初状态中被一致同意的,或者说,意味着社会合作条件是在公平的条件下一致同意的,所达到的是一公平的契约,所产生的也将是一

① [美]约翰·罗尔斯. 正义论[M]. 何怀宏,等译. 北京:中国社会科学出版社,1988:6.
② [美]约翰·罗尔斯. 正义论[M]. 何怀宏,等译. 北京:中国社会科学出版社,1988:6.

第一章
新教育公平理论初探

公平的结果。①

即便罗尔斯的正义论展开在一个很抽象、很理想、很假想的层面,"完全与社会历史分开",有太多的"博弈论"色彩(比如对理性人的假设),但这里的几段依然给我们在此谈"教育公平与社会正义"问题带来莫大的启发。即便在最浅表的层面上去阅读,依然有两点让人印象深刻:一是谈正义离不开对契约的思考;二是平等自由原则优先于机会公正原则。

正义或许意味着在肯定"你要给我机会"之前,首先是你要承认我是一种"平等自由"的存在——你须得知道我与你有签订契约的权利。在此,"你"的概念,也即作为公平具体落脚点的个体的问题被凸显了出来。

以往的教育公平研究,虽然也经常引用罗尔斯的观点,但却更关注他的第二个原则:

> 罗尔斯正义理论涉及的差别对待原则,正是对效率原则的超越,它以"适合于最少受惠者的最大利益"为伦理底线,即挑选出其中最不利的阶层,以这一不利阶层的利益为标准来确定分配,也即是最弱势群体的利益,恰恰是我们最优先的考虑。按照罗尔斯这样的原则,在普及化的基础教育阶段,教育资源应当更多地花费在那些处境不良的人身上(原文如此),事实上他们的健康成长需要更多的特殊关注。②

而从"你须得知道我与你有签订契约的权利"的角度去思考教育公平与社会正义问题,我们或许更应该关注罗尔斯第一原则。形而下地说,在此,问题转换成了那我如何才能承认你是一种"平等自由"的存在? 我如何知道你与我有签订契约的权利? 我与你即便订立了契约,你如何才能知道我会去履约?

思考这些问题,又让我们想起社会学家涂尔干(E. Durkheim)的名字。与罗尔斯同样,涂尔干有关道德社会学的一些思想和理论也颇有借鉴意义。

---

① [美]约翰·罗尔斯. 正义论[M]. 何怀宏,等译. 北京:中国社会科学出版社,1988:6-7.
② 张佩文. 从罗尔斯的正义理论看基础教育的公平问题[J]. 南昌大学学报(人文社会科学版),2007(4).

三、涂尔干的意义

在《职业伦理与公民道德》一书中,涂尔干用了四章的篇幅(或许叫"四讲"更为合适)讲"契约"。涂尔干首先谈到人如何才会去履行契约,也就是"契约约束关系本身是怎样构成的":

> 这种约束关系有两个不同来源:(1)或者来源于关系中物或人存在的一种状态或条件,在这种状态或条件中,这些物或人(暂时地或永久地)在特定环境中具有某种性质,并借助公共意识拥有某些已经获得的特性。(2)或者来源于另一种状态,这种状态不是物或人存在的状态,只是双方希望或渴望达成的状态。在这种情况下,并不是状态或条件所固有的性质带来了权利,而是人们希望或渴望达成状态这一事实带来了权利。①

涂尔干又继续追问:

> 那么这些约束关系,换言之,这些来源于人或物的状态或状况的权利和义务究竟是从哪里产生的呢?②

他的回答是:

> 实际上,它们来源于一方或另一方的神圣属性,来源于它们直接或间接被赋予的道德声望。③

---

① [法]E.涂尔干. 职业伦理与公民道德[M]. 渠东,付德根,译. 上海:上海人民出版社,2006:140.
② [法]E.涂尔干. 职业伦理与公民道德[M]. 渠东,付德根,译. 上海:上海人民出版社,2006:141.
③ [法]E.涂尔干. 职业伦理与公民道德[M]. 渠东,付德根,译. 上海:上海人民出版社,2006:141.

第一章
新教育公平理论初探

如果任何一方的许诺本身都没有能够对意志产生强制作用的道德权威,那么双方就不会取得共识。①

于是,问题在于神圣属性、道德声望、道德权威这样的东西如何形成。回答可以是由于有宗教,有信仰,有各种各样具体的庄严仪式,但涂尔干指出:

(现代社会)繁忙生活的需要越来越减弱了仪式形式性的重要性。不过与此同时,信仰的弱化也越来越减少了这些形式性身上的价值,许多意义也逐渐消失了。这样,倘若庄严契约中剩下的只有源自庄严仪式的法律纽带,那么这种发展最终会造成契约权的真正退步,因为达成契约的许诺已经失去了所有的基础。不过我们也已经看到,还有另外一种契约形式存活了下来,即以个人权利为基础的契约。②

这种"以个人权利为基础的契约":

对人们产生了双重的约束作用;它把人们彼此约束起来;如果神也曾是契约的当事人,它也用神来约束他们;如果社会也介入到代表社会的人之中,社会也对他们具有约束作用。进而言之,我们也知道神只是社会的象征形式。③

只有社会才能对自然实行全面的支配,为自然立法,将这种道德的平等凌驾于事物所固有的物质不平等之上。④

为契约双方争得神圣属性、道德声望、道德权威的,只有取代了传统社会中宗教之位置的"社会"。承认"个人权利"为契约之基础的也只有"社会"。

---

① [法]E.涂尔干. 职业伦理与公民道德[M]. 渠东,付德根,译. 上海:上海人民出版社,2006:146.
② [法]E.涂尔干. 职业伦理与公民道德[M]. 渠东,付德根,译. 上海:上海人民出版社,2006:153.
③ [法]E.涂尔干. 职业伦理与公民道德[M]. 渠东,付德根,译. 上海:上海人民出版社,2006:155.
④ [法]E.涂尔干. 职业伦理与公民道德[M]. 渠东,付德根,译. 上海:上海人民出版社,2006:175.

然而在此的要点是,社会并非是指那个调配资源决定分配的结构性某物,而是一个本身产生概念、观念、范畴,反过来又由概念、观念、范畴等组成的话语空间似的东西。在这个空间中,逻辑思维、认识判断乃至行为模式得以形成。

教育公平无疑也是社会所赋予的一个概念,而概念一旦形成,就成了公共意识,决定了人们的思考逻辑。而我们看到的是,在教育公平与社会正义这样的话语空间里,个体并没有成为一个需要去关心、去思考、去帮助的对象,几乎所有的话语形式,都围绕着"那么如何安排资源与机会"这几个字打转,而看不到对于个体的忽视本身便使得契约不可能成立,因为在这样的"资源、机会一边倒"的宏观话语空间里,我们很容易为概念所遮蔽视线而看不到鲜活的、完整的人格性的个体存在。

四、同一律的超越与换位思考能力

从正义论和道德社会学的角度谈教育公平的理念与研究,需要有一种知识社会学、宗教社会学的问题意识。在罗尔斯第二个原则上做宏观制度层面的讨论,资源与机会或许是非常必要的概念。但若把问题设定在第一个原则的层面上来展开对更微观的过程的思考,那么资源、机会云云的话语空间,其实并无可能真正地去帮助鲜活的个体,达成教育上、社会上的正义。

"公平"意味着在肯定"资源和机会"的保障之前,首先要承认所有的当事人是一种"平等自由"的存在,而"平等自由"意味着所有的当事人都有着签订契约的权利。罗尔斯相信,"在各种传统的观点中,正是这种契约论的观点最接近于我们所考虑的正义判断,并构成一个民主社会的最恰当的道德基础"。如果站在罗尔斯的高度来思考,公平问题的根本更在于对"平等自由"的承认,即第一原则的贯彻。让我们再次回到罗尔斯的"无知之幕"假设。

> 这一状态的一些基本特征是:没有一个人知道他在社会中的地位——无论是阶级地位还是社会出身,也没有人知道他在先天的资质、能力、智力、体力等方面的运气。我甚至假定各方并不知道他们特定的善的观念或他们的特殊的心理倾向。正义的原则是在一种无知之幕后

第一章
新教育公平理论初探

被选择的。这可以保证任何人在原则的选择中都不会因自然的机遇或社会环境中的偶然因素得益或受害。由于所有人的处境都是相似的,无人能够设计有利于他的特殊情况的原则。①

然而"所有人的处境都是相似的"确实乃为一种仅为理论所需而设置的假设,在更为形而下的现实社会中,需要去思考如何更为具体地去回答这些问题。而我们认为,提升契约双方当事人的生命感受、生活体验以及换位思考的能力才是虽然形而下但却更为现实的一条途径。对于签订契约的权利承认和履行契约的诺言的保证,一定是建立在一种深层次的生命感受和生活体验之上的,这是一种能换位思考及平等自由地看待对方的私人性情感体验。承认和保证也一定建立在意义赋予之上,但此处的意义赋予并非前述的社会共同的主流观念,而是个体性的、发自内心的一种共生共存的赞美和感情。这一个体的、私人性的感情超越了思维的二元对立、逻辑的公理统摄。

逻辑的公理统摄典型地表现为比如"我是人;人的生命是有限的;所以我的生命是有限的"这样的三段论的"同一律"。陈爱华指出,"三段论逻辑体系的和谐美表现为三段论公理的统摄美。三段论的公理是指:一类事物的全部是什么,或不是什么,那么这类事物的部分也是什么,或不是什么。换言之,如果对一类事物的全部有所断定,那么对它的部分也就有所断定。实际上,三段论公理是对逻辑基本规律的同一律在三段论中的具体展开,体现了同一律对三段论公理的统摄"②。在这一同一律的逻辑中,中项(M),具体地体现为谓语、宾语、表语等,难于成为逻辑因果的决定要素。比如同样的三段论形式:我疼;猫也疼;所以我是猫。"疼"这一中项,保证不了最后"我是猫"的结论的成立。

然而日本作家石牟礼道子在《苦海净土》一书描述的水俣病事件中却呈现了一种宝贵的鲜活个体生活体验,告诉我们"我疼;猫也疼;所以我是猫"的逻辑既非错误也非荒谬。

水俣病事件乃人类历史上的一个著名环境污染事件,发生在20世纪50年代日本九州地区熊本县水俣镇。水俣镇紧邻水俣湾,居住着4万多居民,其中不少以打鱼为业。水俣湾渔产丰富,相关产业兴旺发达。然而1925年

---

① [美]约翰·罗尔斯. 正义论[M]. 何怀宏,等译. 北京:中国社会科学出版社,1988:12.
② 陈爱华. 三段论的逻辑美解读[J]. 徐州师范大学学报(哲学社会科学版),2010(4).

日本氮肥公司在该镇建厂，1949年后开始生产氯乙烯，在年产量不断提高的同时，大量未经处理的工业废水被排放到水俣湾中。排放的废水含有大量的汞，而汞在水中被水生物食用后会转化成致人死亡的剧毒物质甲基汞。水俣湾常年被工业废水严重污染，湾里的鱼虾类也由此遭受灭顶之灾。受了污染的鱼虾通过食物链又进入动物和人体内，导致甲基汞直接侵害脑部和身体其他部位，导致脑萎缩，破坏掌握身体平衡的小脑和知觉系统。1956年水俣病爆发，病症最初出现在猫身上，表现为"猫舞蹈症"。病猫站立不稳，抽搐、麻痹，痛苦不堪直至跳海自杀，被称为"自杀猫"。后见之于人，症状同样，在万般的痛苦中求生不得、求死不能。

　　在《苦海净土》中，石牟礼道子描写了一位患上了水俣病的中年女性，在她眼里，我就是猫，猫就是我。"吃"这一动词，"疼"这一表语，决定了我与猫的等同，并无人类/动物、高级/低级的两分，决定了人与动物的平等换位。这并非修辞也非比喻，而是鲜活的现实世界。而我们只有在观念上意识到、体验到、开始深度思考这一平等换位之成为可能的现实世界，习惯于去追问一种与社会共同意义赋予不一样的个体生命感受、生活体验，才能真正懂得"我疼；猫也疼；所以我是猫"这样的三段论非但不错误、荒谬，而且还必定是在罗尔斯"平等自由"第一原则之上建构有关以个体契约权利为基础的新教育公平理论的起点。①

---

① 石牟礼道子. 苦海净土[M]. 東京：講談社文庫，1972.

第二章
调研设计与实施

一、家长参与、社区发展和新教育公平

（一）家长参与促进新教育公平

教育是个人实现社会流动、促进社会公平的重要途径，但家庭的阶层优势在子代的教育获得中扮演了重要角色。这些与家庭经济、文化、父母职业地位相关的优势会传递给子女，使子女能够获得更好的教育机会，获得更优质的教育过程，取得更高水平的教育成就，进而以一种隐秘的方式实现父母社会地位的复制或再生产[1]。

美国社会学家科尔曼从功能的角度出发，把为个人行动提供便利的各种社会结构要素的组合界定为社会资本。在社会资本的创造、保持和消亡中，科尔曼强调封闭（社会闭合）的作用[2]并论述了社会资本在教育获得中的作用。这里的社会闭合是指社会网络的封闭，主要包括家长参与和代际交流。家长参与是一个多维度概念，通常指的是学校成员和家长之间的伙伴关系，这种关系促进了儿童社交、情感和学业上的成长，也包含以家庭为基础的参与，家长的做法、行为与学校和教育相联系，但是发生在家里。这些措施包括协助并监督孩子做作业和完成其他与学校相关的任务，给孩子读书并与他们谈论学习问题。希尔等人基于科尔曼的社会资本理论，提出了"家长—学

---

[1] 吴重涵,张俊,王梅雾. 是什么阻碍了家长对子女教育的参与——阶层差异、学校选择性抑制与家长参与[J]. 教育研究,2017(1).

[2] Coleman James S. Social Capital in the Creation of Human Capital[J]. American Journal of Sociology,1988(94).

校—儿童互动"的理论框架,家庭能为儿童提供三类资本:经济资本、人力资本和社会资本①。社会资本与社会网络和父母与孩子的关系紧密联系,主要体现在参与者之间的互动上。基于这一理解,希尔等人将家长参与界定为家长为了提高孩子的学业与学校、其子女之间的互动,并将家长参与具体分为四个维度:家长与子女的互动、家长与学校的互动、家长与其他家长的互动、家庭规范。②

在本调研报告中,我们借鉴希尔等人的研究,将家长参与界定为:为了儿童的学习与发展,父母或少年儿童的监护人与少年儿童以及参与少年儿童教育的组织和相关人员之间的互动。结合新教育公平对少年儿童个体性差异的关注,本文在家长参与方面主要关注家长自身对新教育公平的认知(操作化为换位思考能力)、家长与少年儿童的沟通互动(亲子互动)以及家校互动。通过这三方面检验家长参与是否对新教育公平具有显著作用。

家长作为教育场域中的关键行动者,其行为及行动取向受到多重因素的影响。一方面,家长的教育经验来自于其自身所接受的"功利化"教育,这种教育模式所采用的一元化评判标准使家长适应于以统一模式选拔、以统一模式塑成千人一面人才的形式。受教育体制中"效率优先"的路径依赖思想引导,家长也被不可避免地裹挟进整个场域再生产的过程中,自觉或不自觉地对孩子进行着精英主义取向的一元化评判体系实践。同时,传统教育公平所关注的注重机会、资源及外在客观条件的"温饱""小康"水平教育公平尚未实现,家长亦注重在"硬性"层面争取更优越的物质条件。另一方面,随着"以人为本"理念的逐步落实及多元化评价体系在社会、文化各层面的逐步渗入,家长也开始反思以往的人才评判模式。"社会"的标准开始被"个人"的标准所取代,单向度的"成绩"的标准开始被"内涵"的标准所取代。家长不再一边倒地仅以单一的分数作为衡量教育结果的指标,也不再一边倒地以精英取向下结果的成功反证教育过程的正确,更不愿把孩子培训为工具性的"物",以获得教育结果的成功。家长愈发关注学生作为人的发展,从个人的生命体验、生活感受以及意义赋予的角度,强调对人的尊重;对于教育体系的关注也不再仅限于显性、物质等方面的公共资源配置,而开始关注尊严、幸福、精神等

---

① N. E. Hill & Taylor. Parental School Involvement and Children's Academic Achievement: Pragmatics and Issues[J]. Current Directions in Psychological Science,2004,13(4).
② 周文叶. 家长参与:概念框架与测量指标[J]. 外国教育研究,2015(12).

隐性的"教育系统内部"方面的教育公平,即实现"软性"的、反等级化、反边缘化、反排斥、反欺侮的教育系统内部的公平。此种关乎新教育公平感的诉求日益占据家长教育理念中显著的位置。

《科尔曼报告》指出,影响学生学习成就最重要的因素是家长态度和家庭社会经济条件。该研究原本是要研究学校的教育资源投入对学生学习成绩的影响,结果发现无论是学生的平均教育成本投入,还是教师的教育程度、学校图书等对学生学业成绩的影响都未达到统计学上的显著水平,只有家庭的影响显著。吴重涵等人的实证研究表明,通过家校合作在家庭及学校内创造出来的合作力量,可以减弱家庭经济条件、社区环境对子女成长的不利影响,这种合作力量比拥有的物质及文化资本更重要。①

然而从目前我国的情况来看,家长参与孩子教育的情况并不乐观,主要表现为三点:其一,家长对自身角色认知不到位,在孩子的教育方面是缺席的;其二,家长对孩子教育信心不足,自我效能感低,多数家长在参与子女教育方面扮演"旁观者"的角色,被动参与活动;其三,家长与学校的沟通、合作不足,家长只是学校管理中的"局外人",处于被动接受的地位,机械地执行学校的指示、命令等。由此可以看出,家长参与中家长作为能动主体的作用并没有得到有效的发挥,多数家长只是被动的"配合者"。所以强调家长对自身的主体地位以及对角色有明确的认识,充分发挥其积极性和主动性,将不仅有助于提升家长参与孩子教育的实际能力,也能够帮助家长更加关注孩子实际的需要,即更加注重新教育公平。②

(二) 社区发展促进新教育公平

社区发展指社区居民在政府机构的指导和支持下,依靠本社区的力量,改善社区经济、社会、文化状况,解决社区共同问题,提高居民生活水平和促进社会协调发展的过程。

中国政府对于社区发展建设的新探索始于改革开放之后,伴随着社会经

---

① 吴重涵,张俊,王梅雾. 家长参与的力量:家庭资本、家园校合作与儿童成长[J]. 教育学术月刊,2014(3).
② 黎平辉,邓秀平. 社会转型期学生家长参与学校教育的困境与出路[J]. 现代中小学教育,2014(5).

济的转型、城市人口不断增加和人民生活水平的不断提高,对社区功能的新要求开始出现。

1981年3月10日,我国第一家物业管理公司——深圳市物业管理公司的成立,标志着我国物业管理的诞生。自《城市新建住宅小区管理办法》颁布以来,虽仍存在政策法规体系未形成、业主观念上对于有偿服务的不习惯、物业管理服务不到位等问题①,但社区物业管理仍不断向规范化、专业化方向发展。1985年开始,民政部门开始倡导和推动社区服务工作,社区服务逐渐成为一种遍在式的基本公共服务。② 20世纪90年代,业主委员会这一新的居民自治组织出现,被认为是中国公民社会的先声,一方面,业主委员会维护了业主的自身利益,另一方面,通过选举、议事、谈判、协商等集体行动,居民在民主的熏陶中,培养了民主习惯和自治能力,体现出社区发展以"人"为核心,社区管理将社区居民纳入其中,并最终服务于社区居民的理念。

如果说新教育公平的"新"具体体现在能把公平问题与个体的生命体验、生活感受、意义赋予联系起来,那么这种联系对于人的换位思考能力有很高的要求。而以"人"为核心的社区管理、社区生活、社区发展,也一定是换位思考能力养成的重要影响因素。

社区的问题也紧紧关联学校教育。教育应该关注鲜活的生命,关注学生的生存状态,而不是冷冰冰的分数和数字指标。但在当前"分数至上"的教育时代,学校教育状态确实问题重重。而为此进行的种种学校教育改革虽然取得了这样那样的成果,但并没有从根本上解决因不关注鲜活的个人所导致的教育不平等、教育不公正问题。这是一个难解的绳结。但换位思考能力的培养或许是解开这一绳结的一个有效手段。"将心比心、站在他人的角度思考问题"是换位思考能力的核心,而这一能力的培育将有助于人去学会关注他人,发展爱心、尊重和理解人意等优良品质。若在一个人人都能换位思考的社会中,学校教育的不平等状况,也一定能得到有效的改善。从这个角度说,教育不平等问题的解决,是个有赖于全社会的系统工程,也特别有赖于社区的建设和发展。提高社区居民的换位思考能力,从长远来看,是和提升日常生活中、学校教育生活中的每个人的换位思考能力紧密联系在一起的。

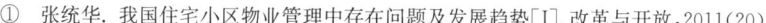

① 张统华. 我国住宅小区物业管理中存在问题及发展趋势[J]. 改革与开放,2011(20).
② 李东泉. 中国社区发展历程的回顾与展望[J]. 中国行政管理,2013(5).

二、调研方法与分析工具

（一）调研方法

本调研报告所采用的数据是课题组于 2017 年 6 月集中收集的调查研究数据。我们在探讨家长参与、社区发展与新教育公平之关系方面，考虑到家长与子女在教育上的互动主要发生在高等教育之前，而家长最能够深刻影响孩子的阶段是中小学阶段，也就是义务教育阶段，故将研究对象确定为子女正处于义务教育阶段的家庭。

我们的具体抽样调查过程如下：

1. 调研的前期准备阶段

2017 年 4 月初，课题组在梳理了相关理论和实证研究的基础上，通过个案深度访谈（访谈对象为中小学生家长），搜集相关方面的问题及备选题项，设计半开放式问卷，并在此之后进行了小规模的试调查。在此过程中，课题组对问卷相关问题进行了多次逻辑推演，并通过相关专家对问卷问题的设置进行了三次系统的修改，初步完成了问卷的整体设计和抽样组织实施方案的制定。

2. 调研的具体实施阶段

本调研报告内容涉及江苏全省，在现有的资源基础上为尽可能保证我们选取的样本具有实际的代表性，课题组根据调研的科学性与可行性，采用配额抽样与随机抽样相结合的抽样方案。抽样调查分为两个阶段，第一阶段为调查城市的选取，为了尽可能地增加调研城市的代表性，我们在抽取具体城市时，以城市的经济发展水平、教育发展水平为参考。在具体的操作过程中，我们将江苏省按照经济发展程度划分为苏北、苏中、苏南三个片区，最终选取盐城、扬州、泰州、海安、苏州、无锡六个地区作为调研城市，并在每个地区发放 200 份左右的问卷开展调查。第二阶段为学校的抽取。确定调查城市之后，接下来课题组集中在 2017 年 6 月份奔赴各个城市发放调查问卷。我们在抽取的城市中分别抽取两所学校作为问卷发放对象，发放家长参与和社区发展两种问卷。在各所学校校长的帮助下,在被抽中的学校中,我们采取方便抽样的方式选取若干班级进行问卷调查。资料收集采取集中填答以及邮寄填答的方式开展。每份问卷填答时间约为10分钟。本次调查,两种问卷各发放1 200份。家长参与的问卷回收1 190份,回收率约为99.2%。在去掉了资料空缺或者资料不完整的问卷后,总共得到1 102个完整的样本。但在"家长与新教育公平"部分,本调研报告主要聚焦于作为家长的父母,因此在第四章以后,删去了父母以外的少数其他样本(如祖父母等),用以分析的父母样本共1 089份。社区发展的问卷回收1 074份,回收率为89.5%。这些样本构成了本书最终的分析样本。

(二) 分析工具

本调研报告以抽样调查的问卷数据为基础,来测量家长参与、社区发展和新教育公平的关系。基于调查课题的特点,我们在研究目标的设定上侧重于描述研究,兼顾解释研究。相应地,在统计方法的使用上,以描述分析和交互分析为主。在生成相应的核心解释变量时,采用因子分析法,并用多元线性模型检验新教育公平需求与其他协变量的关系。以下简述几种调研过程中使用的主要的统计分析方法。

1. 统计描述

描述分析是进行统计分析的开始,通过SPSS对数据库中相关变量的频数、百分比、标准差等的描述,可以让我们对样本的基本分布情况有清楚的认识,便于之后进行更为深入的量化研究。

2. 列联分析

对于名义测度的资料、有序分类所得的资料(也属序次测度),分组比较时需用交叉分类进行统计描述,交叉分类所得的表格称为"列联表",统计推断(检验)则要使用列联表分析的方法——卡方检验。卡方分析是用来研究两个定类变量间是否独立即是否存在某种关联性的最常用的方法。

3. 因子分析

因子分析是通过研究多个变量间相关系数矩阵(或协方差矩阵)的内部依赖关系,找出能综合所有变量的少数几个随机变量,这几个随机变量是不可测量的,通常称为因子,然后根据相关性的大小对变量进行分组,使得同组

内的变量之间相关性较高,不同组的变量相关性较低。

4. 回归分析

回归分析(本调查报告运用的是多元线性回归分析方法)讨论的问题是如何同时考虑多个因素对同一结果的影响。此时,因变量只有一个,也称为反应变量或响应变量,常用 y 表示。自变量,也称解释变量有多个,i 个自变量用向量形式表示为$(x_1, x_2, x_3, \cdots, x_i)$。当因变量与自变量组之间存在多重线性关系时,应用多重线性回归模型可以很好地刻画它们之间的关系。

$$y = a_0 + b_1 x_1 + b_2 x_2 + b_3 x_3 + \cdots + b_i x_i + \varepsilon$$

其中,a_0 为模型的截距,x_i 为自变量和其他的模型控制变量,b_i 表示第 i 个解释变量对因变量的影响,具体解释为在控制其他变量的情况下,自变量 x_i 每改变一个标准差单位,因变量 y 相应增加或者减少 b_i 个单位。

我们把问卷收集的数据输入 SPSS19.0 统计软件后进行了进一步的统计分析。

三、内容结构框架

(一) 问卷内容的结构框架

问卷分成两份,分别是"家长参与和教育公平问卷"和"社区发展和教育公平问卷",内容结构上有异有同。

内容结构上的相同点有以下四个:

第一,因为考虑到被调查对象可能会对"新"字产生好奇从而影响填答的客观性,我们在问卷的标题上有意使用了"教育公平"一词而回避了"新教育公平"的"新"字。

第二,在形式上,问卷结构都分为四部分:首先是"封面信",表明了本调查问卷的调查目的以及承担调查的主体——南京大学社会学院教育公平调查研究团队;在"封面信"之后是"人口学变量";接着是问卷的主体——有关问题变量;最后是"开放性填答"。

第三,在内容的含量上,考虑到太厚的问卷在调查时容易使被访者感到填答疲劳从而影响到填答质量,因此两份问卷的内容含量的设计大致相当,都控制在了 6 页 A4 纸之内。

第四,测量本研究主要概念之一的"换位思考能力"量表在参照已有相关成果的基础上由我们自己开发,两份问卷使用完全相同的量表。换位思考能力是本调查的一个重点,我们设计了可用于因子分析的量表来生成换位思考变量。

两份问卷的相异点主要体现在,由于调查主题的不同,一份侧重家长参与,另一份侧重社区发展,因此问卷主体的问题设计自然不同。

我们在此对于问卷的内容设计再做进一步的交代。

首先是有关家长参与的问卷。人口学变量的设计,包括被调查对象与孩子的关系(父亲、母亲还是其他人)、被调查对象的年龄、最高学历、职业、户口状况、家庭经济状况。比如学历变量,分为"没有接受过教育""小学毕业""初中毕业""高中/中专毕业""大专毕业""本科毕业""研究生毕业";家庭收入变量,则以被调查对象全家在 2016 年的全年收入(x)作为衡量标准,分为"无收入""$x \leqslant 2$ 万""2 万$< x \leqslant 5$ 万""5 万$< x \leqslant 10$ 万""10 万$< x \leqslant 20$ 万""20 万$< x \leqslant 30$ 万""$x > 30$ 万";而性别也是我们调研的一个重要切入点。纳入家长性别变量是为测量父母的性别差异是否会对新教育公平产生显著影响。

我们针对孩子的基本信息设计了相关的调查项,包括孩子的数量、所在年级、成绩、健康状况、是否为班干部等。

在家长参与问卷的主要调查主题方面,我们设计了家长参与、教育与自我认知两部分的问题。"家长参与"部分的设计思路,一是将家长与教师沟通情况作为家校沟通水平的替代变量,来衡量家长参与的家校沟通水平;二是调研家庭日常生活中,家长对于子女学习的参与情况。亲子沟通质量是父母期望的调节变量。良好的亲子沟通在很大程度上取决于亲子双方在一起的时间,因此我们亦用量表来测量亲子沟通水平。在教育与自我认知部分,我们设计了家长的换位思考能力量表以及家长在孩子的教育上认为哪些方面比较重要的态度测量。

其次是有关社区发展的问卷。人口学变量的设计,包括被调查对象的性别、年龄、最高学历、职业、户口状况、家庭经济状况。除经济状况外,其他变量设计与家长参与问卷相同,而经济状况变量的测量,增加了对于家庭是否

购买了汽车以及是否去过国外旅游的问题设计。

在社区发展问卷的主要调查主题方面,我们首先设计了被调查者与社区关系信息的相关调查项,包括在小区居住的时间长短、所在小区类型、小区的房价、小区的居住环境、居住小区的邻里关系、小区所提供的服务以及小区所开展的活动等;其次设计了教育感知的相关调查项,包括被调查对象对于教育公平的认识、对于学校教育的认识、对于教师(班主任)的认识等。在作为小区居民的被调查对象的换位思考能力上,我们也设计了与家长参与问卷相同的量表。

(二)本调研报告章节的结构框架

通过上述关于家长参与、社区发展与新教育公平调查的分析,本调研报告就这三者之间的影响关系进行了实质性的统计分析和讨论。本调研报告的章节结构框架设计及主要内容大致如下:

第一章为新教育公平理论初探。这一章的中心基调是,从正义论和道德社会学的角度谈新教育公平的理念与研究,需要有一种知识社会学、宗教社会学的问题意识。教育公平问题的根本在于对"平等自由"的承认,在于对罗尔斯的正义论第一原则的贯彻。

第二章为调查研究的设计与实施。这一章提出本调研报告的调查背景与研究问题,梳理家长参与、社区发展与新教育公平的相关研究,在此基础上形成比较清晰的研究思路。同时介绍调研的开展、变量的设计以及调查样本的基本情况。

第三章到第八章为"家长参与与新教育公平"的调查归纳总结,具体内容细分为:

第三章以基本统计的方式对家长群体概况做出描述。

第四章为家长的新教育公平感。当前,新教育公平感以何种形式体现在家长的教育理念当中,重要性如何,其与一元化评价体系、传统教育公平议题又构成了怎样的关系,均会于本章进行分析。同时作为对于新教育公平感的补充,家长对当下的阶层、城乡层面的教育公平认知状况及对于教育公平状况的综合评价也将于本章后续部分进行展示。

第五章对亲子交流与家校沟通情况做出描述,并生成家长主观认知水平即换位思考能力变量。所谓主观认知水平即换位思考能力,简而言之,就是"他人经受的我必经受"式的共情。当然,这里强调的不是情感层面的共同体验,而是一种思考方式的转变,与其说是一种经验式的感受,不如说是一种实在的思维能力。亲子交流是家长了解孩子,帮助孩子身心健康成长的重要方面,例如许多研究采用对比研究模式探讨了学习不良或学习优秀儿童的亲子沟通状况,结论都证明那些学业成绩较差的儿童家庭中所表现出的亲子沟通模式通常较僵化、有关学业内容的沟通较简单;而成绩优秀儿童的亲子沟通则较灵活、开放①。而家校沟通也是本调研报告的一个着眼点。现代教育教学过程中,家长与学校的合作与沟通障碍重重。② 而家庭结构、家长所处阶层、家长的文化教育背景三个方面是影响家长参与程度的重要因素。家校合作的最终目标,首先在于促使家庭教育和学校教育保持一致,形成合力,促进青少年儿童在品德和学业及其他各方面的良好发展,身心健康成长;其次是通过家校之间的合作,提高教师家长的教育素质和能力,促进学校管理水平的提高,强化教育机构的自我管理。家校沟通水平的差异也因此会对新教育公平产生重要影响。

第六章为家长的换位思考能力的研究。这一章比较详细地阐述了将主观认知水平量表得出的结果通过因子分析进行降维,以求以一个更加清晰的综合得分来展现家长的换位思考能力。同时,对于降维结果的信度和效度的问题进行了考量和讨论。

第七章对家长参与是否促进新教育公平做出统计检验,首先检验家长素质与新教育不公平感知、新教育公平需求是否具有显著相关性;其次检验教育不公平感知与新教育公平需求是否具有相关性;最后采用多元线性回归模型检验新教育公平需求与换位思考以及教育不公平感知的关系是否显著。

第八章分析新教育公平意识是怎样促进家长参与的。

第九章到第十四章为"社区发展与新教育公平"的调查归纳总结,具体内容细分为:

第九章首先以基本统计的方式对社区发展的现状做出描述。从具体的小区总体水平定位、硬件条件、小区管理水平等方面对社区发展情况进行描

---

① 池丽萍,俞国良.不同学业成绩儿童的亲子沟通比较[J].心理科学,2012(5).
② 赵小涛,郑秀娟.影响家校有效沟通的家庭障碍性成因分析及对策[J].天津市教科院学报,2014(4).

述,并就描述结果进行了相关讨论。

第十章主要从社区硬件水平、邻里关系和小区管理水平的程度三方面出发,对社区居民的日常生活与社区参与进行描述,通过交叉分析、逻辑斯蒂回归等分析方法,着重探讨居民参与小区管理在社区发展中起到的关键作用。

第十一章分析社区居民的换位思考能力。本章借用心理学中比较通用的"共情"量表来测量江苏省社区居民的换位思考能力,主要测量了社区居民在不同情境下能否做到对别人的感受"感同身受",是否能够设身处地站在他人的角度考虑问题,是否能想人所想、用一种理解至上的处理人际关系的思考方式开展人际交往。

第十二章对社区居民的教育公平感受和不同程度的新教育公平需求进行了描述,进而结合社区发展水平以及社区居民的基本信息,讨论了其中的差异性表现和产生差异的可能原因。

第十三章讨论了社区发展怎样促进新教育公平意识。本章基于SPSS对调查数据的分析结果,以新教育公平观为因变量,采用相关分析、单因素方差分析、多元线性回归等分析方法,探析了社区发展对新教育公平观的影响。

第十四章分析了新教育公平意识怎样促进了社区发展。

本调查报告的最后一章是"总结、思考与政策建议",我们对于新教育公平视野下的教育与可能性问题进行了较为深入的讨论,并对本次调研做出了总结以及提出了一些相关的具有实践意义的政策建议。

二

家长参与与新教育公平

第三章
家长群体概述

一、家长群体的人口学特征

本章根据"家长参与和教育公平问卷"中的"家长基本信息"部分,采用图表这样的直观方式,对样本群体——学生家长进行简单的统计描述。这是最为基础的统计,但对于后续的进一步分析有着十分重要的意义。

人口学变量部分,我们设计的调查项涉及家长年龄、属性(与子女的关系,父亲、母亲,还是爷爷奶奶等)、学历、职业、户口状况、经济收入(这一项并非个人变量,而是家庭变量)等。

(一)家长群体的年龄层次

年龄是影响家长参与的重要因素之一,图3-1显示了家长群体的年龄特征。

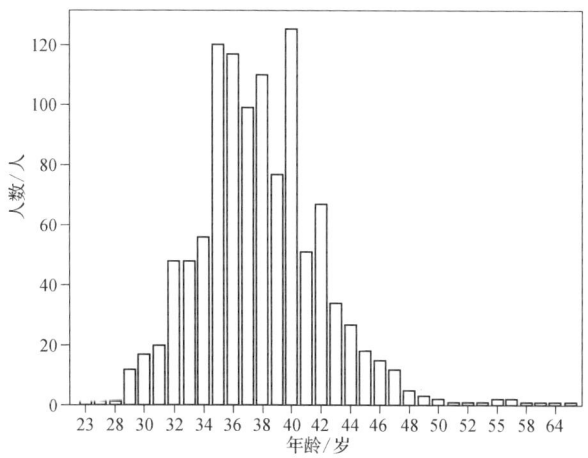

图3-1 样本的年龄分布图

从图 3-1 中可以看出,样本的年龄自 23 岁到 65 岁不等,主要集中在 28 岁到 48 岁的水平,可见大多为孩子父母,而非爷爷奶奶、外公外婆等祖辈。这一点,在家长的属性分析上也得到了佐证(参见表 3-1)。我们对数据进行了进一步的统计,得知样本的平均年龄为 38 岁左右,标准差为 4.381,对于现阶段孩子正在接受中小学教育的家长群体有着较高的代表性。

表 3-1　家长群体的属性

属性	人数(所占百分比)
母亲	700(63.8%)
父亲	389(35.5%)
爷爷	4(0.4%)
外公	1(0.1%)
其他监护人	2(0.2%)
合计	1 096(100.0%)

以上结果表明,家长群体中祖辈占的比例很小,而从统计学原理上讲,太小的样本如果也加入卡方分析等会影响到统计分析的严谨性[①],再加上本书主要关注孩子父母的家长参与情况,因此第四章以下有关家长参与的各章分析,我们都把祖辈的数据排除在外,而主要聚焦于父母的样本。

(二) 家长群体的户籍特征

从图 3-2 来看,本次调查的家长群体大多为城镇户口(约占 66.88%),农村户口则相对较少(约占 32.85%)。而根据第六次全国人口普查的数据,截至 2010 年,江苏农村人口占全省总人口的比重为 39.8%,与调查的样本分布基本符合。

(三) 家长群体的职业特征

家长的职业一方面作为孩子重要的文化资本和社会关系网来源,另一方

---

① 卢淑华. 社会统计学[M]. 北京:北京大学出版社,1998.

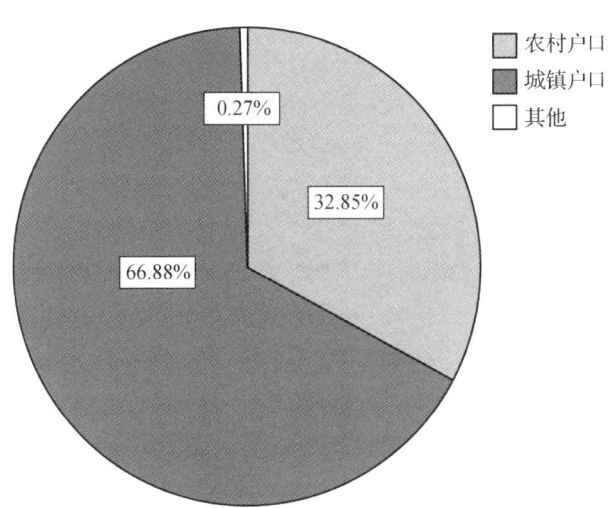

图 3-2 样本户籍分布图

面,由于职业造成了社会地位和经济资本的差异,因此家长职业亦会对家长们参与孩子教育的程度及教育公平上的认知产生不同的影响。同时,职业的属性亦会在一定程度上影响家长们的主观认知水平。出于对家长性别差异的考量,我们将样本按照家长性别分别进行了统计,结果如下:

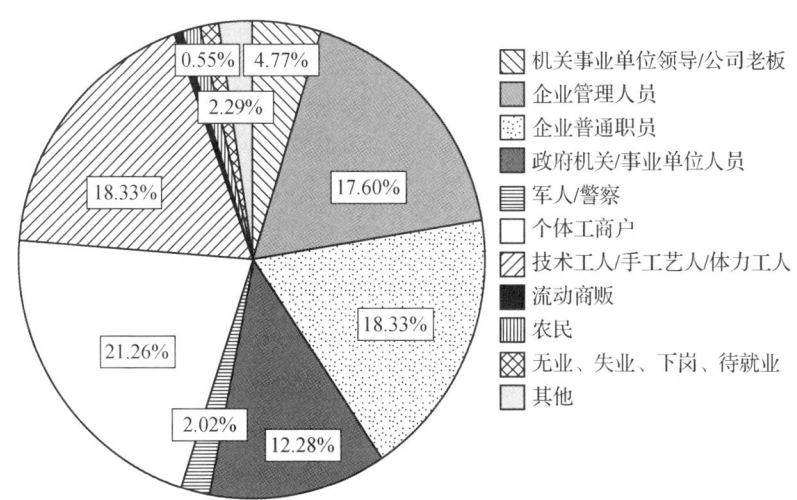

图 3-3 孩子父亲职业分布图

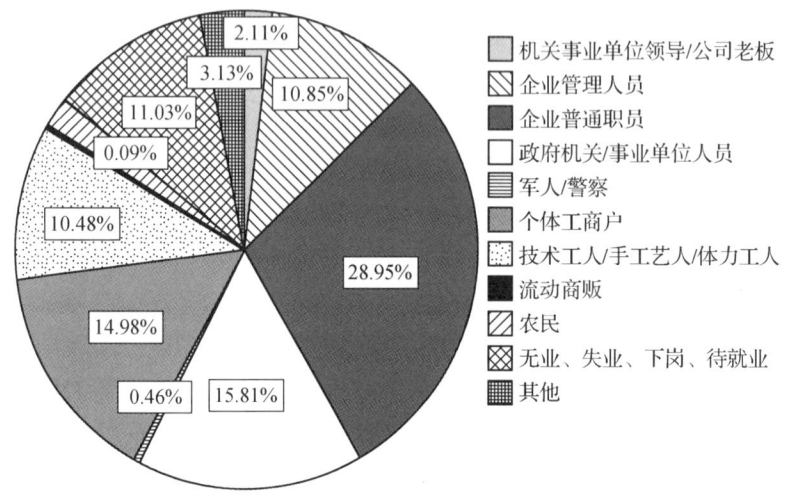

图3-4　孩子母亲职业分布图

从图3-3与图3-4的对比来看,孩子父母亲的职业分布存在着较大的差别,首先是母亲无业、失业、下岗、待就业的比例(11.03%)明显高于父亲(0.55%);其次,在"其他"(父亲为2.29%,母亲为3.13%)这一选项中,尽管比例相近,但是在后面的附加栏中,父亲多是填写选项之外的职业,而母亲多是填写家庭主妇;再次,相较于母亲,父亲的职业层次亦相对较高,父亲是企业管理人员和机关事业单位领导/公司老板的比例(分别为17.60%和4.77%)明显高于母亲(分别为10.85%和2.11%)。

这些数据一方面反映出父母亲职业分布的相对差异,另一方面也体现出了母亲们将更多的精力投入了家庭,甚至以家庭主妇为一种职业。这一现象在某种程度上也意味着在孩子的教育中,母亲的参与度和投入的时间精力要远远高于父亲,体现了教育过程中的性别差异。

(四)家长群体的学历特征

家长群体的受教育水平往往在很大程度上决定了家长对于教育的参与度、对教育公平的认知以及自身的主观认知水平。受教育水平越高的家长,不仅能在孩子的教育过程中获得更多的话语权,亦往往有着更明确的教育目的和规划。家长群体受教育水平亦是我们调研极其重要的一个控制变量与自变量。

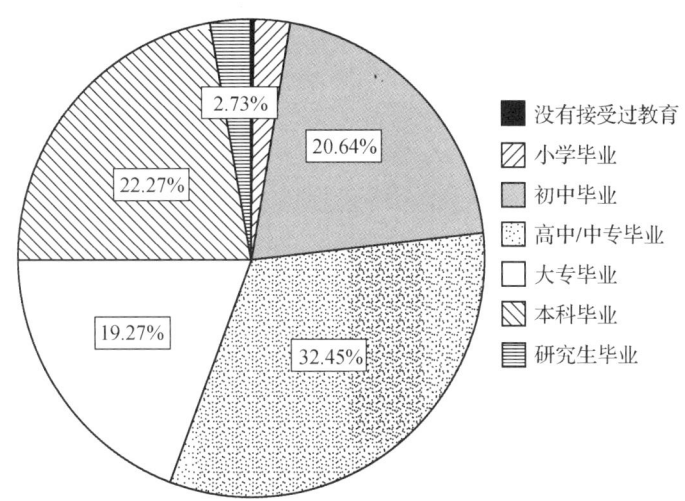

图 3-5 样本受教育水平分布图

从图 3-5 可以看出，本次调查的样本近 75% 都有高中及以上的学历，大专及以上学历的更是接近 45%。而截至 2015 年，江苏省常住人口中大专及以上学历的人口占 15.4%（数据来源于江苏省统计局网站）。尽管由于年龄分布的不同，两者之间并没有想象中的巨大差距，但是仍然反映出本次调查的样本拥有相对较高的学历水平。

为了考量地域间的差异，我们对各个城市样本的受教育水平进行了比较均值的统计。由于问卷中受教育水平的赋值是随着受教育水平的提高而上升的，故均值越高意味着平均受教育水平越高。

从表 3-2 可以看出，作为相对发达地区的苏南（无锡和苏州），其受访者的学历水平反而处于较低水准，而苏北的泰州则远高于其他城市。通过标准差的对比可知数据的波动在可接受范围内。可能的解释是经济相对发达城市的外来务工人员较多，同时基于城乡受教育水平的明显差异，可能导致上述现象。鉴于此，我们对各个城市被调查对象的户籍状况进行了比较。问卷中农村户口被赋值为 1，城镇户口被赋值为 2，所以均值越低，意味着受访者中农村户口越多。结果反映，学历水平最低的无锡、苏州和盐城三个城市，在农村户口的占比中亦分列前三位（无锡 1.70，苏州 1.40，盐城 1.51）。据此可以在一定程度上对学历水平与地区经济发展水平成反比的现象进行解释。

表 3-2　不同城市样本学历水平的对比

城市名称	均值	N	标准差
海安	4.42	186	1.180
苏州	4.12	194	1.024
泰州	5.15	194	1.084
无锡	4.01	173	1.166
盐城	4.16	174	1.052
扬州	4.84	179	1.255
总计	4.46	1 100	1.200

为了考量被调查者学历水平的性别差异,我们对父母间的学历水平亦进行了相关性检验。从检验结果可以看出,显著性为 0.152,大于 0.05,可见性别与学历水平之间并不存在显著相关。

表 3-3　性别与学历的相关性检验

	您是孩子的	您目前最高学历是
您是孩子的	1	-0.043
您目前最高学历是	-0.043	1

注:$N=1\,094$,显著性(双侧)为 0.152

(五) 家长群体的经济特征

出于数据搜集的考量,本次调查对于家庭总收入的统计采用收入区间的方式,将收入等级做了划分。从图 3-6 可以看出,样本的家庭总收入普遍在 2 万以上,约 80% 达到了 5 万以上的收入水平。截至 2016 年,江苏省人均可支配收入达到了 32 070 元,与受访者的家庭收入水平基本一致。然而,就一般的经验来看,家庭收入存在明显的城乡分野,因此,我们对此亦进行了相关性检验。

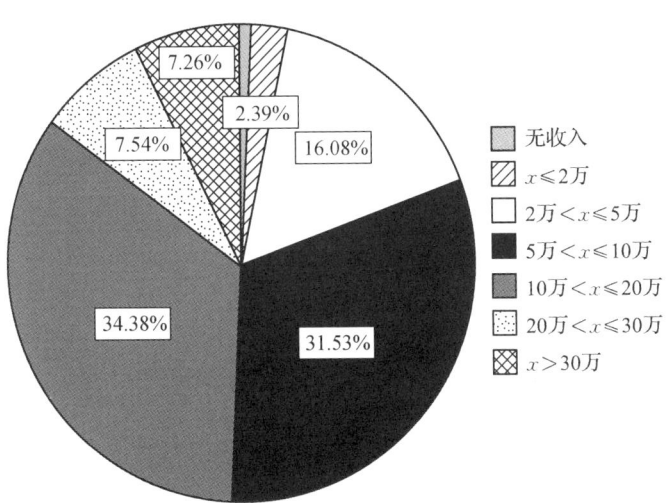

图 3-6 样本家庭总收入(x)分布图

表 3-4 户口与收入的相关性检验

	户口	总收入
户口	1	0.172**
总收入	0.172**	1

注：$N=1\,083$，显著性（双侧）为 0.000

从检验结果来看，户籍和家庭收入存在显著相关关系，故在将家庭收入作为变量时，应对户籍进行严格的控制。同时，由于人口的流动性，以及在选择调查对象时对于代表性的考虑，不同户籍的被调查者的混同水平较高，又因为变量等级的关系，所以图 3-6 所反映的家庭总收入水平相对模糊，只能作为大致参照。

二、从孩子的状况反观家长群体特征

我们的家长群体，是一群怎样的孩子的家长呢？

就"您有几个孩子"的问题，679 位家长表示家有男孩，其中 630 位家长表示有1个男孩,49位家长表示有2个男孩,分别占了679位家长中的92.8%和7.2%。而685位家长表示家有女孩,其中588位家长表示有1个女孩,93位家长表示有2个女孩,4位家长表示有3个及以上女孩,分别占了685位家长中的85.8%、13.6%和0.6%。

正在念小学的孩子一共有722人,其中一年级98人(13.6%),二年级56人(7.8%),三年级115人(15.9%),四年级294人(40.7%),五年级146人(20.2%),六年级13人(1.8%)。

正在念初中的孩子一共有361人,其中一年级136人(37.6%),二年级223人(61.8%),三年级2人(0.6%)。

正在念高中的孩子一共有89人,其中一年级85人(95.5%),二年级4人(4.5%)。没有高三的家长参与这次调查。

从学习成绩的角度看,1 095个有效样本中,在班级进入前10名的有332人(30.3%),处在班级中游的691人(63.1%),排在班级后10名的72人(6.6%)。

从班干部的角度看,420人(38.3%)是班干部,677人(61.7%)非班干部。

从健康角度看,1 100个有效样本中,1 027人(93.4%)回答"健康",71人(6.4%)回答"一般",另有2人(0.2%)回答"很差"。

以上是从孩子的群体特征角度,对家长群体样本进行的一些简单的描述性概括,有助于理解以下各章对于相关问题的探讨。

第四章
家长的新教育公平感

本章通过对调查问卷进行多元统计分析,测定家长新教育公平感的组成,分析其侧重的维度,并汇总家长对于各层面教育公平的主观感受。通过因子分析、相关分析等方法,可以发现家长自身特征对新教育公平感的影响。

一、教育公平感的主观认知

本章首先考察家长对当前中国社会中的教育公平状况的主观认知。针对相关问题,我们设计了 4 个小题:"您认为中国不同阶层的学生接受教育的机会平等吗?""您认为中国目前城乡之间的教育差距如何?""您认为中国目前教育资源的分配公平吗?""如果请您为中国的教育公平现状打分,您会打多少分?(100 分为满分)"在附录的问卷中,这 4 小题分别标示为 D2、D3、D4、D5。前两题从阶层、城乡两个维度测量家长对当下教育现状的主观感知,第 3 题针对教育资源整体分配进行主观测评。前 3 题对各选项进行赋值。第 4 题为家长综合各方面感受对中国社会教育公平状况的主观打分。"非常平等"赋值 1 分,而"非常不平等"赋值 5 分。如此,得分越高,表示主观认知越偏向于"不平等"的认知。

(一)阶层、城乡维度的教育公平感

我们首先来看看家长对于"中国目前教育资源分配是否公平"的主观评价。

调查结果表明,教育资源分配的公平感均值为 3.36,标准差为 0.904,可以说,公平感在"一般"与"不公平"之间,稍偏向于"一般"。其中认为中国目前教育资源分配公平状况"一般"的占 41.2%,认为"不公平"的占 35.0%。仍有 9.1% 的家长认为当下中国教育资源分配水平"非常不公平"。从结论上讲,这不是一个积极的评价。针对这部分家长进行后续分析,可发现有 99 位

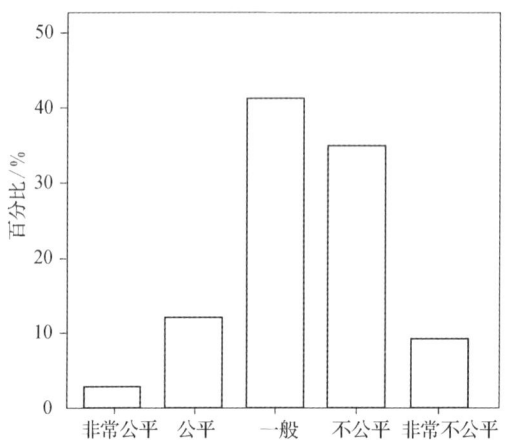

图 4-1　您认为中国目前教育资源的分配公平吗

家长在上述 3 道题当中均选择了极端负面选项,即有 9.1% 的家长认为无论是从阶层、城乡两个维度,或是从教育资源分配状况的综合主观感受,中国当前的教育公平状况均存在较大的待改进之处。

我们进而在阶层、城乡两个层面进行了教育公平感的均值测定。

表 4-1　阶层、城乡维度的教育公平感

	均值	标准差
中国目前教育资源的分配公平吗	3.36	0.904
中国不同阶层的学生接受教育的机会平等吗	3.29	1.020
中国目前城乡之间的教育差距如何	3.46	0.967

表 4-1 表明,家长的评价都处于中立稍偏负面的状态。比较而言,家长对阶层之间教育公平水平的主观评价略高于城乡之间教育公平水平。前者得分 3.29,但家长间主观感受差距较大,标准差为 1.020;而关于城乡间教育公平水平的主观评价略低,得分 3.46,相较阶层间教育公平水平的主观评价,更偏近差距较大的不公平状态,标准差为 0.967,相较于家长对阶层间教育公平水平的主观评价分歧较小。

在"中国不同阶层的学生接受教育的机会平等吗"中,家长们的回答,主要为"一般"与"不平等",其中有 303 人(27.5%)的家长选择了"一般"选项,421 人(38.5%)的家长选择了"不平等"选项。值得注意的是,有 104 人

(9.5%)的家长选择了"非常不平等"选项,也就是说在此次调查中,有近10%的家长对阶层间的教育公平状况有极大不满。(见图4-2)

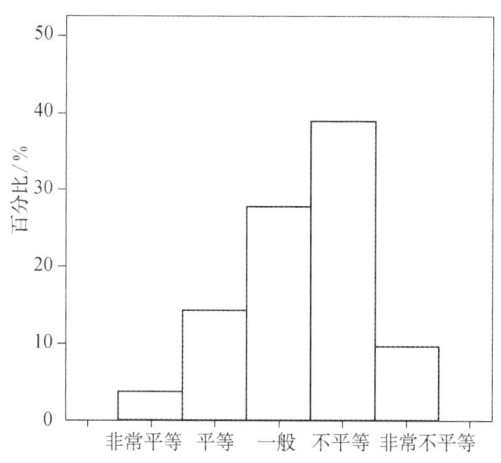

图4-2 您认为中国不同阶层的学生接受教育的机会平等吗

在"中国目前城乡之间的教育差距如何"中,有473人(43.2%)的家长认为城乡之间的教育差距"较大",有123人(11.2%)的家长认为城乡之间的教育差距"非常大",即在此次调查中,有超过10%的家长对于当下城乡间教育公平状况有极大的不满。(见图4-3)

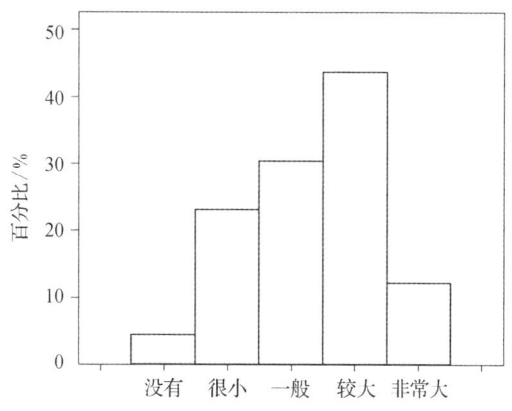

图4-3 您认为中国目前城乡之间的教育差距如何

针对两个维度的教育公平现状有较大不满的家长进行再次分析,有104人,即9.44%的家长认为中国教育在阶层间与城乡间均存在极大的不公平。

(二) 总体层面的教育公平感

那么家长对于当下中国教育公平现状的打分情况如何呢？调查结果表明,如果满分是 100 分,家长打分的均分为 73.24 分,标准差为 16.740,其中在 60 分、70 分、80 分均有一个小高潮。约 16% 的家长在评价中国教育公平现状的时候打出了 60 分这个极具意涵的分数。他们认为中国现在的教育公平达到且仅达到及格水平。而约 13% 的家长认为中国教育公平水平不及格,约 18% 的家长认为中国教育公平水平处于 60—69 分的及格区间,约 18% 的家长认为中国教育公平水平处于 70—79 分的中等区间,约 29% 的家长认为中国教育公平水平处于 80—89 分的良好区间,约 22% 的家长认为中国教育公平水平处于 90—100 分的优秀区间。(见图 4-4)

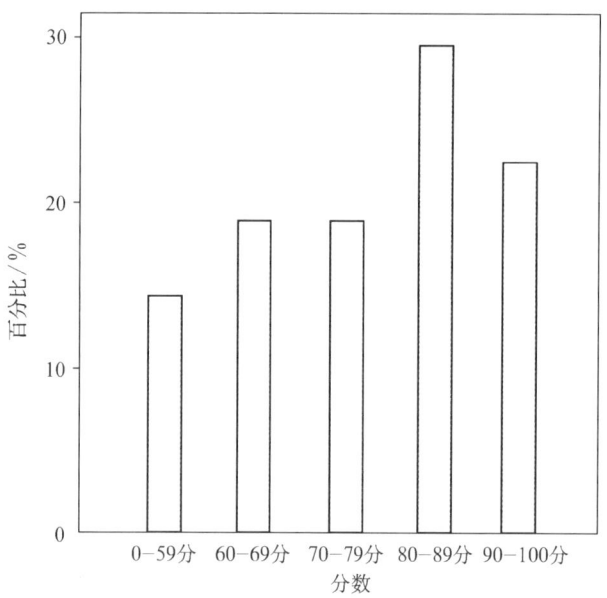

图 4-4 中国教育公平现状打分

综上,可对调查样本的家长教育公平感做以下总结。从阶层、城乡两个层面进行中国教育公平主观感觉的测定,可知家长的平均评价处于中立稍偏负面的状态。而值得注意的是,近 10% 的家长对于中国教育公平现状具有较为强烈的不满。无论是从阶层、城乡两个视角,或是以综合主观感受进行考察,均有约 10%的家长认为当前教育现状非常不公平,超过 10%的家长认为当前中国教育公平状况"不及格",约 15%的家长认为教育公平状况仅达到 60 分及格水平。

当然,调查也表明了,约 22%的家长认为中国教育公平水平处于"优秀"区间。

以上结果告诉我们,我们有必要从家长的人口学特征角度,对家长教育公平感问题做更进一步的考察。换言之,我们可尝试考察,家长的人口学变量,是否会对其教育公平感产生一定的影响?

(三)影响新教育公平感的因素

由相关分析可得知影响家长新教育公平感的一些因素。

表 4-2 对于新教育公平感影响因素的相关分析

		中国不同阶层的学生接受教育的机会平等吗	中国城乡之间的教育差距如何	中国目前教育资源的分配公平吗	中国教育公平现状打分
您的年龄	Pearson 相关性	−0.015	0.011	0.044	−0.031
	显著性(双侧)	0.633	0.720	0.146	0.309
您目前最高学历是	Pearson 相关性	0.074*	0.103**	0.139**	−0.112**
	显著性(双侧)	0.015	0.001	0.000	0.000
您全家 2016 年总收入大约是	Pearson 相关性	0.035	0.070*	0.057	−0.051
	显著性(双侧)	0.253	0.022	0.061	0.097
最近一周平均每天花了多少时间与孩子交流学习	Pearson 相关性	−0.053	−0.010	−0.068*	0.050
	显著性(双侧)	0.079	0.745	0.024	0.102
对参加学校活动的态度	Pearson 相关性	0.064*	0.050	0.083**	−0.077*
	显著性(双侧)	0.035	0.097	0.006	0.011

注:** 表示在 0.01 水平(双侧)上呈显著相关,* 表示在 0.05 水平(双侧)上呈显著相关

以上分析结果表明,家长的年龄对教育公平感没有什么显著的影响,但最高学历的影响因素明显。学历与对阶层之间教育的不公平感在 0.05 水平

上呈显著相关,对城乡之间教育以及教育资源分配的不公平感在 0.01 水平上呈显著相关,且与中国教育公平现状的打分在 0.01 水平上呈显著相关。进一步分析可以看出,学历与公平现状打分为负相关,因此可以说家长的学历越高,对中国教育公平现状的打分越低。但正如前述,由于赋值时"非常平等"赋值 1 分而"非常不平等"赋值 5 分,得分越高表示主观认知越偏向于"不平等"的认知,因此我们也可以看出学历与其他三项之间呈负相关。总结来说,学历越高,对阶层及城乡间的教育不公平感越强,对总体中国教育资源分配的不公平感也越强。

家长与孩子交流学习以及家长对于参加学校活动的态度也与教育公平感之间呈相关性。"最近一周平均每天花了多少时间与孩子交流学习",在"资源分配是否公平"一项上,相互之间存在着 0.05 水平上的显著相关。由于是负相关,而不公平感的赋值越高表示主观认知越偏向"不公平"。这与其解释为家长越在与孩子的学习交流上花时间就越会感到资源分配公平,不如反过来解释为,家长越觉得资源分配的公平,就越会在与孩子的学习交流上花时间。而家长对于参加学校活动的态度越积极,对总体中国教育资源分配的不公平感就越强,对中国教育公平现状的打分也越低。或许可以说,学校教育,是一个让人深切感受到教育资源分配不公、教育公平现状不尽如人意的地方。

二、新教育公平感的测量及其组成成分

(一) 量表与测量

让我们从看重资源、看重机会的教育公平观跨到看重个体、看重过程的新教育公平观问题的层面。本章的后几节,我们对于家长的新教育公平观进行一个初步的讨论。首先,我们使用李克特量表测量家长的教育观,然后从教育观中抽取出个性、个体的因素。我们的问卷,将家长教育观的集中表现形式细化为与学校教育相关的 15 个变量,要求家长回答所设置的选项对于孩子来说是否重要。

表 4-3　家长的教育观量表

	不重要	不太重要	一般	比较重要	非常重要
a. 学校以学生为本而不是以升学率为本					
b. 学校有丰富的校本课程					
c. 学校硬件条件一流					
d. 老师有责任感					
e. 老师在教学中充分尊重孩子的差异					
f. 老师能根据孩子的特长有针对性地进行教学					
g. 老师不让任何一个孩子掉队					
h. 有一位能与孩子融洽沟通的班主任					
i. 孩子能在学习中感到开心					
j. 孩子能在学校生活中体验到自尊					
k. 学校积极应对应试教育,不把孩子培养为考试机器					
l. 学校对孩子的学习评价体系更为多元,不把成绩看成唯一指标					
m. 班级有相互关心的友爱氛围					
n. 班级有争先恐后的竞争氛围					
o. 孩子的应试能力能得到提升					

我们对于不重要、不太重要、一般、比较重要、非常重要五个选项分别按 1—5 分进行赋分,分数越高,表明重要程度越高,然后对各项的均值进行了统计。描述性统计分析结果表明,在家长的教育观中,15 个方面得分均达到了 4 分及以上,即其主观重要性平均得分在比较重要与非常重要之间。

从表 4-4 可以看出,家长相对来说最不重视学校硬件条件,其主观重要性平均得分为 4.16,最重视教师的责任感和班主任与学生相处的融洽程度,其主观重要性平均得分分别为 4.84 和 4.81。家长之间观念分歧最大的也是对学校硬件条件的看法,其标准差达到 0.840;而观念分歧最小的是"有一位能与孩子融洽沟通的班主任"的重要性以及"孩子能在学习中感到开心"的重要性,标准差分别为 0.446 和 0.482。

表4-4 家长教育观的自我认知

相关描述	均值	标准差	相关描述	均值	标准差
学校以学生为本而不是以升学率为本	4.33	0.728	孩子能在学习中感到开心	4.77	0.482
学校有丰富的校本课程	4.41	0.667	孩子能在学校生活中体验到自尊	4.73	0.515
学校硬件条件一流	4.16	0.840	学校积极应对应试教育,不把孩子培养为考试机器	4.54	0.680
老师有责任感	4.84	0.419	学校对孩子的学习评价体系更为多元,不把成绩看成唯一指标	4.50	0.705
老师在教学中充分尊重孩子的差异	4.59	0.640	班级有相互关心的友爱氛围	4.63	0.568
老师能根据孩子的特长有针对性地进行教学	4.51	0.689	班级有争先恐后的竞争氛围	4.34	0.785
老师不让任何一个孩子掉队	4.37	0.783	孩子的应试能力能得到提升	4.43	0.687
有一位能与孩子融洽沟通的班主任	4.81	0.446			

表4-5 父母的教育观差异

		不重要	不太重要	一般	比较重要	非常重要
k. 学校积极应对应试教育,不把孩子培养为考试机器***	母亲	0(0.0)	6(0.9)	38(5.4)	196(28.0)	460(65.7)
	父亲	4(1.0)	4(1.0)	24(6.2)	136(35.1)	219(56.6)
l. 学校对孩子的学习评价体系更为多元,不把成绩看成唯一指标***	母亲	1(0.1)	7(1.0)	38(5.4)	214(30.6)	439(62.8)
	父亲	7(1.8)	2(0.5)	21(5.4)	152(39.2)	206(53.1)

注:k项 $P=16.065, df=4$,渐进 Sig.(双侧)$=0.005$;l项 $P=19.461, df=4$,渐进 Sig.(双侧)$=0.001$

我们从父母性别的角度,对以上教育观的15个选项进行了卡方分析,结果表明,在绝大多数的选项上,父母的态度是一样的。父母的教育观,有其明显的

第四章
家长的新教育公平感

趋同性,但有两项存在着显著性水平的差异,这两项是"学校积极应对应试教育,不把孩子培养为考试机器"和"学校对孩子的学习评价体系更为多元,不把成绩看成唯一指标"。表4-5具体显示了这两个选项的调查结果。

总结表4-5,可以指出,相于父亲,母亲更加认为"学校积极应对应试教育,不把孩子培养为考试机器"和"学校对孩子的学习评价体系更为多元,不把成绩看成唯一指标"是"非常重要"的,而父亲在这两点上的态度,更加倾向于"不重要"。换言之,父亲在教育观上,与我们传统印象中的应试教育,似乎距离更近。

(二) 因子分析

为了进一步讨论15个选项与新教育公平的关系问题,我们对家长教育观进行了因子分析。表4-6是因子分析的结果。

表4-6表明,"对于孩子是否重要"的教育观15个变量的因子分析可提取4个成分或曰4个因子,累计贡献率达到了58.512,也就是说,4个因子有效概括了15个变量的约58.5%的信息量。如果对因子负荷0.450进行划分,我们可以看到这4个因子的特征可以很清晰地相互区别,很少有相互重叠。我们分别对4个因子进行命名。第一因子的贡献率为36.804,包括5个描述:"老师有责任感""有一位能与孩子融洽沟通的班主任""孩子能在学习中感到开心""孩子能在学校生活中体验到自尊""老师在教学中充分尊重孩子的差异"。这5个描述究其共性,可用"快乐自尊"一词来概括,因此我们以此来命名。第二因子贡献率为7.563,包括4个描述:"学校积极应对应试教育,不把孩子培养为考试机器""学校对孩子的学习评价体系更为多元,不把成绩看成唯一指标""班级有相互关心的友爱氛围""学校以学生为本而不是以升学率为本"。这4个描述究其共性,可用"素质教育"一词来命名。第三因子贡献率为7.253,包括4个描述:"老师在教学中充分尊重孩子的差异""学校有丰富的校本课程""学校硬件条件一流""老师能根据孩子的特长有针对性地进行教学"。这4个描述究其共性,让人想到学校的优质资源问题。在一般人的看法中,越是好学校,资源就越好,而资源主要反映在教师的素养、课程的丰富性以及教师的教学技巧、与孩子的沟通技巧上。鉴于此,我们用"学校条件"一词来命名之。第四因子贡献率为6.892,包括3个描述:"老

师不让任何一个孩子掉队""班级有争先恐后的竞争氛围""孩子的应试能力能得到提升"。这 3 个描述究其共性,可用"成绩能力"一词来命名。

表 4-6　家长教育观的因子分析[a]

	因子			
	第一因子 快乐自尊	第二因子 素质教育	第三因子 学校条件	第四因子 成绩能力
老师有责任感	0.691	−0.055	0.409	0.022
有一位能与孩子融洽沟通的班主任	0.685	0.153	0.178	0.218
孩子能在学习中感到开心	0.650	0.343	−0.039	0.243
孩子能在学校生活中体验到自尊	0.596	0.436	−0.012	0.273
老师在教学中充分尊重孩子的差异	0.517	0.186	0.523	−0.026
学校积极应对应试教育,不把孩子培养为考试机器	0.107	0.733	0.168	0.184
学校对孩子的学习评价体系更为多元,不把成绩看成唯一指标	0.224	0.772	0.210	0.136
班级有相互关心的友爱氛围	0.415	0.469	0.092	0.393
学校以学生为本而不是以升学率为本	0.141	0.580	0.411	−0.068
学校有丰富的校本课程	0.076	0.349	0.605	0.197
学校硬件条件一流	0.028	0.163	0.692	0.284
老师能根据孩子的特长有针对性地进行教学	0.380	0.128	0.559	0.159
老师不让任何一个孩子掉队	0.128	0.132	0.403	0.521
班级有争先恐后的竞争氛围	0.234	0.153	0.115	0.673
孩子的应试能力能得到提升	0.104	0.069	0.149	0.829
贡献率(58.512)	36.804	7.563	7.253	6.892

提取方法:主成分分析。具有 Kaiser 标准化的正交旋转法

将因子分析的结果做一概括的话,我们可以指出,从家长的角度来看,他们认为对于孩子的教育最重要的是学校的师资,特别是由学校优秀的师资带来的孩子读书、学习的愉悦。某种意义上说,是对"乐学教育"的一种憧憬和

对孩子个性成长发展的一种期待。新教育公平感的"新",应该是与这一点紧紧联系在一起的。我们还看到,第一因子与其他因子之间,在贡献率上拉开了很大的距离,这说明了第一因子是我们讨论"新教育公平"问题时应该着重考虑的因素,其重要性远远高于其他三个因子。当然,"素质教育""学校条件""成绩能力"也是家长们对于自己孩子的教育的认知上至关重要的三个主要方面,我们也不能简单地忽视或轻视。

(三)各因子的均值得分与新教育公平感

为了进一步分析家长的新教育公平感与以上因子分析结果的关系,我们根据4个因子所分类出的变量,进行均值和标准差的基本描述。对4个因子的类别描述得分进行分别加总平均,可得出家长对各因子重视程度得分。

正如前述,第一因子包括了5个描述。而表4-4的统计结果显示,"老师有责任感"的均值为4.84,标准差为0.419;"有一位能与孩子融洽沟通的班主任"的均值为4.81,标准差为0.446;"孩子能在学习中感到开心"的均值为4.77,标准差为0.482;"孩子能在学校生活中体验到自尊"的均值为4.73,标准差为0.515;"老师在教学中充分尊重孩子的差异"的均值为4.59,标准差为0.640。由此得出,第一因子的平均均值为4.75,标准差为0.500。根据同样的方法,我们求得第二因子的平均均值为4.50,标准差为0.670;第三因子的平均均值为4.42,标准差为0.709;第四因子的平均均值为4.38,标准差为0.749。以上结果,整理为表4-7。

表4-7 从均值角度看各因子重视程度

	均值	标准差
快乐自尊	4.75	0.500
素质教育	4.50	0.670
学校条件	4.42	0.709
成绩能力	4.38	0.749

从上表可见,"快乐自尊"的平均均值最高,标准差最小,可见家长在师生关系的重要性上认识比较统一,而且觉得重要。而"素质教育""学校条件""成绩能力"三者得分也比较高,但与师生关系比较,还是有些距离。而且这

三者标准差都比"快乐自尊"要大,可以说在这三点上,家长的意见相对来说没有对于师生关系的态度那样统一。

让我们把以上的调查结果与新教育公平感的问题结合起来展开一些思考。对于教育公平甚至是新教育公平的问题,杨东平的一些观点很有启发意义。谈到教育公平的重要性和新意,杨东平认为,第一是真正地要以学生为本,而不是以教育政绩、教育 GDP 和升学率为本;第二是以每一个学生为本,而不是以少数学生为本,也不是以高分学生为本;第三是以每一个学生的全面发展和终身幸福为本,而不是以每一个学生的升学率为本。

杨东平的理解所体现的意涵分为三种:以学生为本;以每一个学生为本;以每一个学生的全面发展和终身幸福为本。其中,以学生为本,主要体现在学校及相关利益团体层面,学校不牺牲学生为自身争名声、逐利益,而是从学生出发,切实考虑学生的实际需求,是一种学校或相关利益团体层面的制度及政策等的平等;以每一个学生为本,主要体现在日常教育实践的具体落实当中,反等级化、反边缘化、反排斥、反欺侮,教师具体对待、认真对待每一位学生,而非以一定的标准或利好将资源在实际操作中偏向少数学生或高分学生;以每一个学生的全面发展和终身幸福为本,体现在个体层面,学生所受的教育不仅关乎学习,关乎应试,而且能触及教育的真正内核,触及精神、幸福、尊严等作为"人=个体"的内在核心价值,真正为学生的人生奠基,同时能为学生个人各方面质素提供平等的发展机会。

由此,可根据因子分析结果及杨东平的理解将涉及新教育公平感的描述以如下方式分类。其一为以学生为本的描述,对应于第二因子("素质教育"因子)的 4 个描述:"学校以学生为本而不是以升学率为本""学校积极应对应试教育,不把孩子培养为考试机器""学校对孩子的学习评价体系更为多元,不把成绩看成唯一指标""班级有相互关心的友爱氛围";其二为以每一个学生为本的描述,对应于第三因子("学校条件"因子)的 4 个描述:"学校有丰富的校本课程""学校硬件条件一流""老师在教学中充分尊重孩子的差异""老师能根据孩子的特长有针对性地进行教学";其三为以每一个学生的全面发展和终身幸福为本的描述,对应于第一因子("快乐自尊"因子)的 5 个描述:"老师有责任感""有一位能与孩子融洽沟通的班主任""孩子能在学习中感到开心""孩子能在学校生活中体验到自尊""老师在教学中充分尊重孩子的差异"。

由表 4-7 可知,在以上三类新教育公平感当中,"以每一个学生为本"层面的新教育公平感的均值得分和"以学生为本"层面的新教育公平感均值得分相差无几,而"以每一个学生的全面发展和终身幸福为本"层面的新教育公平感均值得分最高,为4.75,且此类新教育公平感认知程度差异最小,标准差为0.500。

由此可见,家长倾向于体察微观层面的新教育公平感,偏重于从学生具体学习状态、精神状态、团体氛围出发,从细节关注学生发展状况,考查学生在个体层面各方面质素是否得到了相对全面的发展。其次重视制度层面对于学生的关注,重视学校制度、评价体系、指导方针等方面的设置。然而,在日常教育层面,每一个学生是否得到差异化的、适合于自己的教育,是否得到独特的、针对自身特性的关注,相较于学生个体层面及具体教育实践层面,家长的重视程度较低,且家长间对此认知程度差异较大。

综上,可从各客观要素对江苏省家长样本的教育观做以下总结。从应试教育思维、新教育公平感两个维度分析家长的教育观,可发现家长对于应试教育思维的认可度普遍较低,且分歧较大,这一点从第四因子("成绩能力"因子的均值得分与标准差中可以看出);新教育公平感相比应试教育思维,在家长的教育观中占更重要的地位,且家长对此观点认知的一致性较高。可以说"以学生为本""以每一个学生为本""以每一个学生的全面发展和终身幸福为本"是新教育公平的三个主要面向,其中尤以"每一个学生的全面发展和终身幸福为本"为重要。

(四)影响新教育公平感的一些因素

为了探究新教育公平感各因子与家长个体间的关系,以下引入家长的一些特征作为变量进行分析。我们进行了双变量的相关分析,其中一方变量是家长的一些特征,包括其某些人口学特征和某些与孩子互动的得分,我们根据家长与孩子互动的情况,特别生产了一个新的变量——"有意识地与孩子进行各项综合素质活动得分",简称为"互动得分";双变量相关分析的另一方变量,则是每位家长在各因子上的因子得分。

有关"互动得分",我们在此进一步加以说明。我们的问卷设计中,有一张关于"过去一个月中,您有意识地与孩子一起进行下列活动的情况是什么"的量表,用以调查家长与孩子的互动情况。调查项主要由下列活动构成:"读书""看电视""运动""参观博物馆美术馆等文化场所""外出观看电影、演出、体育比赛等"以及"社区活动"。而活动情况有四种描述："没有做过"(赋值1分)、"1次"(赋值2分)、"2周至少1次"(赋值3分)、"每周至少1次"(赋值4分)。这些调查项加起来的总得分越高,说明家长与孩子的互动越频繁,可以测出家长有意识地与孩子进行各项综合素质活动的积极程度。这一总得分,我们将之命名为"互动得分"。以此得分作为一个重要变量,与家长其他的一些特征一起,可以对新教育公平感的影响因素做一相关分析。

从表4-8可见,家长的年龄不是影响新教育公平感的重要因素,但学历是重要因素。除了第三因子的"学校条件"外,家长的学历与其他三个因子都有0.01水平上的显著的相关性。家长学历越高,对于"快乐自尊"和"素质教育"就越有更高的追求,而与"成绩能力"呈显著的负相关,说明学历越高的家长,相对来说就越不看重孩子的成绩和竞争能力。家庭经济收入对"快乐自尊"和"成绩能力"两个因子有影响关系。越是经济条件好的家庭,越看重孩子读书的愉悦感以及孩子在学校中的"自尊"感受而不看重孩子的成绩和竞争能力。

表4-8 新教育公平感影响因素的相关分析

		快乐自尊	素质教育	学校条件	成绩能力
您目前最高学历是	Pearson 相关性	0.108**	0.124**	−0.015	−0.227**
	显著性(双侧)	0.000	0.000	0.618	0.000
您的年龄	Pearson 相关性	0.050	−0.026	−0.038	0.020
	显著性(双侧)	0.101	0.395	0.212	0.517
您全家2016年总收入大约是	Pearson 相关性	0.067*	0.043	0.046	−0.152**
	显著性(双侧)	0.029	0.164	0.137	0.000
最近一周平均每天花了多少时间与孩子交流学习	Pearson 相关性	0.014	0.093**	0.082**	0.015
	显著性(双侧)	0.641	0.002	0.007	0.628
互动得分	Pearson 相关性	−0.022	0.135**	0.139**	0.015
	显著性(双侧)	0.482	0.000	0.000	0.640

注:** 表示在0.01水平(双侧)上显著相关,* 表示在0.05水平(双侧)上显著相关

"花多少时间和孩子互动"以及"互动的综合得分"的影响点与经济收入情

第四章 家长的新教育公平感

况的影响点正好不同。后者对第一和第四因子产生影响,而前两者对第二和第三因子产生影响。家长在时间上对孩子投入越多,互动越多,在"素质教育"和"学校条件"两项上新教育公平感就越高。或许也可以反过来说,在"素质教育"和"学校条件"两项上的新教育公平感越高,就越能推动家长与孩子交流、互动。

由于学历与"素质教育"呈显著水平的正相关,或许可以得出这样的研究结论:家长的学历,也即他/她所受的教育,在很大程度上推动了亲子间的交流互动,也决定了其对新教育公平感的认知和实现。

三、总结与建议

2003年十六届三中全会"以人为本"理念的提出,标志着官方话语体系中教育核心评估域由强调政治、经济功能向强调文化功能和促进人的全面发展转变。在此次调查中,江苏各地区家长的教育观也体现了此种"以人为本"的新教育公平感,而应试教育未排在教育观中的首位。与此同时,传统教育公平领域中的"资源""机会"等主题仍是家长关注的焦点。进一步探究家长的教育观,可以看到,以"人=个体"为本的新教育公平感与以一元化评价体制为保障的教育机会公平之间产生了一定的矛盾。

(一)应试教育观念的让位

从调查中可发现,家长已不仅以"学习"、应试能力为对学校的唯一诉求。这也是应试教育及其所代表的一套一元化评价体系、精英主义选拔模式、功利主义教育的退潮。宏观层面的"效率优先"及落实到个人层面的"能力至上",已不是教育界最关注的面向,家长开始把孩子的核心评估领域从"成绩"转向学生作为"人=个体"的各方面全面发展。在家长们看来,学校通过教育使学生完成人生进阶,但并非要通过异化的、功利性的教育方式使学生以学习成绩为工具来完成人生的进阶。"物化"的、以成绩为核心的一元化评价体系在家长的教育观中已让位于以"人=个体"为本的、注重全面发展的多元化价值体系。

(二) 新教育公平感的形成

与应试教育思维退潮同步的是家长新教育公平感的形成。此次调查表明,被调查的家长并不缺乏此方面的意识与感觉,学生的全面发展及制度性环境的平等均衡,受到了家长的普遍关注。但这种感觉式的、观察式的新教育公平感也是差序式的。在个体层面、学校及相关利益团体层面和教师及具体教育实践层面,家长的新教育公平感是有区别的,逐层递减。家长在关注孩子发展之余,也看到了学校所具有的种种制度性机制的重要性,但日常教育实践这种更为隐性、微观的新教育公平实现形式,却未受到该有的重视。随着新教育公平所涉及的层面逐渐远离家长的视域,家长的重视意识也随之降低。家长的新教育公平感如何进一步发展,如何能脱离个人的直觉式观察而进入系统式培养,如何能在各层面形成普遍的关注,都是需要进一步思考的问题。

新教育公平感的高低因家长特征的不同而不同。由硬性指标来看,学历较高、家庭经济条件较好的家长,更具备学校及相关利益团体制度层面的新教育公平意识。而从家长参与孩子教育的程度来看,投入更多时间参与孩子的学习活动、综合素质活动的家长,更具备新教育公平意识。而陪伴孩子、鼓励孩子的全面成长也正是新教育公平所推崇的教育方式,这些家长在意识与实践之间形成了良性循环。

(三) 传统教育公平议题的强调

在形成新教育公平感的同时,家长依旧关心传统教育公平话语中的核心议题,即资源、机会的公平。在此次调查中,从阶层、城乡两个层面进行中国教育公平情况的主观测定,家长的平均评价处于中立偏于负面的状态。值得注意的是,更有约10%的家长对于中国教育公平现状具有较为强烈的不满,超过10%的家长认为当下中国教育公平状况达不到及格水平。在显性、物质等公共资源配置方面,家长仍有较为强烈的"硬性"诉求。

家长的教育不公平感与家长自身特征有一定关系。学历越高的家长,在城乡、阶层两个维度越认为中国教育处于不公平的状况。而家长参加学校活

动的积极程度也与家长的教育公平感相关。越积极参与学校活动的家长越认为中国教育在各层面存在不公平的状况。对于学校活动参与度与中国教育公平感之间的相关性让人产生疑惑,是什么机制形成了两者之间的关联还需要进一步的探讨。

(四) 新教育公平感与教育机会、教育资源公平间的矛盾

当下,家长正逐渐形成的新教育公平感与教育机会、教育资源公平间仍存在矛盾。一方面,家长反对一元化的评价体系,呼吁学生的全面培养,呼吁推广多元化的价值体系,希望"因材施教""有教无类"不是一句空谈;另一方面,家长为了对抗种种阶层、城乡等显性、隐性的教育不公平,而江苏又作为较适应"效率优先"模式的教育强省,作为教育场域中的行动者,一元制的评价体系成了他们现阶段最切实可行的能保障基本教育公平并有机会得到更优质教育资源的途径,在此调查中,一些家长提出"高考全国统一命题、统一录取"的诉求,而此种态度却也在呼吁进一步全方面地贯彻实施一元化的评价体制。但一元化评价体系却又在本质上与新教育公平背道而驰,其间的矛盾不可调和。对于一元化评价体制的矛盾是家长现下教育观中的矛盾,更是现行教育体制下新教育公平与教育机会、教育资源公平的矛盾:一元化的评价体系以其标准的统一在一定程度上保证了高效的教育机会与教育资源公平,从程序上守住了教育机会与教育资源公平的底线;同时一元化评价体系也因其标准的统一,忽视了"人=个体"各方面质素间发展权利的公平,与新教育公平在理念上不能很好地契合。由此,如何通过一元化评价体系的制度性改革,来调和这种新教育公平与教育机会、教育资源公平的矛盾,是解决问题的根本和关键。

第五章
亲子交流与家校沟通

上一章指出了亲子交流和互动会影响到新教育公平观,本章延续这一观点,主要从家长与孩子交流以及与学校沟通的两个维度,进一步更为详细地讨论家长参与的问题。通过描述分析、相关分析等方法,我们可以发现家长自身特征对亲子交流与家校沟通产生的影响。

一、亲子交流

苏霍姆林斯基在《给教师的建议》一书中提到,"家庭要有高度的教育学素养。教育的完善,它的社会化的深化,并不意味着家庭作用的削弱,而是意味着家庭作用的加强"。家庭教育是一切教育中最基础的教育。在《教育大词典》中,对家庭教育的解释为:"父母或其他年长者在家庭里对儿童和青少年进行的教育。"对家庭教育的含义,我国学者也有不同的表述。赵忠心在《家庭教育学》一书中指出,"家庭教育是指在家庭生活中,由家长,即家里的长者(主要是父母)对子女和年幼者实施的教育和影响"。吴奇程编著的《家庭教育学》指出,"家庭教育是指在一定的家庭文化背景下,由父母或其他年长者对未成年的子女或其他年幼者施加的有助于他们社会化和形成健全人格,德、智、体全面发展的教育活动"。虽然对家庭教育的内涵表述不一,但总的来说,其基本含义是相同的:家庭教育是以亲子关系为基础,在家庭生活中发生的、家长与孩子之间积极的影响和作用。而家长参与影响新教育公平感知的途径之一便是亲子沟通。本章基于调研数据,探究家长参与与亲子交流的相互关系。

(一) 亲子交流的频数与卡方分析

让我们通过频数统计、卡方分析,对亲子交流的情况先做一个粗浅的分析。

第五章 亲子交流与家校沟通

我们的问卷,在 C 部分,设计了有关家长参与的调查项,其中一个主要的方面涉及亲子交流。与亲子交流相关的问题主要有"家庭中跟孩子教育有关的重大事情,主要由谁来决定""平日孩子的学习主要由谁负责""在最近的一个星期,您平均每天花多长时间与孩子交流学习""在最近的一个星期,您是否对孩子进行过作业辅导""对于孩子的作业辅导,您是否有过力不从心的感觉""过去一年用于孩子参加学习辅导班、兴趣班的费用是多少""您通常是通过什么方式判断孩子表现的""过去一个月中,您有意识地与孩子一起进行下列活动的情况如何"等。

首先让我们看看家庭中父母在孩子的教育、学习上的发言权,"家庭中跟孩子教育有关的重大事情,主要由谁来决定"和"平日孩子的学习主要由谁负责"这两项的调查结果,我们可以归纳为表 5-1。

表 5-1 教育、学习上的发言权

	父亲	母亲	其他	孩子自己	大家商量或无人负责
重大事情由谁决定	279(25.6%)	311(28.6%)	4(0.4%)	24(2.2%)	470(43.2%)
平日学习由谁负责	221(20.4%)	692(63.7%)	20(1.8%)	149(13.7%)	4(0.4%)

注:括号内为所占百分比

在表 5-1 中,我们能够看出,孩子教育问题的重要决定一般是由大家商量(43.2%)决定的,其次是母亲(28.6%),再次是父亲(25.6%),孩子自己没有什么独立的发言权(2.2%)。由于我们的调查对象大部分是中小学生的父母,孩子尚处在学习阶段,因此一般确实不可能就重大的教育事情,由孩子自己说了算。但调查结果至少表明了两点:第一,有不少家庭(超过 40%)孩子教育的重大事情其实是由父母双方商量后做出决定的;第二,虽然母亲的发言权略高于父亲,但两者百分比相差不大,并没有出现凡家庭教育,大事都由母亲执掌的一般预想。

但颇为有趣的是,虽然重大事情母亲避免单方面决定从而单方面担责,但在孩子的日常学习问题上,与父亲相比,母亲显然扛起大梁。回答"平日学习由父亲负责"的仅有 20.4%,而"由母亲负责"的比例则高达 63.7%。可以推测,在家庭教育上,大部分家庭都把孩子的教育责任放在了母亲的身上。这从某个角度反映出当前两性分工仍然呈现"男主外,女主内"的模式,女性承担着更多的家庭事务,其中便有辅导孩子平日学习的重任。

让我们就这一点再详细看一下孩子的作业辅导。调查结果表明,在孩子的作业辅导方面,家长普遍比较重视,有30.6%的家长回答一周之内曾辅导孩子作业2—3次,33.1%的家长回答一周之内辅导孩子作业4次及以上。而父母之间在比例分布上多少有些差异,回答"4次及以上"的母亲的比例(36.0%)多于父亲的比例(28.0%),而回答"1次也没有"的母亲的比例(22.9%)要少于父亲的比例(26.0%)。但是卡方分析表明,这一比例分布,显著性水平在0.06,没有进入0.05的水准。

表5-2 父母最近一周对于作业的辅导

	1次也没有	有过1次	2—3次	4次及以上
母亲	160(22.9%)	80(11.4%)	207(29.7%)	251(36.0%)
父亲	101(26.0%)	54(13.9%)	125(32.1%)	109(28.0%)
合计	261(24.0%)	134(12.3%)	332(30.6%)	360(33.1%)

注:$P=7.405, df=3, Sig.=0.060$,括号内为所占百分比

绝大部分(超过四分之三)家长都在辅导孩子作业,辅导是否是轻而易举的一件事呢?表5-3表明,其实约四分之一(25.1%)的家长"经常有"力不从心之感,超过十分之一(11.9%)的家长甚至是"总是有"力不从心之感,可见辅导作业绝非一件轻松的事。在这一点上,父母之间没有性别上的差异。他们的百分比分布是如此的相似,其相似程度远超表5-2的作业辅导。

表5-3 辅导孩子作业是否有力不从心之感

	从来没有	偶尔会有	经常有	总是有
母亲	104(14.9%)	332(47.5%)	180(25.7%)	83(11.9%)
父亲	57(14.7%)	191(49.4%)	93(24.0%)	46(11.9%)
合计	161(14.8%)	523(48.2%)	273(25.1%)	129(11.9%)

注:$P=0.475, df=3, Sig.=0.924$,括号内为所占百分比

从以上两表可以归纳出一点,在辅导孩子作业是否力不从心这点上父母的感觉几乎是一模一样的,但36.0%的母亲一周辅导孩子的作业次数在4次及以上,而父亲只有28.0%实际做到了这一点。从这个角度说,相比于父亲,母亲还是更自觉地肩负起了辅导孩子平日学习的重任。

那么"在最近的一个星期,您平均每天花多长时间与孩子交流学习"以及"过去一个月中,您有意识地与孩子一起进行下列活动的情况如何"的调查结果又是怎样的呢?

表5-4 在最近的一个星期,您平均每天花多长时间与孩子交流学习(x)

	几乎没有	$x\leqslant 1$ 小时	1 小时<$x\leqslant 2$ 小时	$x>2$ 小时
母亲	27(3.9%)	284(40.6%)	227(32.5%)	161(23.0%)
父亲	22(5.7%)	187(48.1%)	104(26.7%)	76(19.5%)
合计	49(4.5%)	471(43.3%)	331(30.4%)	237(21.8%)

注:$P=9.090, df=3, Sig.=0.028$,括号内为所占百分比

表5-4的卡方值为9.090,有着5%水准的显著性差异,这表明,与父亲相比,母亲确实在与孩子交流学习上,平均每天花的时间更长。而总的来说,家长中,就学习的问题,与孩子一个星期几乎没有什么交流的比例也是极少的,整体只有4.5%。母亲更少,只有3.9%。而平均每天花2小时以上跟孩子交流学习的母亲(23.0%)要多于父亲(19.5%)。这可以说,与父亲相比,母亲更关心孩子的学习。

这一点,让我们来看看我们所设计的另一个相关调查项。

表5-5 对您孩子成长来说,什么是最重要的

	学习成绩** $P=6.764$	个性发展	人际交往能力	身体素质* $P=4.836$	创新能力** $P=7.633$	自信自尊* $P=4.097$
母亲	204(29.3%)	116(16.6%)	337(48.4%)	345(49.6%)	95(13.6%)	293(42.0%)
父亲	142(37.0%)	66(17.2%)	183(47.5%)	164(42.6%)	77(20.1%)	138(35.8%)
合计	346(32.0%)	182(16.8%)	520(48.1%)	509(47.1%)	172(15.9%)	431(39.8%)

注:** 表示在0.01水平有显著差异,* 表示在0.05水平有显著差异,括号内为所占百分比

这个调查项是这样的:"以下各项中,对您孩子成长来说,您认为最重要的两项依次是什么?"所谓的"以下各项",具体是指"学习成绩""个性发展""人际交往能力""身体素质""创新能力"以及"自信自尊"。原问卷设计有排序的考量,我们现在变换统计方式,只要在两项中被选中,我们就认定家长觉得最重要。表5-5是相应的统计结果。

从表5-5可知,认为"学习成绩"最重要的父母占的比例并不是很大

(32.0%),不如选择"人际交往能力"(48.1%)、"身体素质"(47.1%)、"自信自尊"(39.8%)的父母多。这也反映了当代父母更加重视孩子的全面发展,只把成绩当作孩子成长的一个部分。但是就"学习成绩"来说,一个有趣的结果是,父母亲之间在认定是否最重要这一点上,存在着态度上的明显差异,显著性水平达到0.01。一反"与父亲相比,母亲更关心孩子的学习"的调查结论,父亲反而比母亲更认为"学习成绩"对于孩子的成长来说是"最重要"的。在此,我们看到了一个行为与态度上的乖离现象。对于孩子的学习,父亲是态度上的高个但却是行动上的矮子,态度上认为"学习成绩"重要,但行动上却没有母亲那样积极地把态度予以贯彻实施。

学习之外的情况又是如何呢?在与孩子别的方面的互动、交流上,亲子之间的一般情况如何?父母之间差异又是如何的呢?表5-6给出了答案。

表5-6 过去一个月中,您有意识地与孩子一起进行下列活动的情况如何

		没有做过	1次	2周至少1次	每周至少1次
a. 读书** P=21.488	母亲	97(14.1%)	137(19.9%)	128(18.6%)	326(47.4%)
	父亲	85(22.1%)	83(21.6%)	85(22.1%)	131(34.2%)
	合计	182(17.0%)	220(20.5%)	213(19.9%)	457(42.6%)
b. 看电视	母亲	119(17.2%)	145(21.0%)	97(14.0%)	330(47.8%)
	父亲	73(18.9%)	74(19.1%)	68(17.6%)	172(44.4%)
	合计	192(17.8%)	219(20.3%)	165(15.3%)	502(46.6%)
c. 运动	母亲	114(16.6%)	122(17.8%)	132(19.2%)	319(46.4%)
	父亲	75(19.7%)	73(19.2%)	80(21.0%)	153(40.1%)
	合计	189(17.7%)	195(18.3%)	212(19.9%)	472(44.2%)
d. 参观博物馆、美术馆等文化场所	母亲	392(57.3%)	191(27.9%)	54(7.9%)	47(6.9%)
	父亲	224(58.6%)	96(25.1%)	43(11.3%)	19(5.0%)
	合计	616(57.8%)	287(26.9%)	97(9.1%)	66(6.2%)
e. 外出观看电影、演出、体育比赛等** P=12.082	母亲	158(22.9%)	276(40.0%)	173(25.1%)	83(12.0%)
	父亲	123(32.1%)	146(38.1%)	76(19.9%)	38(9.9%)
	合计	281(26.2%)	422(39.3%)	249(23.2%)	121(11.3%)

续表

		没有做过	1次	2周至少1次	每周至少1次
f. 参加社区活动	母亲	481(70.6%)	132(19.4%)	33(4.9%)	35(5.1%)
	父亲	256(67.4%)	68(17.9%)	33(8.7%)	23(6.0%)
	合计	737(69.4%)	200(18.9%)	66(6.2%)	58(5.5%)

注：** 表示在 0.01 水平有显著差异，* 表示在 0.05 水平有显著差异，括号内为所占百分比

从表 5-6 可知，总体来说，亲子互动最频繁的是一起读书，一起看电视，一起运动，回答"每周至少 1 次"的家长几乎都超过了 40%。相对而言，一起"参观博物馆、美术馆等文化场所""外出观看电影、演出、体育比赛等"以及"参加社区活动"的亲子互动就要少得多，尤其是体现文化品位、积累文化资本的"参观文化场所"以及体现邻里连带、增强公益意识的"参加社区活动"，回答"每周至少 1 次"的家长分别只有可怜的 6.2% 和 5.5%。可以说，中国亲子互动的特点，仍以室内型、娱乐型、身体型为主，而欠缺相对高端的文化型和社会型亲子互动。

再看父母之间的区别，除了"参加社区活动"一项，相对于父亲，母亲都更为积极，回答"每周至少 1 次"的母亲的比例都要高于父亲。而又主要是在"读书"与"外出观看电影、演出、体育比赛等"这两项上，父母之间区别明显，在 0.01 水准上显示出显著性水平。与父亲相比，母亲更是有意识地与孩子一起读书，外出观看电影、演出、体育比赛等。总结来说，中国的亲子互动存在室内型、娱乐型、身体型特点，母亲要比父亲更积极地与孩子一起进行这些活动。高端的文化型和社会型亲子互动的展开，原期望父亲扮演更为积极的角色，但只能说中国的父亲在这方面的表现有待改善。

（二）亲子交流的相关分析

除了性别因素以外，家长的年龄因素、学历因素以及家庭的经济收入因素等是否也影响到亲子交流呢？是否会如国外教育社会学研究成果反复指出的那样，中产阶级家庭（意味着高学历、高收入）的家长与孩子的互动，会比劳动阶级家庭的亲子互动更为频繁，内容也更为丰富呢？

我们采用相关分析的方法来探讨一下这个问题。

首先来看年龄、学历、收入这三个变量与"最近一周平均每天花了多少时间与孩子交流学习""最近一周是否对孩子进行作业辅导"以及"辅导作业是否有力不从心感"之间的相关关系。

表5-7数据显示的最大特征是每个相关系数都呈现至少是0.05水准上的显著性差异,这意味着,年龄、学历、收入,都与亲子的学习互动有着密切的相关性。年龄与"最近一周平均每天花了多少时间与孩子交流学习""最近一周是否对孩子进行作业辅导"呈负相关,而与"辅导作业是否有力不从心感"之间呈正相关。但由于赋值时得分越高,力不从心感越大,因此解释时我们需要格外谨慎。可以得出如下的结论:年龄越小即家长越年轻,家长在孩子的学习上花的时间就越多,对孩子的作业辅导也就越多,辅导作业时就越不会感到吃力("力不从心")。由于家长年龄与孩子就读年级呈正相关,因此我们也可得知,孩子越是低年级,家长在学习参与方面表现得越积极,在孩子的学习上投入更多的时间。这一结论,大致符合我们日常的生活体验。

表5-7 从年龄、学历、收入角度看亲子学习互动相关关系

		最近一周平均每天花了多少时间与孩子交流学习	最近一周是否对孩子进行作业辅导	辅导作业是否有力不从心感
年龄	Pearson相关性	-0.162**	-0.349**	0.207**
学历	Pearson相关性	0.142**	0.254**	-0.306**
收入	Pearson相关性	0.070*	0.088**	-0.151**

注:**表示在0.01水平(双侧)上显著相关,*表示在0.05水平(双侧)上显著相关

学历和收入两项是社会分层的决定性指标,学历和收入越高,意味着越靠近社会的中产阶层甚至资产阶层。从调查结果可知,这两个变量与亲子学习互动三个变量之间的相关关系,在正负上呈现相同的模式。前者对后者的影响可以说都很显著,在0.01水准上显示出显著性相关。学历与收入与"最近一周平均每天花了多少时间与孩子交流学习""最近一周是否对孩子进行作业辅导"呈正相关,而与"辅导作业是否有力不从心感"之间呈负相关,这意味着学历越高、经济收入越好,与孩子学习的交流时间就越多,对孩子进行作业辅导的次数也越多,而且辅导作业时越不会感到"力不从心"。这可以说从

一个角度,再次印证了国外教育社会学研究成果。

我们再从另一个角度,也就是学习交流之外活动的频度与丰富性的角度来印证一下。表 5-8 是年龄、学历、收入三个变量与亲子学习外互动的相关关系。

表 5-8 从年龄、学历、收入角度看亲子学习外互动相关关系

		年龄	学历	收入
读书	Pearson 相关性	-0.212**	0.178**	0.041
看电视	Pearson 相关性	-0.094**	-0.065*	-0.007
运动	Pearson 相关性	-0.080**	0.140**	0.062*
参观文化场所	Pearson 相关性	-0.073*	0.080**	0.046
娱乐活动	Pearson 相关性	-0.163**	0.117**	0.146**
社区活动	Pearson 相关性	0.009	0.018	0.015

注:** 表示在 0.01 水平(双侧)上显著相关,* 表示在 0.05 水平(双侧)上显著相关

从上表可以看出,年龄、学历、收入三个变量与参加社区活动之间没有什么相关关系。而年龄和学历与别的变量之间的相关关系都比较明显,年龄的相关都是负相关,而学历的相关,除了"看电视"以外,都是正相关。我们可以总结说,越是年轻的家长,与孩子的学习外互动内容就越丰富,也越频繁,会更多地与孩子一起读书、看电视、运动、参观博物馆等文化场所,进行观看电影等娱乐活动,但对参加社区活动没有什么影响。同样的结论基本上也适用于高学历。学历越高,家长与孩子的学习外互动内容就越丰富,也越频繁,会更多地与孩子一起读书、运动、参观博物馆等文化场所,进行观看电影等娱乐活动,但一起看电视看得少,对参加社区活动同样没有什么影响。

但相对于年龄与学历来说,收入与各变量的相关关系就不明显一些。只在"娱乐活动"上有 0.01 水准上的、在"运动"上有 0.05 水准上的有意相关。调查表明,收入与学习外的亲子互动关系不是很明显,似乎并非家庭经济状况越好,亲子互动就越频繁,内容就越丰富,但确实对一起运动、一起娱乐有一定影响。家长收入越高,越频繁地与孩子一起看电影、看比赛,一起运动。

(三) 父母对孩子的经济投入与期待

重视孩子的教育是中国的优良传统之一,当今社会的家长,望子成龙、望女成凤的并不在少数,除了平时对孩子学习进行身体力行的辅导以外,很多家庭都会把孩子送到校外的各种辅导班补习,或参加各种兴趣班挖掘一技之长。那么,家庭在这方面的经济投入是多少?父母对自己子女的将来是否抱有很高的期待呢?

我们的问卷设计了一道题:"过去一年用于孩子参加学习辅导班、兴趣班的费用是多少?"

表 5-9 辅导班、兴趣班费用(x)

费用	0元	0.5万<x≤1万	1万<x≤1.5万	1.5万<x≤2万	x>2万
家庭	263(24.4%)	582(54.1%)	122(11.3%)	63(5.9%)	46(4.3%)

注:括号内为所占百分比

从表 5-9 可以看到,将近四分之一(24.4%)的家庭没有把孩子送到辅导班、兴趣班,但四分之三的家庭都在孩子的校外学习上做了经济投入。超半数的家庭(54.1%),一年的投入在0.5万元到1万元之间。对于每个具体的家庭来说,这一数字算多算少很难简单得出结论,这需要考察一下用在辅导班、兴趣班上的费用占了家庭总收入的多少比重,是否带来了经济压力。一般可以预测,越是家境富裕的家庭,由于经济压力小,对辅导班、兴趣班的支出就越大。对于这一点,我们又做了一个分析,看看家庭总收入与在辅导班、兴趣班上所投入费用的相关关系。

表 5-10 家庭总收入与在辅导班、兴趣班上所投入费用的相关关系

		总收入	费用
总收入	Pearson 相关性	1	0.364**
费用	Pearson 相关性	0.364**	1

注:** 表示在0.01水平(双侧)上显著相关

正如一般所能预见的那样,家庭收入与在辅导班、兴趣班上所投入费用的相关关系是正相关,且呈现0.01水准上的显著相关。家庭收入越高,对孩

子的辅导班、兴趣班的经济投入就越大。家庭的经济水平,可以说是父母关注孩子学习的一个重要推力。

在讨论亲子交流、亲子互动这一节的最后,我们再来看看父母对于孩子的期待问题。父母的性别、学历等与其对孩子的期待有什么相关关系呢?期待可分为对于孩子将来获得最高学历的期待、将来获取具体职业的期待。我们先以卡方分析的方法对学历期待做一讨论。

表5-11　父母的性别对孩子将来最高学历的期望

	硕士及以上	本科毕业	大专毕业	高中毕业	从没想过	尊重孩子意愿
母亲	175(25.1%)	238(34.2%)	16(2.3%)	7(1.0%)	9(1.3%)	251(36.1%)
父亲	99(25.4%)	163(41.9%)	8(2.1%)	5(1.3%)	3(0.8%)	111(28.5%)
合计	274(25.3%)	401(37.0%)	24(2.2%)	12(1.1%)	12(1.1%)	362(33.3%)

注:$P=9.116, df=5, Sig.=0.105$,括号内为所占百分比

可以说,在对孩子的学历期望方面,大部分家长希望孩子拥有本科(37.0%)或硕士及以上学历(25.3%),但也有33.3%的父母表示会尊重孩子的意愿。"从没想过"的家长很少,只期待孩子获得大专毕业就行的家长也很少。卡方检验显示,父母在学历期望方面没有显著水平的差异。期待孩子高学历(硕士及以上)的父亲或母亲占了约四分之一。

表5-12　父母的学历对孩子将来最高学历的期望

	硕士及以上	本科毕业	大专毕业	高中毕业	从没想过	尊重孩子意愿
高中及以下	88(14.6%)	246(40.9%)	18(3.0%)	9(1.5%)	5(0.8%)	236(39.2%)
大专毕业	60(28.6%)	77(36.7%)	2(0.9%)	1(0.5%)	4(1.9%)	66(31.4%)
本科毕业	113(46.7%)	65(26.9%)	4(1.7%)	2(0.8%)	3(1.2%)	55(22.7%)
研究生毕业	13(44.8%)	11(37.9%)	0(0.0%)	0(0.0%)	0(0.0%)	5(17.3%)
合计	274(25.3%)	399(36.9%)	24(2.2%)	12(1.1%)	12(1.1%)	362(33.4%)

注:$P=110.386, df=15, Sig.=0.000$,括号内为所占百分比

虽然有近三分之一的家长表示在将来的学历取得上会尊重孩子的意愿,但这一愿望,似乎和学历成反比。学历越高,这一愿望就越淡薄。高中及以下学历的家长中有39.2%持有这一想法,但到了本科毕业的家长,比例降到了22.7%,而研究生毕业的家长,比例更是降到了17.3%。希望孩子能获得本科

文凭的家长占了大多数,即便是自己学历较低的家长,也有40.9%对孩子抱有本科毕业的学历期待。但学历越高的家长显然期待也越高,家长自己是本科毕业的或是研究生毕业的有超过40%对孩子抱有研究生毕业的学历期待。

最后再看看对孩子的职业期待。

表5-13 父母最希望孩子将来做什么工作

职业	频数/位	有效百分比/%
公务员	126	12.1
公司管理人员	82	7.8
科学家、工程师	96	9.2
教师、医生、律师	402	38.5
设计师	54	5.2
艺术表演人员	23	2.2
专业运动员	5	0.5
技术工人	11	1.0
没想过	160	15.3
其他	86	8.2
合计	1 045	100.0

调查结果表明,除去回答"没想过"的暂且不论,对于"您最希望孩子将来做什么工作"的问题,选择最多的"教师、医生、律师",达到了38.5%,其次是"公务员",为12.1%,两者相加,可以说是超一半的父母(50.6%)希望孩子从事教师、医生、律师、公务员等在中国社会文化中有较高职业声望的职业。而期待孩子从事演艺活动,或成为运动员,或者仅仅做一个技术工人的家长占绝对的少数。三者相加,也不过仅占3.8%。

二、家校沟通

(一)分析方法

家长和学校方面的互动交流情况,亦即家校沟通水平是新教育公平研究中的重要内容。新教育公平之"新",是因为它旨在实现从以物化的、以成绩为核心的一元化评价体系向以"人＝个体"为核心的评估域的视角转换,更为关注"软性"的、人性的、质性的一面,关注人自身的纵向发展(时间性的;在"发展、成长"概念上的自己和自己比较),从个人的生命体验、生活感受以及意义赋予的角度,强调对人本身的尊重,以及是否具有平等换位思考能力。同时,家长群体所处的阶层、自身情况和所属群体的特性对他们和学校方面的沟通水平,乃至对整个新教育公平的体验都存在重要影响。鉴于此,本节内容简要描述江苏省内的问卷反馈中家长的群体情况,并从这些群体特征的角度对家校沟通水平进行一定程度的分析。

在家校沟通水平的考量上,本问卷主要就家长参与孩子学校联系活动的次数、时间、方式、参与态度的积极性、与教师联系的态度及能力、家校沟通的侧重关心点等方面进行了问题设计。基于此,本问卷设计了一些相关题目来调查家长自身对家校沟通水平的主观描述。

运用描述性统计方法,我们首先进行了频数统计,然后进行了交叉分析。

(二)家校沟通的频数分析

首先,我们来看看家长认为教育孩子是谁的主要责任,是自己还是学校。

表 5-14 教育孩子是谁的责任

责任	频数/位
完全是学校的责任	5(0.5%)
完全是家长的责任	18(1.6%)
家长和学校都有责任,学校责任更大	55(5.1%)
家长和学校都有责任,家长责任更大	608(56.1%)
家长和学校责任一样大	398(36.7%)

注:括号内为所占百分比

表 5-14 显示,持极端看法的也即认为教育孩子完全是学校的责任或完全是家长的责任的人占极少数,大多数家长认为学校和家长都是有责任的,但在谁的责任更大的问题上存在着一些分歧。但很明显的一点是,认为"家长责任更大"的家长,其比例远远超过了"认为学校责任更大"的家长,前者达

56.1%,而后者仅有 5.1%。虽然也有不少家长(36.7%)持两者责任一样大的认识,但可以说,更多的家长是把教育孩子的责任"义不容辞"地揽到了自己的身上,而不是全推给学校。在这样的一个前提下,我们可以想象,家长会在一定程度上积极地与学校保持一定的联系,但可能不会过于频繁地去联系老师。表 5-15 和表 5-16 证明了这一点。

从表 5-15 和表 5-16 我们可以看出,虽然家长主动联系过学校老师的也不在少数,其中约 28.1%的家长回答有"3 次及以上",而回答一学期中一次也没有的家长其比例不到四分之一,但从时间长度来看,家长与学校教师的每次谈话时间都不长,几乎都在 1 小时以内。

表 5-15 在过去的一学期内是否主动联系过学校老师

联系次数	频数/位
没有	253(23.3%)
1 次	261(24.0%)
2 次	267(24.6%)
3 次及以上	305(28.1%)

注:括号内为所占百分比

表 5-16 每次与教师交流一般花多长时间(x)

时间	频数/位
$x \leqslant 0.5$ 小时	820(76.4%)
0.5 小时 $< x \leqslant 1$ 小时	225(20.9%)
1 小时 $< x \leqslant 2$ 小时	24(2.2%)
$x > 2$ 小时	5(0.5%)

注:括号内为所占百分比

家长的自我责任意识也体现在表 5-17 中。我们设计了一个问题——"通常以什么方式判断孩子的表现",从调查结果可以看出,回答"自己的观察判断"和回答"老师的反馈"之间,呈现出比较鲜明的对比。前者占了家长群体的 41.0%,而后者只占 16.4%。同时我们也看到,考试成绩也是家长判断自己孩子表现的一个重要指标,有将近 40%的家长(39.7%)选择了

这一项。而后面我们也会看到,正是主要围绕着学习成绩,家长和学校老师发生着交流沟通,可以说虽然只有少数家长仅仅以老师的反馈作为最重要的指标来判断孩子的表现,但"学习成绩"一项里实际上部分包含了学校的信息反馈。

表 5-17 通常以什么方式判断孩子的表现

方式	频数/位
考试成绩	427(39.7%)
老师的反馈	177(16.4%)
自己的观察判断	441(41.0%)
孩子自己的评价	31(2.9%)

注:括号内为所占百分比

那么家中主要由谁参与学校的交流沟通以及交流沟通的内容是什么呢?

从表 5-18 可以看出,在家庭教育中,母亲主要承担了与学校沟通的责任,占 62.6%,远远超过了父亲,后者只占 15.6%。回答"双方都参加"的是 21.3%。可以说,家校沟通,与父亲相比,母亲绝对地唱主角。这种性别分工会影响到孩子教育的很多方面,需要引起重视。这一现象在某种程度上也决定了在孩子的教育中,母亲的参与度和投入的时间精力要远远高于父亲,体现了教育过程中的性别差异。母亲将更多的精力投入了家庭,甚至不少以家庭主妇为自己的"职业"。

表 5-18 家中是谁参加学校沟通

谁来沟通	频数/位
父亲	170(15.6%)
母亲	681(62.6%)
双方都参加	232(21.3%)
双方都不参加	4(0.4%)

注:括号内为所占百分比

从表 5-19 可以看出,在家校沟通的内容方面,以母亲为主的家长,联系学校主要探讨的是孩子的学习(88.8%),其次是孩子的品行(40.4%),

不能说这就意味着家长将学习和品行作为衡量孩子表现的最重要的标准，但确实在与学校老师交流的问题上，家长谈得最多的还是学习与品行，而很少谈孩子的身体状况、交友状况。某种程度上说，这意味着家长认为，如果说学校与家长有着共同的责任，更主要的体现在孩子的学习问题、品行问题方面。

表5-19 上个学期联系老师主要谈什么内容（多选）

交流内容	频数/位
孩子的学习	763(88.8%)
孩子的品行	347(40.4%)
孩子的心理状况	272(31.7%)
孩子的交友状况	132(15.4%)
孩子的身体状况	107(12.5%)
其他	15(2.0%)

注：括号内为所占百分比

再看看家长与学校老师的沟通方式。

表5-20 平时主要通过何种方式与老师沟通

沟通手段	频数/位
微信/QQ/电子邮件	593(54.8%)
电话交流	317(29.3%)
去学校当面交流	166(15.3%)
其他	6(0.6%)

注：括号内为所占百分比

在与老师沟通的方式方面，家长去学校当面与老师交流的仅是少数，仅占15.3%。随着网络技术的发展，家长主要通过微信等方式(54.8%)与老师交流。电话交流的也是少数，不到三分之一(29.3%)。现代高科技的通信交流可能极大提升了家校沟通的效率，具有很强的及时性，但无疑，在面对面交流中的那种家长与教师之间的情感互动甚至共鸣共情，变得离我们越来越远。

最后,在问卷中我们设计了"过去的一学年,您或您爱人参加或接受孩子学校举办的以下联系活动有多少次"的问题。除却回答学校"没有这项活动"的家长,我们可以看到家长参与学校举办的活动的情况(见表5-21)。

表5-21 过去的一学年,您或您爱人参加或接受孩子学校举办的以下联系活动有多少次

	没有这项活动	没有参加	1—2次	3次及以上
家长会	57(5.3%)	27(2.5%)	830(76.8%)	167(15.4%)
学校举办的运动会、子女作品展、节日演出等	226(21.4%)	261(24.7%)	489(46.2%)	81(7.7%)
家长开放日	337(31.6%)	231(21.7%)	451(42.3%)	47(4.4%)
志愿者活动	463(43.9%)	362(34.3%)	201(19.1%)	29(2.7%)

注:括号内为所占百分比

可以看出,不举办家长会的学校为极少数,但其他的活动,尤其是志愿者活动和家长开放日,有许多学校是不举办的。而即使举办了志愿者活动,有三分之一以上的家长(其实如果去除回答"没有这项活动"的家长进行计算的话,比例就更大)还是不参加。家长参加得最积极的,同时也是家校沟通最主要的渠道,还是家长会。几乎所有的家庭,总会有代表参加。参加运动会、子女作品展、节日演出等学校活动的家长,也占了相当大的比例;明确表明没有参加这类活动的家长只占24.7%。

(三)家校沟通的交叉分析

上一节我们对家长与学校的沟通情况,从频数统计的角度进行了描述。这一节我们进一步做一些交叉分析,看看有哪些因素会影响到家校沟通。家长的一些人口学变量,无疑是影响因素的重要指标。我们通过家长的性别、年龄、学历、职业、收入和户籍状况等,进行卡方分析,探索是否在这些变量之间存在显著水平的差异。我们先看看父母亲之间在家校沟通上的区别。

表 5-22 父母亲之间家校沟通的差异

		母亲	父亲
以什么方式判断孩子表现** $P=13.443$	考试成绩	257(37.2%)	170(44.2%)
	老师反馈	103(14.9%)	74(19.2%)
	自己观察判断	311(45.0%)	130(33.8%)
	孩子自己评价	20(2.9%)	11(2.8%)
对参加学校活动的态度	积极参加	524(75.0%)	265(68.5%)
	也乐意参加	163(23.3%)	111(28.7%)
	不积极参加	12(1.7%)	11(2.8%)
教育孩子是谁的责任** $P=16.092$	完全是学校的责任	3(0.4%)	2(0.5%)
	完全是家长的责任	11(1.6%)	7(1.8%)
	都有责任但学校更大	23(3.3%)	32(8.3%)
	都有责任但家长更大	412(59.1%)	196(50.6%)
	家长学校一样大	248(35.6%)	150(38.8%)
上学期是否主动联系过老师** $P=11.841$	没有	145(20.8%)	108(27.8%)
	1 次	160(22.9%)	101(26.0%)
	2 次	179(25.6%)	88(22.7%)
	3 次及以上	214(30.7%)	91(23.5%)
通过何种方式与老师沟通	微信/QQ/电子邮件	338(55.8%)	205(53.0%)
	电话交流	200(28.8%)	117(30.2%)
	去学校当面交流	104(15.0%)	62(16.0%)
	其他	3(0.4%)	3(0.8%)
每次与老师交流的时间	0.5 小时以内	536(77.7%)	284(74.0%)
	0.5—1 小时	139(20.1%)	86(22.4%)
	1 小时以上	15(2.2%)	14(3.6%)

注：** 表示在 0.01 水平有显著差异，* 表示在 0.05 水平有显著差异，括号内为所占百分比

"对参加学校活动（家长会、开放日、运动会、座谈会等）的态度"分为"积

极参加""也乐意参加""无所谓""想办法推脱"和"反感此类活动"。由于后三项样本量少,我们将此归类为"不积极参加",进行卡方分析。

"每次与老师交流的时间",从表5-16我们知道,与老师交流的时间在2小时以上的是极个别情况,因此我们将此变量与"1—2小时"合并,归类为"1小时以上",进行卡方分析。

表5-23　从父母性别角度看联系老师主要谈什么内容(多选)

交流内容	母亲	父亲
孩子的学习	506(89.6%)	257(87.4%)
孩子的品行	242(42.8%)	105(35.7%)
孩子的心理状况	185(32.8%)	87(29.6%)
孩子的交友状况	87(15.4%)	45(15.3%)
孩子的身体状况	76(13.5%)	31(10.5%)

注:括号内为所占百分比

从表5-23看出,在与老师交流的内容方面,父母之间应该说是区别很小。没有一项是有0.05水准的显著差异的。

从父母的年龄、学历、收入角度看联系老师的主动性以及与老师交流时间的长短,我们做了相关分析。

表5-24　从年龄、学历、收入角度看联系老师的主动性以及交流时间长短

		主动性	时间长短
年龄	Pearson相关性	0.034	0.145**
学历	Pearson相关性	0.191**	0.034
收入	Pearson相关性	0.170**	0.018

注:**表示在0.01水平(双侧)上显著相关

表5-25　从家庭收入、户口状况看参加学校活动的内容

	家庭总收入	户口状况
家长会	-0.045	-0.007
学校举办的运动会、子女作品展、节日演出等	0.092**	0.065*
家长开放日	0.063	0.068*
志愿者活动	0.126**	-0.006

注:**表示在0.01水平(双侧)上显著相关,*表示在0.05水平(双侧)上显著相关

从家庭收入角度看参加学校活动的内容,我们把回答"没有此项活动"的除去,将家庭收入与参加次数("没有参加""1—2次"或"3次及以上")以及"户口情况"做相关分析。要说明的是,户口是分类变量,我们除去"其他",只分析"农村户口"(赋值1)和"城市户口"(赋值2),因此,越是正相关,说明"城市户口"影响越大。

上一节内容表明,家长的学历是影响亲子沟通的主要因素,那么它是否也影响到家校沟通的频数、内容呢?

随着家长学历的提高,参与家长会、学校开放日等学校活动的频数也显著提高。学历高的家长也更愿意与老师沟通,而且联系老师谈论更多的是孩子的品行以及心理状况,而不是孩子的学习状况。

家长群体的受教育水平往往在很大程度上决定了家长对于教育的参与度、对教育公平的认知以及其在参与教育活动时与学校方面互动的积极性、能力态度等等。受教育水平高的家长,不仅能在孩子的教育过程中获得更多的话语权,亦往往有着更明确的教育目的和规划。家长群体受教育水平亦是本次研究极其重要的一个控制变量与自变量。从表5-24中不难发现,学历越高的家长,家校沟通水平越高。可见要想提升家校沟通水平,鼓励家长与学校有更多互动,一个重要因素是提升家长的受教育程度或者是提高其对教育的重视程度。

与亲子沟通相类似,家长的年龄也是影响家校沟通程度的一个重要因素。年龄越小的家长越善于和学校沟通,积极参与家长会、运动会等孩子的学校活动,这对孩子的发展来说至关重要。年龄越大的家长越受制于传统观念的影响,较少参与到孩子的学校教育中。

户籍情况同样是影响家长参与教育活动、与学校沟通的水平能力及积极性的重要因素。我们就家长户口状况和其参加家长会、主动联系老师的次数进行了交叉分析。调查结果显示,城镇户口的家长一年中参与家长会1—2次的比例是80.1%,农村户口的家长是69.1%。在与老师的沟通联系方面,城市户口的家长显然比农村户口的家长更为积极。但是农村户口的家长参与家长会3次及以上的比例是20.2%,高于城镇家长,可见也有些农村户口的家长在家校互动上很积极,经常和老师沟通。

家长群体的家庭年收入往往在很大程度上影响了家长对于教育的参与度、对教育公平的认知以及在参与教育活动时与学校方面的互动积极性、能

力态度等。收入处于中高层次的家长不仅能在孩子的教育过程中获得更多的话语权,亦往往有着更明确的教育目的和规划。家长群体的家庭年收入亦是本报告极其重要的一个控制变量与自变量。但调查结果表明,年收入2万到30万以上的家长,在参加家长会1—2次的占比上总体呈递增趋势,即收入越高,参加家长会越积极,但一年参加3次及以上家长会的占比却呈递减趋势。此外,值得注意的是,无收入群体的家长有88.9%的比例一年参加1—2次家长会,11.1%的比例一年参加3次及以上家长会。可见此处出现了一种极端趋势。极为贫穷的家庭极为重视孩子的学习,在家校沟通的次数上非常频繁。而较为富裕的家长,也关注孩子的教育,但不会极度重视,家校沟通水平趋于中上水平。但仍可以说家庭年收入越高的家长,在家校沟通、与学校老师进行互动上,无论是主动联系老师还是参加家长会,总体上都会更加积极主动,即家校沟通水平更高。

当然,家校沟通的水平更多取决于家长与孩子的关系上,如家长是否是教育活动直接参与者、负责人等。同时,性别因素也带来显著区别。我们的调查结果显示,父母主动联系老师,但在父亲和母亲的比较上,可以很清晰地看出,母亲主动联系老师2次的比例是25.6%,3次及以上是30.7%,参与家长会1—2次的比例是77.8%;父亲主动联系老师2次的比例是22.7%,3次及以上的比例是23.5%,参加家长会1—2次的比例是74.8%。显然,母亲比父亲更热衷于家校互动,但在参加3次及以上家长会的比例上,父亲是17.7%,母亲是14.2%,这也从侧面反映了,父母于教育领域的决策权很难界定,母亲们更关注细节和日常生活中的互动交流。但总体而言,母亲们还是将更多的精力投入了家庭,甚至不少专职做家庭主妇。这一现象在某种程度上也决定了在孩子的教育中,母亲的参与度和投入的时间精力要远远大于父亲,体现了教育过程中的性别差异。

三、结论与建议

(一) 结论

1. 家长的学历越高,亲子沟通越好

学历高的家长相对于学历低的家长,更注重在家庭生活中与子女的沟通交流,通过与子女交谈,了解他们在校的学习生活情况,可以及时发现孩子在生活和学习上遇到的问题,这对孩子的顺利成长无疑是很重要的。同时,与子女的交流和沟通能够促进孩子提升自信心,获得更好的发展。

2. 家长越年轻,亲子沟通越好

随着时代的迅速变化,家长与孩子之间的代沟越来越深,年轻的家长往往能够跟上时代的潮流,全面培养孩子的各方面素质,并且与孩子进行有效的交流,而年龄大的家长,其部分教育理念已经跟不上素质教育的步伐,所以与孩子之间的亲子沟通相对较少。

3. 城市户籍比农村户籍的家长亲子沟通更好

一方面,在城市中的家长思想更为开放,家庭中孩子数量更少,更为重视孩子的培养,所以他们会倾向于和孩子交流,陪伴孩子的成长;另一方面,城市中的基础设施比较完善,有良好的文化氛围,有同辈群体的参照,这更有助于城市中的家长积极带领孩子参与诸如看电影、看话剧等文化活动。而在农村中,基础设施缺乏,难以接触到这类文化设施,父母也很难带领孩子参加此类活动,双向的作用之下最终导致了农村户籍的家长与孩子的沟通和交流不足。

4. 家长的学历越高,家校沟通越好

学历较高的家长除了更重视与孩子之间的交流,还会通过与老师的沟通,来了解孩子在学校的表现。并且,他们关心的不仅是孩子学习上的表现,更是品行等各方面的表现。他们也会通过参与家长开放日、孩子的运动会等来促进子女的全面发展。而学历较低的家长往往只关注孩子的学习成绩,并且鲜与老师交流,参与子女学校活动的频数也较低,这显然不利于孩子的素质教育。

5. 家长越年轻,家校沟通越好

随着时代的快速发展,年龄较大的家长往往不把与学校沟通当作子女教育的重要一环,也不太参与孩子的家长会等活动。但年轻的家长具备这种教育意识,在重视与孩子交流的同时,也会重视与老师的沟通,参与孩子的学校活动,促进孩子的全面发展。

(二) 建议

1. 家长增强参与意识,并加强自身学习,提高教育能力

英国著名的"曼彻斯特调查报告"指出,教育成功的主要因素在于家庭环

第五章
亲子交流与家校沟通

境,家庭因素的重要性几乎两倍于社区和学校两项因素的总和。家庭教育是孩子成长中一个至关重要的环节,学校教育再完善,也不可能替代家庭教育。家庭教育取得成功的前提是建立良好的亲子关系。良好亲子关系的建立有助于家长更好地了解孩子。家长要树立科学的教养观,考虑孩子的身心发展状态,尊重孩子的人格、权利和心理需要,尊重孩子的思想感情和社会交往需要,用心关注孩子的问题所在,与之平等对话,积极沟通,在重视孩子智力发展的同时,更重视孩子心理、人格的健康发展,只有这样才能全面深入地了解孩子。父母不要把成绩作为评价孩子的唯一标准。对于大多数现代家庭来说,父母都会给予子女无微不至的照顾,尽自己最大的努力使孩子获得较好的教育。但是,由于对孩子的学习给予了太多的关注,而对他们的心理世界却了解甚少,孩子很少和家长谈他们自己的内心感受,造成双方心理上的沟通发生困难,从而使亲子关系变得紧张。

亲子关系是一个双向互动的过程,在父母行为影响孩子发展的同时,孩子也以自身的特点接受并影响着父母的教养态度与行为。父母和子女之间应该是平等的。尤其随着当代青少年独立意识与能力增强,更要求父母蹲下身来和孩子说话,向孩子的长处学习。随着社会的变迁和网络技术的发展,孩子从外界接触的信息越来越多,他们有许多自己独特的思考方式和价值判断。作为父母,一方面要关注并判断孩子的行为走向,与孩子进行民主式交流,对其中的利弊晓之以理,帮助子女建立正确的是非观和价值观;另一方面,也要积极虚心地了解孩子所关心和追逐的东西,不至于和孩子产生代沟。

家长在工作忙碌之余,能抽出一定时间和孩子多交流,多关心孩子的成长,这可以营造家庭温馨、和谐的气氛,让孩子从家人身上得到关怀和鼓励。学历低、年龄大的父母倾向于把教育孩子的责任托付给教育机构,但本调研报告表明,这些家长更应该积极主动地和子女沟通与交流,关注他们的成长。作为孩子无法选择的终身家庭教师,家长的思想品质、文化修养、生活方式、待人接物之道,无时无刻不在对孩子产生潜移默化而深刻的影响。当今的社会是一个学习型社会,倡导建立学习型家庭。乐善耀在其《学习型家庭》一书中将学习型家庭界定为,以提高家庭社会适应力和生活质量为目的的家庭成员共同学习、相互学习、自我改变、自我完善、共同成长的过程。在学习型家庭中,家长需要从多渠道关心了解子女的教育形式,关注学校教育改革进程。

家长也应该多与其他家长沟通交流,根据孩子的身心发展特点不断实践,选择适合孩子个性的教育方式,逐步提高自己的家庭教育能力和家校沟通能力。

2.学校广开渠道,争取更多家长参与学生教育

教育各项改革的进一步深入,使人们越来越清醒地意识到,没有学校配合的家庭教育,没有家庭配合的学校教育,都不可能使学生得到全面健康的发展。家校合作的现实意义,怎么强调都不过分。因此,在家长因素的优化过程中,学校方面也要发挥其应有的作用。学校是正规的、制度化的教育机构,有行政管理体系和组织保证,拥有一批具备教育教学能力的专业人员。学校应主动开展工作,为家长素质的提升创造机会,对家长与学校的互动进行引导,调动家长参与学校教育的积极性和主动性。

在我国,家校沟通的一个最主要的渠道是家长会。但由于一些家长忙于工作,常常没时间和精力出席家长会;也有的家长因本身不擅与老师沟通,出席家长会就如例行公事,也无法获得有关自己子女成长的相关信息。学校应该对家校沟通的效果进行积极反思,主动去了解家长的想法,尝试多渠道、多样化的交流,给家长传达孩子在学校的积极信息,这样可以提高家长对孩子的期望,让父母真切地感受到老师的用心,并能了解关心子女教育的重要性,进而愿意花时间参与子女教育。①

受教育程度较低的家长在参与子女教育过程中最大的障碍就是缺乏自信,对于孩子的教育会觉得有心无力。因此,学校应该积极利用家校沟通的机会,提高家长的信心和素质:可以邀请对教育子女有成功经验的家长讲授经验;可以根据学生年龄特点和身心发展规律开展有针对性的系列辅导讲座,并为家长提供个性化的咨询服务;在了解学生家庭情况和学生在家、在校表现的基础上,根据差异分层次、分类别地开展形式多样、灵活多变且具有针对性和实效性的分类指导;尤其注重指导家长与孩子建立和谐的亲子关系,提高家庭教育指导的实效性。

3.政府要为家长参与提供制度和法律保障,促进家长积极而有效地参与家校合作,参与子女教育

在法规和制度中明确规定了家长参与子女教育的权利、义务以及学校和

---

① 叶月婵.家长参与对小学生学业成就的影响研究[D].兰州:西北师范大学,2010.

社区的职责。有了政策和制度的保障,还需要有政府的支持,这就要各级教育主管部门切实地重视起来,把家长参与纳入对学校工作的目标考核中。政府也要为家长参与提供组织保障,要发挥我国现有的家长委员会在保证家长参与方面的作用,要让家长委员会真正反映家长的心声,而不是流于形式。

4. 加强社区合作,寻求社会支持和赞助,形成整个社会参与学校教育的局面

利用社区资源,使其成为学校、家庭及学生学习的有力支持。挖掘社会力量的资助,特别是对农村地区及城市中的困难家庭提供帮助和指导,为社会各阶层提供优质的教育环境和均等的教育机会。

5. 建立健全家长参与的研究机构

在全国范围内开展家长参与的系统调查研究,了解我国家长参与的特点及规律,寻找制约家长参与的困难及解决途径,并寻求恰当的家长参与指导和干预措施,探索适合我国国情的家长参与模式和计划,以便科学地指导家长参与。

第六章
文化资本与换位思考能力

本章首先简述法国社会学家布迪厄（也译作布尔迪厄）的文化资本理论，并对这一理论与换位思考能力一起进行讨论，然后再阐述换位思考能力测量及其信度和效度检验的思路，尝试通过因子分析进行降维，从而以一个更加清晰的综合得分来展现家长的换位思考能力。家长的换位思考能力，是新教育公平研究中的重要内容。新教育公平之"新"，是因为它旨在实现从传统的以成绩为核心的一元化评价向以"人"为核心评估域的视角转换，更为关注"软性"的一面，关注个体自身的纵向比，也即时间性的、在"发展、成长"概念上的自己和自己的比较，从个人的生命体验、生活感受以及意义赋予的角度，强调对人的尊重。同时，家长群体所处的阶层和所属群体的特性对其换位思考能力乃至对整个新教育公平的体验都有着重要影响。鉴于此，本章从数据化处理的角度对家长的换位思考能力测量结果进行分析考量，并对降维后数据的信度和效度进行简要的讨论。

一、布迪厄与文化资本

（一）文化资本与家庭

遵循个体社会发展的理论，法国著名社会学家布迪厄（Bourdieu,1998）提出社会空间模型的垂直和平行两个维度，垂直维度表示社会所提供给个体的整个经济和文化资本的总量；平行维度标示资本结构和资本总量中个体所实际占有的经济资本和文化资本。① 其中，经济资本指财富来源和财产状

---

① ［法］布尔迪厄. 实践理性：关于行为理论［M］. 谭立德, 译. 北京：生活·读书·新知三联书店, 2007.

第六章
文化资本与换位思考能力

况;文化资本包括在不同家庭和学校中成长的个体体验和习惯,由个体或家庭积累而成的文化成果,如艺术、书籍等,个体获得正规教育的资格。布迪厄强调处在相近社会位置的个体会有更相似的体验、表现、观点、生活方式以及教育机会等。对一个家庭而言,家庭经济资本与家长的职业和家庭财产相关,文化资本则包括家庭的藏书,带孩子参观博物馆、艺术馆或剧院以及参加文化艺术活动等。[①]

在布迪厄的论述中,我们很容易看到文化资本对于个体发展的重要性,而对正处于受教育期的青少年儿童来说,家长则是其经济和文化资本的最主要来源。过去几十年的研究表明,当家庭有效地参与学校教育时,学校、家庭和学生都能从中获益。家长参与已经被广泛的研究证实是影响儿童教育的一个重要变量。如果我们考量传统社会中家长对于教育的参与,就会很容易发现,家长对于教育的参与是全方位的:子代对父代的"继承"是这一时期教育的核心主题。家庭教育不仅仅是德行的培养,还包括技艺的传承和社会地位的相对平移。然而,随着学校教育的兴起,家长的地位不断被边缘化,学校在教育领域的不断全能化使得不少人都产生了"教育=学校教育"的错觉。即便如此,家长群体在教育中的地位仍然不可忽视。一方面,家长的经济资本可以通过继承完成直接的转移;另一方面,家长的文化资本则在孩子的成长过程中通过潜移默化的方式产生影响。

布迪厄认为儿童出生时资本积聚的过程就开始了,父母的社会阶层不仅提供文化资本,而且还会提供各种不同的资本,亦促进家长参与子女的教育。甚至,家长的衣着打扮、谈吐举止,也为孩子的习惯养成和教师与家长的交流过程提供象征资本。可以说,在整体的教育过程中,学校教育代表的是社会主流文化,其通过一整套标准化的课程和制度规定展示了一种公平的形象,但是其在宣称中立的同时,利用家庭和个体间文化资源的潜在差异——这种差异往往由于学校教育的强势而被忽视,又因为地域等种种差异而被抨击——扩大或缩小着不同阶层文化资本的不均衡。当这种差异在一定时期内受经济资本的影响而被逐渐扩大时,如地域差异、择校与学区房等问题,对家长群体的区分及其行为、观念的考察就显得尤为重要。

---

① 李丽. 家长参与及其与学生学习动机、学业成绩的关系研究[D]. 济南:山东师范大学,2004.

（二）文化资本与换位思考能力

经济资本对于家庭教育的影响,是教育社会学研究的一个重点。比如择校与学区房的问题,已有多人展开过分析和论述。文化资本的影响研究也是层出不穷,硕果累累,但是我们很少看到将换位思考能力看作是文化资本的一种来讨论其对教育的影响,特别是讨论其对教育公平,尤其是新教育公平的影响。如上所述,布迪厄在定义文化资本时是从三个层面考量的,换位思考能力显然不属于他提到的第二个层面——积累下来的文化成果以及第三个层面——个体获得的正规教育资格,而只可能包含在他所概括的第一个层面——个体的体验和习惯中,但布迪厄并没有在此层面上明确展开有关换位思考能力的讨论。而我们则认为,在当下这个时代,尤其是思考中国的教育问题时,把换位思考能力看作一种重要的文化资本并分析它对教育的影响以及影响机理,是具有深刻的社会学学理意义的,它能够加深我们对新教育公平问题的认识。

换位思考能力,简而言之,就是"他人经受的我必经受"式的共情能力。当然,这里强调的不仅是情感层面的共同体验,同时也是一种思考方式的转换能力。或者说,与其说是一种经验式的感受,不如说是一种实在的思维能力。之所以说这是一种思维能力,是因为换位思考的客体必定是全方位的。而就当下中国社会而言,教育,无论是家庭教育还是学校教育,充斥着自上而下(自行政而下教育实践一线,自教师而下学生,自家长而下孩子)一边倒的思维逻辑和话语运作:行政为教育代言,教师为学生代言,家长为孩子代言。在这代言中几乎看不到对"对方"的尊重,看不到"我若是他的话我会怎样"这样一种思维的习惯、行动的逻辑。而我们认为,只有具备这样一种全面的换位思考能力,才有可能突破现有教育公平问题的局限,真正实现新教育公平。

（三）换位思考能力与新教育公平

一如正义,教育公平是个被无限推崇、无限正确又暂时无法实现的理想概念。这就注定其在实际的操作过程中只能像法律一样寻求程序正义、地位平等、机会均等等取向。同时,由于个体之间经济等资本的差异,就使得上述取向的实现必然意味着实施一定程度的补偿手段,如教育资源对乡村的倾

第六章 文化资本与换位思考能力

斜、少数民族实行加分政策等。然而这种立足于程序正义与地位平等的补偿,从某种角度来说,本身就是一种不公平的体现。这就难免让人思考:你讲的究竟是谁的教育公平?你讲的公平和我讲的公平、他讲的公平是不是一个范畴?这不仅涉及教育公平的言说主体和话语对象,更涉及言说主体所依据的立场和目的。因此,教育公平的诉求立场实际上就是各式各样"教育公平"的唱和者对教育及其社会功用的基本呼吁或核心诉求。①

基于这种层次的思考逻辑,言说主体的不同利益自然会产生不同的立场:就国家层面等既得利益者而言,教育公平往往停留在地位承认和表面性的机会均等上,而在实际的操作过程中,所谓的热门专业、人才选拔和经济利益的引导,往往表明了它们注重发展和效率的立场;就教育领域内部而言,教育公平往往意味着在与其他职业竞争中的地位和与其社会地位相匹配的经济利益;而就社会的底层而言,其所期待的教育公平往往倾向于实用主义与利益获取。无论何种角度的言说,其实质都是对自我利益的维护和对他人的相对剥夺。就作为教育最直接的投资者和参与者的家长和孩子而言,前者的利益诉求纷繁复杂,往往因其所属不同的社会群体而截然不同,以致与上述的言说者重叠;后者的利益则很多时候因为处于弱势地位而沦为被引导的存在。从某种程度上来说,尽管对教育公平的思考和盘诘已经有了诸多的成果,但是就实际的状况而言,以受教育者为话语对象的教育公平往往停留在理论之中而在实践中难得寸进。

正是囿于这样的困境,新教育公平的提出才彰显出极其重要的意义。总体而言,新教育公平观不仅关涉显性、物质等公共资源配置方面的平等,也关注尊严、幸福、精神等隐性的"教育系统内部"方面的教育公平,致力于解决教育系统内部普遍存在的等级化、边缘化、排斥、欺侮等现象,使每一个学生都得到"具体对待"和"认真对待",强调教育要适合每一个不同的人,即关注个体间的差异以及基于个体差异的教育公平。而要实现这一新教育公平观,对于主观认知水平的把握就显得尤为重要。所谓主观认知水平,也就是换位思考能力。

罗尔斯在谈论正义时,假设了一种"无知之幕"②的存在,意思就是在人们商量给予一个社会或一个组织里的不同角色的成员以正当对待时,最理想

---

① 陈栋. 底线与上限:论教育公平的立场、内涵和限度——兼论新教育公平的实践路径[J]. 教育发展研究,2017(2).
② [美]罗尔斯. 正义论[M]. 何怀宏,等译. 北京:中国社会科学出版社,1988.

的方式是把大家聚集到一个幕布下,约定好每一个人都不知道自己在走出这个幕布后将在社会或组织里扮演什么样的角色,然后大家讨论针对某一个角色应该如何对待,无论是市长还是清洁工。这样的好处是大家不会因为自己的既得利益而给出不公正的意见,即可以避免"屁股决定脑袋"的情况。由于每个人都不知道自己将来的位置,因此这一过程中的决策一般能保证将来最弱势的角色得到最好的保护。①

与其说罗尔斯的论述旨在保护弱者,不如说是在阐述换位思考能力对于公平正义的重要性。现实中显然不存在彻底的价值中立,社会处境的暂时失明也只是想象中的境界,可是这种客观认知能力的存在,却给我们指明了一条走向公平正义的正确道路,而换位思考能力则决定了我们能在这条道路上走多远。出于自己的切身利益和发展的需要,个体之间必定会产生不同的诉求,教育公平的问题必定面临多方的博弈,导致各方陷入现实中的"囚徒困境"。然而博弈论告诉我们,在这种博弈中,从利己角度做出的选择并不一定是对个人的最优解,要达到"双赢"的最优结果,换位思考能力至关重要。所以,换位思考能力给教育公平问题带来的突破,是使得问题不再围绕出于某种利益的考量而向某一方倾斜,而是基于各方的换位思考来获取多方共赢的局面。这也是新教育公平实际操作的可能性所在。

新教育公平观意味着受教育者首先要实现真正意义上的自由平等。根据本调研报告基础理论部分所引入的罗尔斯《正义论》中的部分观点,我们知道新教育公平的实现必须建立在承认"人＝个体"的契约权利基础之上。就学校教育来讲,每一个学生都应真正具有签订契约的权利。对于新教育公平的追求,首先就是一种对"所有的当事人如何才能承认相互是一种'平等自由'的存在;如何知道各自都有签订契约的不可剥夺的权利;如何才能知道相互订立了契约,各自一定都会坚定地去履行"②问题的追问。

罗尔斯在理论上假定了"无知之幕",然而,在现实生活中,这种乌托邦式的假设并不成立,那么这个问题又该如何解决呢?

本调研报告前面已经指出,提升契约双方当事人的生命感受、生活体验以及换位思考能力是一条虽然形而下但却更为现实的路径。对于签订契约的权利的承认和履行契约的诺言保证,一定是建立在一种深层次的生命感受

---

① 贺晓星. 聋教育改革与新教育公平的理论建构[J]. 教育发展研究,2017(2).
② 贺晓星. 聋教育改革与新教育公平的理论建构[J]. 教育发展研究,2017(2).

第六章 文化资本与换位思考能力

和生活体验之上的,这是一种能换位思考、平等自由地看待对方的私人性情感体验。承认和保证也一定建立在意义赋予之上,但此处的意义赋予并非前述社会共同的主流观念,而是个体性的、发自内心的一种共生共存的赞美和感情。也就是说,既然无法保证人们对自身以及他人所处社会位置的知情权,而与此同时各种自然的和社会的偶然因素亦没有完全避免的可能性,那么理论上每个人都有可能在有能力的情况下设计有利于自己的原则,而真正意义上的人与人之间的平等自由就完全有可能受到损害。在残酷的现实面前,人们只有更大程度提升自身换位思考的能力,能够站在他人的角度理解他人所身处的生活,体验他人所经历的喜乐悲欢,才有可能愿意因为一种朴素的"推己及人"式的移情站在尊重他人的立场上设计原则。因此,理论上讲,提升人们对新教育公平的需求可以从提升人们换位思考的能力入手。

此外,不得不提的一点是,换位思考能力是一个人所具备的带有稳定性特征的能力,具体到教育领域,只有具备了一定程度上对教育不公平的感知,人们才有可能将换位思考能力运用到教育领域,产生对新教育公平的需求。

二、换位思考能力及其信效度

(一)家长群体的换位思考能力

本调研报告的一个中心聚焦点是家长的换位思考能力与新教育公平的关系。提出家长的换位思考能力的概念以及具体分析其与新教育公平的关系,是本调研报告的一个创新点。

提高家长对新教育公平的需求,要从家长的换位思考能力及其对教育不公平的感知入手。尽管对新教育公平之实现有着政策上的保障与倾斜,参与者主观认知上的滞后与谬误,会在很大程度甚至完全程度上阻滞新教育公平的实现。因此,提升家长对新教育公平的需求,提升家长的换位思考能力,是与宏观层面、制度层面的机会、资源相并列的实现新教育公平的前提与先决条件。

"'以人为本'的教育公平之所以难以实现,源自人们对教育公平现实和理念认识上的滞后和谬误。若不改变这种认知,很难实现以'人'为核心评估域的教育公平。为此,除了要使教育摆脱功利主义的影响以外,更重要的是建构一种新的教育公平观,以便实现教育公平认识论的转换。"①提升人们对于新教育公平的需求,尊重每个孩子的差异性,具体对待每个孩子,才是新教育公平得以推进和实施的先决条件。没有对新教育公平的需求,再多的政策与改革都会成为一句空话。

家长的换位思考能力会影响新教育公平的实现,那么,家长的换位思考能力又受到哪些因素影响呢?

我们的调研报告通过交叉分析、因子分析及重回归分析等方法技术,证实了家长的换位思考能力越高,对教育不公平的感知越强,就越期待新教育公平。下一章将会详细论证学历、户口、家庭收入均会影响家长的换位思考能力:一方面,就学历来看,大专及以下学历的家长,学历越高,换位思考能力越强,而大专以上学历的家长换位思考能力没有太大的差别;就户口状况来看,城镇户口的家长换位思考能力强于农村户口的家长;从家庭收入角度观察,家庭收入越高,家长的换位思考能力越强。另一方面,虽然家长自身的素质会对换位思考能力产生影响,但是在控制了他们自身素质因素之后,他们对新教育公平的需求依然受到其换位思考能力的影响,也就是家长的换位思考能力即使受到其自身许多特征的"框定",但这并不意味着家长在其中彻底丧失了能动性,他们还是有可能通过提高换位思考能力而实现新教育公平。

(二) 换位思考能力测量的信度、效度

如何来进一步测定一个人的换位思考能力呢? 这一测定是否有信度和效度呢?

我们的调研报告通过16个主观认知量表的操作化测量,将换位思考能力简约归纳为三个方面:幻想力(我会常常幻想或设想一些可能发生在我身上的事情)、代入观点能力(我能深深体验到电影或电视剧中人物的感情)、同理心(当看到别人遭遇不幸时,我不会为他们难过)。换言之,这三个方面的测量会显著反映出个体换位思考能力的高低。因此,新教育公平的实现,可以通过加强对家长幻想力、代入观点能力、同理心的培养而提高个体的换位思考能力,从

---

① 程天君. 新教育公平引论——基于我国教育公平模式变迁的思考[J]. 教育发展研究,2017(2).

第六章
文化资本与换位思考能力

而回过头来强化其对教育公平感的感知,推动新教育公平的实现。

认知水平是指个体对外界事物认识、判断、评价的能力,认知水平的高低与实践经验、知识水平、思维能力、信息储量等因素有关,是影响人们思想形成的主观因素之一。而从新教育公平的角度出发,需要重点考量的是换位思考能力,由于其与主观认知水平之间具有相对的一致性,因此本调研报告对两者进行综合的考量。为了将这一抽象概念可视化,本报告将其操作化为观点取代、同情关怀、幻想力、身心忧患和社会交往几个方面,并通过 D6 部分的 14 个小题进行测量(参照附录 1 问卷)。

出于赋值一致性的考虑,对 c(有时我觉得很难从对方的角度来看事情)、d(当看到别人遭遇不幸时,我不会为他们难过)、e(我很少会对一本书或一部电影、电视剧深深地入迷)、f(如果我确定自己是对的,我不会浪费许多时间来听别人的争论)、j(我认为时间是流逝的,分分秒秒一去不复返)、k(有陌生人跟我打招呼,我会情不自禁有一种不快感)、l(看见自己喜欢的东西,我常常会想拥有而控制不住自己)等 7 题进行了重新赋值,完成赋值后,用主成分分析的方法可以得出相关矩阵。

相关矩阵的结果表明,D6 部分众多变量之间存在较强的相关关系。同时,在进行因子分析处理之前,我们首先进行了 KMO 检验和巴特利特球形检验。从检验的结果来看,KMO 检验系数大于 0.5,P 值(巴特利特球形检验的 χ^2 统计值的显著性概率)等于 0,小于 0.05,故可以认定本表格具备结构效度。从巴特利特球形检验的结果来看,应拒绝各变量独立的假设,即变量间具有较强的相关性。同时,从 KMO 检验的结果来看,KMO 的统计量大于 0.7,说明各变量间信息的重叠程度比较高,可以作为因子分析的模型。相关的具体分析结果,请参照下一章的内容。

由相关系数矩阵 R 可以计算得到特征值、方差贡献率和累计贡献率,结果表明,前三个因子的方差贡献率超过了 40%。在这一基础上对变量进行进一步的处理,可以得出相应的变量共同度。

变量共同度,即公因子方差,是表示各变量中所含的原始信息能被提取的公因子所表示的程度,其累计贡献率越高,说明提取的这几个公因子对于原始变量的代表性或者说解释率越高,整体的效果就越好。从 D6 部分提取的公因子方差来看,其贡献率普遍较低,高于 0.5 的仅有 3 例,考虑到变量的等级偏低和问卷录入时发现的填写问题,以及题目之间存在较高的相关度,我们可以将相关等级较高以及公因子方差累积贡献率偏低(即提取项贡献率低于 0.4 的选项)的题目予以删除,以达到优化数据的目的。

从处理之后的巴特利特球形检验的结果来看,应拒绝各变量独立的假设,即变量间具有较强的相关性。同时,从 KMO 检验的结果来看,KMO 的统计量大于 0.6,说明各变量间信息的重叠程度比较高,可以作为因子分析的模型。继而由相关系数矩阵 **R** 可以计算得到特征值、方差贡献率和累计贡献率,可知前三个因子的方差贡献率达到 59%,大于 0.5,说明前三个因子足以描述主观认知水平。同时从提取的公因子方差来看,其贡献率普遍大于 0.5,由此可知,提取的公因子对主观认知水平的解释能力是较强的。

由于初始的因子载荷矩阵(即上述相关矩阵)系数不是很明显,为了使因子载荷矩阵中的系数向 0—1 分化,对初始因子载荷矩阵进行方差最大旋转,旋转后的因子载荷矩阵如表 6-1 所示。

由输出表可以看出第一公因子(我会常常幻想或设想一些可能发生在我身上的事情)在除 X_1 和 X_3 外的变量上都有较大载荷,表现为幻想力对于换位思考能力的影响水平;第二公因子(我能深深体验到电影或电视剧中人物的感情)在 X_2 上有较大载荷,表现为代位观点对换位思考能力的影响水平;第三公因子(当看到别人遭遇不幸时,我不会为他们难过)在 X_3 上有较大载荷,表现为同情关怀对换位思考能力的影响水平。这三个因子的性质及其顺序较好地体现了其代表的方面对换位思考能力的影响。

表 6-1 旋转成分矩阵[a]

	成分		
	X_1	X_2	X_3
在批评别人以前,我会试图想象如果我是他们会有什么感受	0.793	0.038	−0.072
我认为任何事情都有两面,并且力图看到这两面	0.752	0.154	0.006
我认为时间是流逝的,分分秒秒一去不复返	−0.712	−0.030	−0.071
我会常常幻想或设想一些可能发生在我身上的事情	0.043	0.778	−0.150

续 表

	成分		
	X_1	X_2	X_3
我能深深体验到电影或电视剧中人物的感情	0.265	0.725	0.207
看见自己喜欢的东西,我常常会想拥有而控制不住自己	0.065	-0.526	0.452
我很少会对一本书或一部电影、电视剧深深地入迷	-0.114	0.098	0.782
当看到别人遭遇不幸时,我不会为他们难过	0.101	-0.161	0.750

提取方法:主成分分析,具有 Kaiser 标准化的正交旋转法

为了综合考量受访者主观认知水平并对其进行综合评价,采用回归方法求出因子得分函数。SPSS 计算出三个公因子的得分,三个公因子分别从不同的方面反映出每个受访者的主观认知水平,但由于单独使用某一公因子将无法就各部分对换位思考能力的贡献做出综合评价,因此我们根据解释总方差表中前三个公因子对应的方差贡献率计算统计量,如表 6-2 所示。

表 6-2 主观认知水平综合得分的描述统计

		统计量	标准误	Bootstrap			
				偏差	标准误	95%置信区间	
						下限	上限
得分	N	1 091		0	0	1 091	1 091
	全距	5.80					
	极小值	-3.15					
	极大值	2.65					
	均值	0.000 0		-0.000 5	0.017 6	-0.036 4	0.034 8
	标准差	0.594 47		-0.000 56	0.016 18	0.559 99	0.626 38
	峰度	1.437	0.148	-0.053	0.570	0.414	2.615
有效的 N 列表状态	N	1 091		0	0	1 091	1 091

注:除非另行说明,Bootstrap 结果是根据 1 000 个 Bootstrap 样本得出的

我们对综合得分进行了描述性统计。从综合得分的描述统计结果来看，全距、标准差以及峰度的值反映了受访者之间的主观认知水平存在一定程度的波动。因此，应当对产生这一波动的影响因素予以考量以作为后续的控制变量。我们以方差分析和 t 检验的方法进行了进一步的探索。

以城市为界限的结果如表 6-3 所示（Levene 统计量为 2.115，$df_1=5$，$df_2=1085$，显著性为 0.061）：

表 6-3 地域维度的方差分析结果

			平方和	df	均方	F	显著性
组间	（组合）		0.870	5	0.174	0.491	0.783
	线性项	未加权的	0.210	1	0.210	0.593	0.441
		加权的	0.209	1	0.209	0.590	0.442
		偏差	0.661	4	0.165	0.467	0.760
组内			384.336	1 085	0.354		
总数			385.206	1 090			

在方差齐性检验的结果中，Levene 的统计量为 2.115，在当前自由度下，对应的 P 值为 0.061，大于 0.05，因此我们可以认为样本所在的各总体的方差齐。而根据方差检验的结果来看，P 值均大于 0.05，所以可以认为各城市之间家长的主观认知水平并不存在显著差异。

我们对家长的学历和家庭收入对主观认知水平的影响亦进一步进行了方差分析。

从表 6-4 和表 6-5 的结果来看，不同收入和学历的家长群体在主观认知水平上存在显著的差异，图 6-1 大致反映了这种差异。

表 6-4 收入维度的方差分析结果

	平方和	df	均方	F	显著性
组间	8.108	6	1.351	3.875	0.001
组内	373.122	1 070	0.349		
总数	381.230	1 076			

表6-5 学历维度的方差分析结果

	平方和	df	均方	F	显著性
组间	5.903	6	0.984	2.808	0.010
组内	379.088	1 082	0.350		
总数	384.991	1 088			

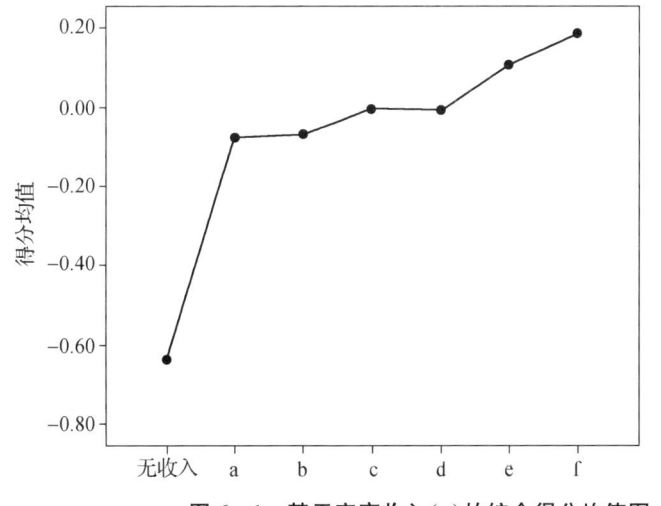

图6-1 基于家庭收入(x)的综合得分均值图

表6-6 父母间综合得分独立样本检验结果

		方差方程的 Levene 检验		均值方程的 t 检验					
		F	Sig.	t	df	Sig.(双侧)	均值差值	标准误差值	差分的95%置信区间	
									下限	上限
得分	假设方差相等	0.003	0.959	1.649	1 076	0.099	0.062 07	0.037 63	−0.011 77	0.135 91
	假设方差不相等			1.651	795.064	0.099	0.062 07	0.037 60	−0.011 75	0.135 88

同时,我们对父母间的综合得分情况亦进行了比较。在样本大多是孩子父母的事实得到确认的基础上,我们根据"您是孩子的?"这一变量生成了一个新的变量(父母),将母亲赋值为"0",父亲赋值为"1",其他关系则作为缺失值,总计得到1 076个有效样本,由于只有两组变量,我们对其进行了独立样

本的 t 检验。

这部分检验结果分为两部分,第一部分是"Levene 检验"即方差齐性检验,用于判断两个总体方差是否齐,这里的检验结果为 $F=0.003$, Sig.$(P)=0.959$,可见在本检验中方差是齐的;第二部分则分别给出两组所在总体方差齐和不齐时的 t 检验结果,根据前面的方差齐性检验结果,第二部分应选择方差齐时的结果,即第一行列出的 $t=1.649$, $df(v)=1\,076$, Sig.$(P)=0.099$。由上,最终的统计结论按 $\alpha=0.05$ 的水准,不能拒绝原假设,即就综合得分的结果而言,尚不能认定父母之间的主观认知水平存在差异。

三、总结与建议

本章主要关注两部分的内容,文化资本与换位思考能力,以及对主观认知水平,也即换位思考能力进行测量和降维的信度问题。

就换位思考能力的测量和降维的信度问题而言,通过对降维后综合得分的比较,发现家长之间的主观认知水平存在一定的波动,其后各城市之间家长主观认知水平的方差分析和性别之间的 t 检验结果表明,地域分布和性别对于家长们的主观认知水平并没有显著的影响。由此我们必须进一步对因子分析降维后得到的综合得分所代表的家长主观认知水平信度和效度进行考量。我们认为,尽管最初的量表在降维的过程中出现了代表性的问题,但是,在简单的筛选过后,代表性有了明显的提升,并且达到了进一步处理的代表性和信度要求。因子分析的过程中,对于冗余变量的筛选本身就是方法的一部分,而剩余变量在主观认知水平的各维度上仍然具有相应的代表性。之后的基于地域和性别间的检验尽管没有表现出显著的差异,但是基于学历和收入的检验则反映了较为突出的相关性,也让我们有理由相信以该综合得分作为代表主观认知水平的变量具有一定的可操作性,并且有进一步探寻的可能。

第七章
家长参与怎样促进新教育公平

本章主要聚焦于新教育公平的实现如何受到家长参与的影响。研究表明，新教育公平的实现以家长对新教育公平的需求为前提，而经由因子分析及多重回归分析发现，家长对新教育公平的需求与其换位思考能力和其对教育不公平的感知程度有关。本章论证的是培养家长的换位思考能力，加深其对教育现状的认识，有利于提升其对新教育公平的需求，进而促进新教育公平的实现。

一、影响家长对新教育公平之需求的因素

（一）假设的概念化与操作化

1. 对于研究内容的概念化

基于本调研报告的理论背景，本章认为，家长对新教育公平的需求受到其换位思考能力的影响，同时其对教育不公平的感知也是一个因素。结合本课题所调查的江苏省的家长样本（只将父母的数据作为有效样本），本章需要验证的核心假设表述如下：

> 家长的换位思考能力越高，对教育不公平的感知越强，那么他就越期待新教育公平。

其中家长对新教育公平的需求是因变量，它受到家长换位思考能力以及家长对教育不公平的感知程度两个自变量的影响。

2. 对于假设的操作化

(1) 因变量:对新教育公平的需求

新教育公平如前文所述,其核心在于关注尊严、幸福、精神,关注个体间的差异以及基于个体差异的教育公平。针对这一核心要求,"教育公平与家长参与"问卷的D1题(作为家长,您认为以下各项对您孩子的教育是否重要?请在相应的栏内打√)设计了"学校以学生为本而不是以升学率为本"等15个小题来考察被访者对新教育公平的需求程度,每小题的选择项从"不重要"到"非常重要"进行了相应的赋值。

基于被访者对15个小题的回答,我们运用因子分析的统计技术将家长对新教育公平的需求程度进行了打分,分数越高表明被访者对新教育公平的需求越高。除了c(学校硬件条件一流)、n(班级有争先恐后的竞争氛围)、o(孩子的应试能力能得到提升)三题之外,对于其余题目的回答,从"不重要"到"非常重要"赋值为1—5分,分数越高,表示被访者对新教育公平的需求程度越高。对于c、n、o三题,被访者答案从"不重要"到"非常重要",表明其对新教育公平需求程度越来越低,因此将从"不重要"到"非常重要"赋值为5—1分。

由于一般因子分析主要目的是降维,因此并不需要将李克特量表中为了防止被访者随意填答而故意设计的反向询问题目赋值进行反转。就本调查来说,降维意在将家长对新教育公平需求程度的15个指标聚焦到更少的几个因子,从而得出影响家长对新教育公平需求程度的内在原因(即对各个因子的解释)。本调研报告的表4-6就是出于降维的目的对于家长的相关数据做因子分析处理的例子,因此并没有对故意设计的反向询问题目赋值进行反转。

然而本章的目的不是进行降维,对影响该变量的内在原因的探求并非本章目的。本章旨在通过因子分析的渠道,将形成的几个因子通过公式生成每一个样本在该变量上的得分(即综合指数),简而言之,就是生成每一位被访者对新教育公平需求程度的得分;由此生成的连续性变量将作为后续多元回归分析的因变量。由于该变量上最终得分(根据因子分析、计算综合指数得到)越高即意味着被访者对新教育公平的期待越高,因此需要因子分析之前的15个指标保持赋值上的一致性,都与该变量保持正向关系,故而将c、n、o三题的赋值进行了反向更改。由此读者应该会注意到,虽然针对的是同样15

个表示家长对新教育公平需求程度的指标,但本章的因子分析结果,与表4-6的因子分析结果有较大的不同。

表7-1 家长对新教育公平需求因子分析的 KMO 和巴特利特球形检验

取样足够度的 Kaiser-Meyer-Olkin 度量		0.901
巴特利特球形检验	近似卡方	4 658.690
	df	105
	Sig.	0.000

下文对自变量"换位思考能力"的处理与此处原理相同,故不再赘述。

KMO 检验大于 0.5,且巴特利特球形检验的显著性 Sig. 小于 0.05,因而可以确定各子变量间存在较高的信息重叠程度,适合使用因子分析技术进行降维处理。

建立在赋值基础之上的因子分析结果如表7-2所示。

表7-2 家长对新教育公平需求因子的旋转成分矩阵

	F_1	F_2	F_3	F_4
	孩子感受到尊重和愉悦	老师对孩子的尊重与责任	学校对孩子的尊重与责任	孩子的成绩水平
	17.268	15.22	15.114	9.16
孩子能在学习中感到开心	0.738			
孩子能在学校生活中体验到自尊	0.716			
有一位能与孩子融洽沟通的班主任	0.617	0.422		
班级有相互关心的友爱氛围	0.603			
班级有争先恐后的竞争氛围	−0.464			
老师有责任感		0.683		
老师在教学中充分尊重孩子的差异		0.67		
老师能根据孩子的特长有针对性地进行教学		0.641		
学校硬件条件一流			−0.518	0.421

续　表

	F_1 孩子感受到尊重和愉悦	F_2 老师对孩子的尊重与责任	F_3 学校对孩子的尊重与责任	F_4 孩子的成绩水平
	17.268	15.22	15.114	9.16
学校有丰富的校本课程		0.424	0.472	
学校对学生的评价体系更为多元,不把成绩看成唯一指标			0.735	
学校积极应对应试教育,不把孩子培养为考试机器			0.721	
学校以学生为本而不是以升学率为本			0.63	
孩子的应试能力能得到提升				0.845
老师不让任何一个孩子掉队				−0.411

注：累积贡献率为 56.762%

根据家长对新教育公平需求因子的旋转成分矩阵表,家长对新教育公平的需求这一变量可降维为由四个因子来表示,因子解释的总方差达到 56.762%,根据成分得分系数矩阵,四个因子的表达式分别为：

$F_1 = -0.162X_1 - 0.221X_2 + 0.277X_3 + 0.100X_4 - 0.051X_5 - 0.094X_6 - 0.031X_7 + 0.283X_8 + 0.403X_9 + 0.365X_{10} + 0.013X_{11} + 0.048X_{12} + 0.258X_{13} - 0.202X_{14} - 0.048X_{15}$

$F_2 = 0.054X_1 + 0.156X_2 - 0.267X_3 + 0.424X_4 + 0.383X_5 + 0.362X_6 + 0.095X_7 + 0.137X_8 - 0.097X_9 - 0.128X_{10} - 0.210X_{11} - 0.176X_{12} - 0.148X_{13} + 0.083X_{14} + 0.177X_{15}$

$F_3 = 0.371X_1 + 0.200X_2 - 0.105X_3 - 0.290X_4 - 0.027X_5 - 0.022X_6 + 0.000X_7 - 0.209X_8 - 0.101X_9 - 0.009X_{10} + 0.442X_{11} + 0.418X_{12} + 0.084X_{13} + 0.063X_{14} + 0.158X_{15}$

$F_4 = 0.101X_1 - 0.210X_2 + 0.266X_3 + 0.108X_4 + 0.168X_5 + 0.047X_6 - 0.271X_7 + 0.039X_8 + 0.057X_9 + 0.064X_{10} + 0.066X_{11} + 0.100X_{12} - 0.042X_{13} + 0.228X_{14} + 0.741X_{15}$

根据四个因子解释的贡献度的比重,生成反映被访者对新教育公平需求强度的综合指数 F(即因变量):

$F = 5.317/(5.317+1.131+1.046+1.020)F_1 + 1.131/(5.317+1.131+1.046+1.020)F_2 + 1.046/(5.317+1.131+1.046+1.020)F_3 + 1.020/(5.317+1.131+1.046+1.020)F_4$

(2) 自变量:被访者的换位思考能力

与因变量相同,被访者换位思考能力这一自变量也是由被访者对 14 个小题的回答来反映的,针对这种情况,笔者依旧采取因子分析的方式进行降维,并生成反映被访者换位思考能力的综合指数。

针对被访者换位思考能力这一自变量,"教育公平与家长参与"问卷的 D6 题(请对您自己做一个描述,在下表空栏里打√)设计了"我会常常幻想或设想一些可能发生在我身上的事情"等 14 个小题来考查被访者的换位思考能力,每个小题的选择项从非常不符合到非常符合进行了赋值。除了 c、d、e、f、j、k、l 七题之外,对于剩余题目的回答,从"非常不符合"到"非常符合",被访者换位思考能力越来越高,因此将从"非常不符合"到"非常符合"赋值为 1—5 分。对于 c、d、e、f、j、k、l 七题,被访者答案从"非常不符合"到"非常符合",表明其换位思考能力越来越低,因此将从"非常不符合"到"非常符合"赋值为 5—1 分。

KMO 检验大于 0.5,且巴特利特球形检验显著性 Sig. 小于 0.05,因而可以确定各子变量间存在较高的信息重叠程度,适合使用因子分析技术进行降维处理。

表 7-3 家长换位思考能力因子分析的 KMO 和巴特利特球形检验

取样足够度的 Kaiser-Meyer-Olkin 度量		0.753
巴特利特球形检验	近似卡方	1 874.192
	df	91
	Sig.	0.000

建立在赋值基础之上的因子分析结果如表 7-4 所示。

表 7-4 家长换位思考能力因子分析的旋转成分矩阵

	F_1	F_2	F_3
	家长视角/思维模式转换的能力	家长的移情能力	家长反效率、非功利的生活态度
	15.226	14.408	12.609
我认为时间是流逝的,分分秒秒一去不复返	−0.74		
我认为任何事情都有两面,并且力图看到这两面	0.723		
在批评别人以前,我会试图想如果我是他们会有什么感受	0.696		
人有信仰总是好事	0.575		
我很少会对一本书或电影、电视剧深深地入迷		0.689	
当看到别人遭遇不幸时,我不会为他们难过		0.621	
如果我确定自己是对的,我不会浪费许多时间来听别人的争论		0.527	
有时我觉得很难从对方的角度看事情		0.513	
有陌生人跟我打招呼,我会情不自禁有一种不快感		0.508	
看见自己喜欢的东西,我常常会想拥有而控制不住自己		0.426	−0.549
我会常常幻想或设想一些可能发生在我身上的事情			0.63
我能深深体验到电影或电视剧中人物的感情			0.588
我常常对飞碟等神秘现象感兴趣			0.54
当效率与质量冲突时,我会为了做好一件事,一点儿也不顾效率			0.415

注:累积贡献率为 42.244%

根据家长换位思考能力因子的旋转成分矩阵表,家长换位思考能力这一变量可降维为由三个因子来表示,分别为"家长视角/思维模式转换的能力""家长的移情能力""家长反效率、非功利的生活态度"。三个因子对该变量的解释的总方差达到 42.244%，根据成分得分系数矩阵，三个因子的表达式分别为：

$ff_1 = -0.017X_1 + 0.113X_2 - 0.096X_3 + 0.097X_4 - 0.033X_5 - 0.071X_6 + 0.346X_7 + 0.341X_8 - 0.048X_9 - 0.369X_{10} + 0.062X_{11} + 0.085X_{12} + 0.257X_{13} - 0.056X_{14}$

$ff_2 = 0.068X_1 + 0.211X_2 + 0.291X_3 + 0.308X_4 + 0.410X_5 + 0.272X_6 - 0.025X_7 - 0.031X_8 + 0.106X_9 + 0.014X_{10} + 0.210X_{11} + 0.127X_{12} + 0.000X_{13} - 0.114X_{14}$

$ff_3 = 0.386X_1 + 0.381X_2 + 0.137X_3 - 0.017X_4 + 0.227X_5 + 0.048X_6 - 0.044X_7 - 0.082X_8 + 0.355X_9 + 0.115X_{10} - 0.146X_{11} - 0.286X_{12} + 0.067X_{13} + 0.208X_{14}$

根据三个因子解释的贡献度的比重，生成反映被访者换位思考能力的综合指数 ff（即自变量）：

$ff = 2.755/(2.755+1.979+1.180)ff_1 + 1.979/(2.755+1.979+1.180)ff_2 + 1.180/(2.755+1.979+1.180)ff_3$

（3）自变量：被访者对教育不公平的感知强度

关于对被访者对教育不公平感知强度的测量，在问卷设计中我们加入了为中国教育公平打分这一题，满分为 100 分。在该题中，被访者对中国教育公平现状打分越高，说明其对教育不公平的感知越弱。因此本题为了得到被访者对教育不公平的感知强度，为了使得分越高、被访者对不公的感知越强，将 D5 重新编码为 D5′题，转换公式如下：D5′=100−D5。新得到的 D5′题得分越高，说明被访者对教育不公平的感知越强。

二、假设的验证：对因变量与两个自变量的重回归分析

基于本调查报告的核心假设，家长的换位思考能力越高，对教育不公平的感知越强，那么他就越期待新教育公平。将因变量表示为 y，将自变量"换位思考能力"表示为 x_1，将自变量"对教育不公平的感知"为 x_2，重回归分析

的表达式如下:

$$y = ax_1 + bx_2 + \alpha$$

将因变量 y,自变量 x_1、x_2 放入重回归模型,所得结果如下:

表 7-5　家长对新教育公平需求的多元线性回归模型系数

	非标准化系数 B
(常量)	3.811***
换位思考能力	0.088***
对教育不公平的感知	0.001*

注:1. * 表示 $P<0.05$,** 表示 $P<0.01$,*** 表示 $P<0.001$
2. 模型 ANOVA 检验 Sig. <0.001
3. 模型 $R=0.156$

该线性回归模型 Sig. 值小于 0.001,说明在较高的置信度之下我们能够认为,因变量与自变量之间存在线性关系;R 值为 15.6%,说明该线性回归模型中,两个自变量合起来可以解释因变量的 15.6%,换句话说,被访者对新教育公平的期待程度有 15.6% 由家长换位思考能力的高低与其对教育不公平的感知解释。这在因果交错复杂的日常生活中已经属于较高的解释度了。

根据系数表,不论是常数项还是两个自变量,其 Sig. 值均小于 0.05,说明它们在至少 95% 的置信度之下是有意义的。且根据表中显示的系数,该线性回归模型可以表述为:

$$y = 0.088x_1 + 0.001x_2 + 3.811$$

也就是说,当被访者不具备换位思考能力,也不具备对教育不公平感知的情况下,他对于新教育公平也有期待,得分为 3.811 分。两个自变量与因变量都呈正相关:在其他条件不变的情况下,每当被访者换位思考能力提升 1 个单位,他对新教育公平的期待就相应地提升 0.088 分;在其他条件不变的情况下,每当被访者对教育不公平的感知提升 1 个单位,他对新教育公平的期待就相应地提升 0.001 分。

本章的核心假设"家长的换位思考能力越高,对教育不公平的感知越强,那么他就越期待新教育公平"得到验证。

三、家长自身属性特征与本章假设的关系

从上文的分析中我们能够看出,家长对新教育公平的期待与其换位思考能力呈正相关,家长对新教育公平的期待随着换位思考能力的提高而提升。那么,家长自身换位思考的能力又从何而来呢?它跟家长自身的哪些具体要素相关?如果说家长换位思考的能力由其自身某种属性特征决定,那么换位思考能力对于其对新教育公平期待的正向作用是否只是一种虚假的中介?换句话说,家长对新教育公平的期待是否只与其自身某种既定的属性特征而非其换位思考能力有关?如果真是这样,在我们不能寄望于家长学历、户籍与收入这样的属性发生改变的情况下,通过培养家长换位思考能力来促进新教育公平之实现,那么是不是说新教育公平的实现就遥遥无期了呢?这正是本节将要探讨和解决的问题。

(一)家长自身属性特征与其换位思考能力的关系

本节想要探讨的是已被上文因子分析概念化的家长换位思考能力这一变量与家长自身的哪些特定属性特征有关。由上文的因子分析可知,家长换位思考能力这一变量可由三个因子来表达,分别为"家长的视角/思维模式转换的能力""家长移情的能力"和"家长反效率、非功利的生活态度"。

社会学家伯恩斯坦曾区分过"精密编码"与"局限编码"这一对概念,其中前者指无须依赖特定情境就可以理解的、本身具有清晰完整和独立的含义,使用范围明确而具体的语言表达;而后者则指称高度依赖社会情境才可被听者理解其言说意义的表达。我们认为,人们视角或思维模式转换的能力有赖于其抽离特定的社会情境的能力,而这种能力的获得可以通过其语言的编码方式呈现出来。换言之,人的视角或思维模式转换的能力越强,他的精密编码能力也会相应呈现得越强,精密编码能力可以作为表示或测量一个人视角或思维模式转换能力的指标。

伯恩斯坦认为学校环境是以精密编码为绝对主导的,也就是说,学历越高的人在精密编码环境当中生活的时间越久,也就越适应相应的表达方式,从而其精密编码能力越强。在认为精密编码能力可以作为表示或测量一个人视角或思维模式转换能力的指标这一前提之下可以得到如下假设。

假设1:学历越高,其视角或思维模式转换能力越强,其换位思考能力越强。

我们还认为,相比于农村特定的、局部的、亲缘化的、相对简单的劳动生产模式,城市的生产活动更加一般化和复杂化,劳动者的异质性更强,劳动生产组织的科层化、理性化程度更高。因此,城市的劳动生产组织与乡村相比更加强调客观性、理性和清晰性,而其生产者相应地会更多接触和培养自身视角、思维模式的可转换性,由此得出本节的第二个假设。

假设2:与农村户籍相比,拥有城市户籍的人视角或思维模式转换能力更强,其换位思考能力越强。

此外,根据因子分析所显示的结果,家长反效率、非功利的生活态度也是其换位思考能力的一个影响因子。我们认为,收入越高(即生存的紧迫性越低),人们就更有可能从经济生活的逻辑中跳脱出来,去关注生活当中非功利的、非效率优先的一面,也就是本节的第三个假设。

假设3:收入越高,人们更有可能秉持反效率、非功利的生活态度,其换位思考能力越强。

根据本节的三个假设,我们将家长换位思考能力与其自身学历、户籍状态与收入分别进行单因素方差分析,得到的结果如下。

(1)家长学历与换位思考能力的单因素方差分析

表7-6 对家长学历与换位思考能力的单因素方差分析的描述

	N	均值	标准差	标准误	均值的95%置信区间		极小值	极大值
					下限	上限		
小学毕业	25	3.890 2	0.509 00	0.101 80	3.680 1	4.100 3	3.20	4.85
初中毕业	217	4.188 7	0.568 05	0.038 56	4.112 7	4.264 7	2.59	6.00
高中/中专毕业	349	4.276 8	0.618 38	0.033 10	4.211 6	4.341 9	2.38	7.41
大专毕业	209	4.425 9	0.600 46	0.041 53	4.344 0	4.507 8	2.81	6.26
本科毕业	243	4.417 8	0.573 60	0.036 80	4.345 3	4.490 3	2.01	5.95
研究生毕业	29	4.471 2	0.317 56	0.058 97	4.350 4	4.592 0	3.84	5.21
总数	1 072	4.316 2	0.596 25	0.018 21	4.280 5	4.352 0	2.01	7.41

注:模型ANOVA检验 Sig.<0.001

该模型显著性 Sig. 值小于 0.001，证明在相当高的置信度（大于 99%）下家长学历与其换位思考能力相关。由表 7-6 和图 7-1 可知，大专及以下学历的家长，学历越高，换位思考能力越强。大专以上学历的家长换位思考能力没有太大的差别。由此，假设 1 得到验证。

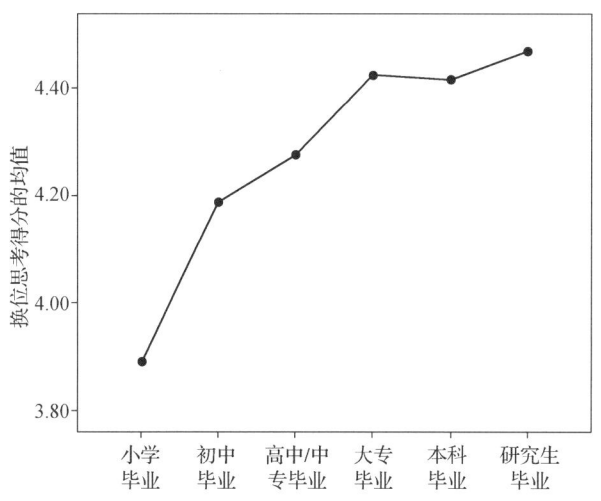

图 7-1　家长学历与换位思考能力的关系

（2）家长户籍状态与换位思考能力的单因素方差分析

表 7-7　对家长户籍与换位思考能力的单因素方差分析的描述

					均值的 95% 置信区间			
	N	均值	标准差	标准误	下限	上限	极小值	极大值
农村户口	346	4.228 0	0.602 09	0.032 37	4.164 3	4.291 7	2.38	7.41
城镇户口	718	4.357 2	0.590 42	0.022 03	4.314 0	4.400 5	2.01	6.55
总数	1 064	4.315 2	0.597 04	0.018 30	4.279 3	4.351 1	2.01	7.41

注：模型 ANOVA 检验 Sig. = 0.001 < 0.01

该模型显著性 Sig. 值为 0.001，小于 0.01，证明在较高的置信度（大于 99%）下家长户籍状态与其换位思考能力相关。由表 7-7 可知，城镇户口的家长换位思考能力平均得分为 4.357 2 分，略微高于农村户口家长换位思考能力的平均分 4.228 0。研究发现，城镇户口家长换位思考能力强于农村户口的家长，假设 2 得到验证。

(3) 家长收入水平与换位思考能力的单因素方差分析

表7-8和图7-2是家长收入水平与换位思考能力的单因素方差分析。结果表明,该模型显著性Sig.值小于0.001,证明在相当高的置信度(大于99%)下家长收入水平与其换位思考能力相关。由表7-8和图7-2可知,对于家长而言,总体来说,家长收入越高,换位思考能力越强,假设3得到验证。

表7-8 对家长收入水平(x)与换位思考能力的单因素方差分析的描述

					均值的95%置信区间			
	N	均值	标准差	标准误	下限	上限	极小值	极大值
无收入	8	3.723 5	0.556 43	0.196 73	3.258 3	4.188 6	2.81	4.47
$x \leqslant 2$万	26	4.087 5	0.540 19	0.105 94	3.869 3	4.305 7	3.20	5.09
2万$< x \leqslant 5$万	171	4.178 6	0.577 95	0.044 20	4.091 4	4.265 9	2.38	5.78
5万$< x \leqslant 10$万	332	4.342 6	0.614 92	0.033 75	4.276 3	4.409 0	2.59	6.55
10万$< x \leqslant 20$万	365	4.321 4	0.573 58	0.030 02	4.262 4	4.380 5	2.01	5.95
20万$< x \leqslant 30$万	81	4.458 6	0.591 30	0.065 70	4.327 8	4.589 3	2.81	7.41
$x > 30$万	78	4.478 6	0.597 52	0.067 66	4.343 9	4.613 3	2.83	5.92
总数	1 061	4.316 8	0.597 14	0.018 33	4.280 9	4.352 8	2.01	7.41

注:模型ANOVA检验Sig.<0.001

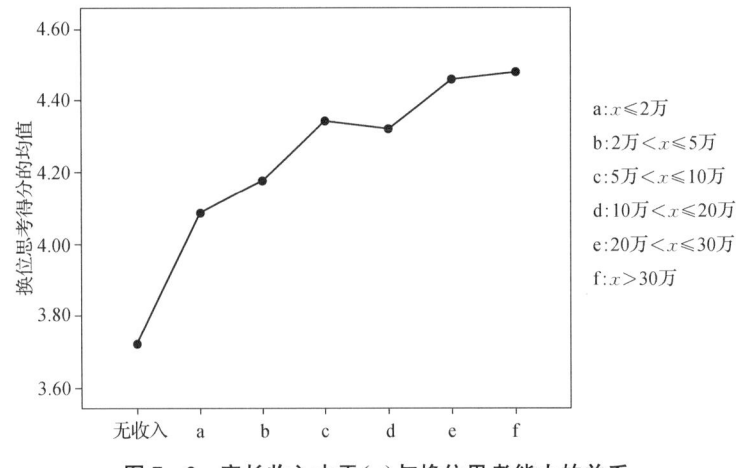

图7-2 家长收入水平(x)与换位思考能力的关系

(二) 家长自身属性特征才是决定其对新教育公平需求的原因

通过家长换位思考能力与其自身因素的单因素方差分析发现，家长的换位思考能力与其学历、户籍状态与收入水平有着显著的关系。一般而言，家长学历越高、收入越高、户籍在城镇而非农村，其换位思考能力可能越强。那么是不是说，家长对新教育公平的需求虽然看似是由其换位思考能力决定的，但事实上换位思考能力只是家长自身某些特征的反映，从根本上说家长对新教育公平的期待是由其学历、户籍状态与收入水平决定呢？如果是这样，那么对新教育公平的倡导似乎就成了毫无意义的事情，因为我们似乎并没有能力为了提高家长对于新教育公平的需求，提高他们的学历、收入，改变他们的户籍状态。难道说家长对于新教育公平的期待程度早早就已经被自身的一些特征"框定"了吗？家长们在离开了"起跑线"之后，还有提升对新教育公平之期待的能动性吗？

为了验证家长换位思考能力与其对新教育公平的需求之间是否存在着虚假的相关，也就是说，根本上家长对新教育公平的期待是否由其自身学历、收入、户籍状态决定，本节采用偏相关的统计技术，对家长学历、收入与户籍状态进行控制，来考察家长换位思考能力与其对新教育公平的需求之间是否存在着相关性。

表7-9 家长换位思考能力与其对新教育公平的需求的相关性

	对新教育公平的需求
对教育不公平的感知	0.066*
换位思考能力	0.116***

注：1. * 表示 $P<0.05$，*** 表示 $P<0.001$
2. 家长学历、户籍状况、收入状况为控制变量

由表7-9可知，在控制了家长学历、户籍状态与收入水平的情况之下，他们对新教育公平的需求与对教育不公平的感知呈正相关，Sig.值为0.033，小于0.05，在95%置信度下可以说明二者有相关关系，且相关系数为6.6%；与此同时，在控制了家长学历、户籍状态与收入水平的情况之下，他们对新教育公平的需求与他们的换位思考能力呈正相关，Sig.值小于0.001，在99%置信度下可以说明二者有相关关系，且相关系数为11.6%。

也就是说,家长自身的特质虽然会对他们的换位思考能力产生影响,但是在控制了他们自身因素之后,他们对新教育公平的需求依然受到其换位思考能力的影响,二者呈正相关,说明自变量与因变量之间并不是虚假相关的关系。换言之,虽然家长的换位思考能力受到他们自身许多特征的"框定",但这并不意味着家长在其中彻底丧失了能动性,事实上他们还是有可能在自身诸多属性特征已经被"框定"的情况下做出调整和改变以提高换位思考能力的。

四、总结与建议

实现以人为本的、尊重每个学生差异性、认真具体对待每位学生的新教育公平是真正使得教育成为对人的教育的不可忽略的一步。新教育公平的实现必须有人们对新教育公平的需求作为必要条件,否则将可能成为一句"上有政策、下有对策"的空话。实现新教育公平必须从提高人们对新教育公平的需求开始,而家长作为直面教育改革的一群人,他们的意见、他们是否有对新教育公平的期待就显得至关重要。那么,如何提高家长这一群体对新教育公平的期待?

本章通过对江苏省内调查问卷的数据分析得出结论:家长的换位思考能力越高,对教育不公平的感知越强,那么他们就越期待新教育公平。由此可见,提高家长对教育不公平的感知、提高家长换位思考的能力是提高他们对新教育公平期待的有效途径。在此基础上我们不禁要问,家长的换位思考能力有被提高的可能性吗?它是不是已经被家长自身的诸多属性特征"框定"了呢?通过后续的偏相关分析我们发现,虽然家长的换位思考能力很大程度上受到"框定"(包括学历、户籍与收入),但在控制了这些变量的情况下,他们对新教育公平的需求还是受到换位思考能力的影响。也就是说,家长的换位思考能力并非完全由其自身素质决定,依然有调整和改变的能动性。

因此,努力培养、提高家长换位思考的能力,提升他们对教育现状的感知和体验,依旧不失为一条提升他们对新教育公平期待的有效途径。

第八章
新教育公平意识怎样促进家长参与

诸多研究已经证明家长参与对学生的学业成绩有显著影响,然而又有哪些因素会影响家长参与呢? 基于此前的问卷调查数据,本章采用 SPSS 技术对问卷数据进行分析,先对新教育公平意识和家长参与的现状分别做出描述,接着讨论二者之间的关系,最后给出相应的总结,论述新教育公平意识对家长参与是否有促进作用。主要涉及的方法包括相关性检验、交叉分析和 Logistic 回归。

一、概念及其操作化

(一) 新教育公平意识

如前所述,本文倡导的新教育公平意识重在把公平问题与个体的生命体验、生活感受、意义赋予联系起来。这种新教育公平意识不仅包含对教育问题的看法,同时也包含对自我的认知。因此,结合问卷内容,此处新教育公平的意识主要体现在问卷 D 部分"教育与自我认知"(见附录 1)。其中,D1 部分反映的是家长对教育相关问题的看法和态度,即教育认知意识;D2 部分反映的是家长是否有换位思考的意识。

(二) 家长参与

关于家长参与,爱普斯坦恩及其团队建立了一个变量描述的框架,该框架将参与归纳为六种类型,即当好家长(家长提升自我能力以更好地承担家长责任)、相互交流(与子女、教师和其他家长有效交流)、志愿服务(到学校做志愿者支持学校教学)、在家学习(辅导、监督子女的在家学习活动)、参与决策(参与学校和班级事务)、与社区合作(与学校一起为社区服务或利用社区资源促进子女成长)。参考此框架及结合本文问卷 C 部分(见附录 1),此处的家长参与涉及以下几个维度:

第一,时间。具体指花多少时间与孩子交流学习(见问卷 C3)。

第二,次数。具体包括对孩子进行作业辅导的次数(见问卷 C4)、主动联系学校老师的次数(见问卷 C11)。

第三,态度。具体指对参加学校活动(如家长开放日、运动会等)的态度(见问卷 C9)。

二、变量及其测量

(一)自变量:新教育公平意识

如前所述,新教育公平意识主要包括教育认知意识和换位思考意识,作为对家长教育认知意识的考量,在问卷 D1 部分设计了 15 个小题,选项从"不重要"到"非常重要",结合李克特量表,此处我们将选项从"不重要"到"非常重要"进行 1—5 的赋分,最后计算出相应得分。考虑到某些小题是故意反向设计(如 c、n、o),因此对其进行相应的反向赋值。每小题最低得分 1 分,最高得分 5 分,共 15 个小题,分值总区间应当为 15—75 分。低于 15 分、高于 75 分及其他异常值均作为系统缺失值处理。由于李克特量表划分了 5 个等级,此处我们也根据家长的得分划分出其意识好坏的 5 个等级,用所得分数除以 15,结果就表示意识好坏的等级。比如家长若得分为 75 分,则属于第 5 等级"非常好";若得分为 60 分,则属于第 4 等级"比较好"。以此类推,还有"一般""不太好""非常不好"等。等级越高则说明家长的教育认知意识越强,即新教育公平的意识越高。当然,这种分类只是方便我们做描述性分析。关于换位思考意识,本文是在参照 Davis 编制的共情量表基础上开发出换位思考能力量表,即问卷 D2 部分,对于它的处理,与上述原理相同,此处不再赘述。

(二) 因变量:家长参与

在概念操作化部分,我们已将家长参与划分为三个维度(时间、次数和态度),并找出问卷中相应的问题编号。由于此部分涉及的变量层次为定类变量或定序变量而非定距变量,因此无法与自变量进行线性回归分析或因子分析,所以我们将在对家长参与几个维度做基本的描述分析后,选取 Logistic 回归的方法对其与自变量做具体分析。由于 Logistic 回归当中,因变量需要做成二分类变量,因此我们将会对所选取的具有代表性的问题进行相关处理。例如,问卷 C3 题,"在最近的一个星期,您平均每天花了多长时间与孩子交流学习",其选项为"几乎没有交流""1 小时以内""1—2 小时""2 小时以上"。由于要做成二分类变量,我们选择将选项进行重新定义,"几乎没有交流"设为 0,其余所有选项均设为 1,即此时 C3 题变成是否有跟孩子交流学习,有为 1,没有则为 0。同样的道理,在次数维度,如问卷 C11 题,"上个学期,您是否主动联系过学校老师",我们将"没有"定义为 0,其余定义为 1。其他因变量处理方式与此类似,具体变量及其说明可见表 8-1。

表 8-1　拟入选变量及数量化方法

自变量	变量类型	变量说明
教育认知意识	连续变量	1=不重要　2=不太重要　3=一般 4=比较重要　5=非常重要
换位思考意识	连续变量	1=不重要　2=不太重要　3=一般 4=比较重要　5=非常重要
因变量	变量类型	变量说明
是否与孩子交流	定类变量	0=没有交流　1=有过交流
是否辅导孩子作业	定类变量	0=没有辅导　1=有过辅导
是否主动联系老师	定类变量	0=没有联系　1=有过联系
是否愿意参加活动	定类变量	0=不愿意　1=愿意

三、研究假设

本章论述的主题是"新教育公平意识怎样促进家长参与",即自变量是新教育公平意识,因变量是家长参与。我们希望论证的是新教育公平意识越强,家长参与度就越高。而由于此前我们将自变量操作化为教育认知意识与换位思考意识,将因变量操作化为时间、次数、态度等三个维度,因此我们提出以下研究假设。

假设1:家长的教育认知意识越强,家长就越有可能与孩子交流学习。
假设2:家长的换位思考意识越强,家长就越有可能与孩子交流学习。
假设3:家长的教育认知意识越强,家长就越有可能对孩子的作业进行辅导。
假设4:家长的换位思考意识越强,家长就越有可能对孩子的作业进行辅导。
假设5:家长的教育认知意识越强,家长就越有可能主动联系学校老师。
假设6:家长的换位思考意识越强,家长就越有可能主动联系学校老师。
假设7:家长的教育认知意识越强,家长就越有可能积极参加学校活动。
假设8:家长的换位思考意识越强,家长就越有可能积极参加学校活动。

四、数据分析

(一)新教育公平意识情况

由于对本文自变量即新教育公平意识所包含的两个方面,教育认知意识和换位思考意识都做了赋值处理且分成5个等级,我们首先对这两个变量做一简单的描述分析。

第八章 新教育公平意识怎样促进家长参与

表 8-2 教育认知意识等级频数表

等级	频数/位	有效百分比/%	累积百分比/%
非常不好	0	0	0
不太好	1	0.1	0.1
一般	12	1.1	1.2
比较好	448	41.1	42.3
非常好	629	57.7	100
合计	1 090	100	

前面已经谈到,家长的教育认知意识等级越高,则表明其新教育公平的意识越强。如表 8-2 所示,在 1 090 个有效样本中,629 位家长处于第 5 等级"非常好",即 57.7% 的家长得分都在 67.5—75 分,"比较好"和"非常好"的家长数高达 1 077,占总体的 98.8%,说明绝大部分家长的教育认知意识都很强,从一个方面反映了家长的新教育公平意识是较高的。

表 8-3 换位思考意识等级频数表

等级	频数/位	有效百分比/%	累积百分比/%
非常不好	0	0	0
不太好	9	0.8	0.8
一般	869	80.1	80.9
比较好	207	19.1	100
非常好	0	0	
合计	1 102	100	

如表 8-3 所示,在换位思考意识方面,80.1% 的家长集中在第 3 等级"一般",分数在 37.5—52.5 分。不同于教育认知意识中在第 5 等级"非常好"的大量分布,此处换位思考意识部分,没有家长达到"非常好"的等级,甚至"比较好"也只占了 19.1%。整体呈现出第 3 等级一枝独秀的态势。关于换位思考意识和教育认知意识的等级频数分布图,如图 8-1 所示。

换位思考意识不同于教育认知意识,比起换位思考,在 D1 部分教育认知

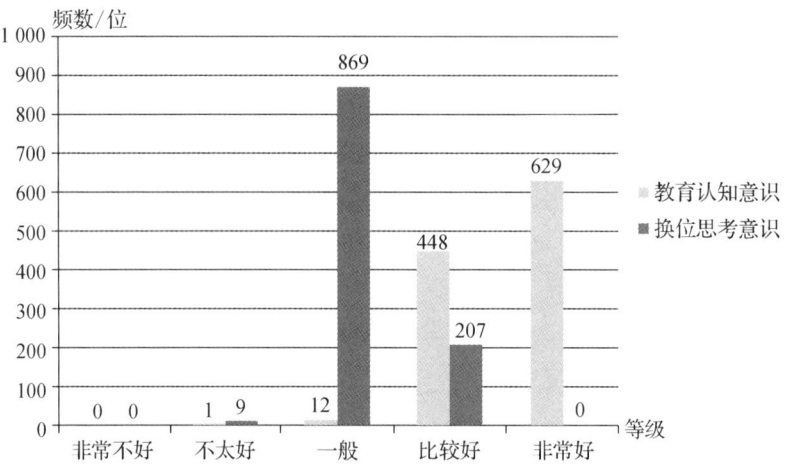

图 8-1 教育认知意识与换位思考意识等级频数直方图

意识的 15 个小题中,许多题目对家长而言更具有冲击力,使得家长在打分时更容易打高分,比如"老师有责任感""老师能根据孩子的特长有针对性地进行教学""学校积极应对应试教育,不把孩子培养为考试机器"等。而 D2 部分换位思考意识方面的小题,如"我常常对飞碟等神秘现象感兴趣""我认为时间是流逝的,分分秒秒一去不复返""当效率与质量冲突时,我会为了做好一件事情,一点儿也不顾效率"等题目表面看起来与换位思考意识并无多大联系,可以想见,被调查者在填写的时候下意识也没有将其当作是对自我换位思考意识的反映,且此类题目不易被勾选为极端的选项,如"非常符合"或"非常不符合",填写相对保持较为柔和的态度,如觉得"一般"或是"很符合""不符合"等等。正是由于没有教育问题来得具有冲击性,这一部分的等级分布主要集中在第 3 等级。但相对而言,第 3 等级也反映出家长们有较高的换位思考意识。

总体来看,教育认知意识和换位思考意识都处于较高等级,说明家长有较强的新教育公平意识。

(二)家长参与情况

因变量部分,我们根据不同维度下所涉及的问卷题目,先做一个简单的描述分析。

1. 时间

表8-4 在最近的一个星期,平均每天花多长时间(x)与孩子交流学习频数分布表

时间	频数/位	有效百分比/%	累积百分比/%
几乎没有	50	4.5	4.5
$x \leqslant 1$ 小时	478	43.4	48.0
1 小时<$x \leqslant 2$ 小时	334	30.4	78.3
$x > 2$ 小时	239	21.7	100.0
合计	1 101	100.0	

从表8-4可以看出,95.5%的家长在最近一个星期都与孩子交流过学习。其中回答1小时以内的人数最多,占总体的43.4%,而交流时间越长,家长人数越少,1—2小时的为334位,2小时以上的则为239位,整体呈现出一个递减的趋势。此外,几乎没有跟孩子交流学习的只有50位家长,占总体的4.5%。可见时间维度下,家长参与的情况是不错的。

2. 次数

表8-5 在最近一个星期对孩子进行作业辅导的次数频数分布表

次数	频数/位	有效百分比/%	累积百分比/%
没有	266	24.2	24.2
有过1次	136	12.4	36.5
2—3次	334	30.4	66.9
4次及以上	364	33.0	100.0
合计	1 100	100.0	

表8-6 上个学期主动联系学校老师的次数频数分布表

次数	频数/位	有效百分比/%	累积百分比/%
没有	258	23.5	23.5
1次	263	23.9	47.4
2次	271	24.7	72.1
3次及以上	306	27.9	100.0
合计	1 098	100.0	

在次数维度下,我们选择问卷中 C4 题"在最近的一个星期,您是否对孩子进行过作业辅导"以及 C11 题"上个学期,您是否主动联系过学校老师"作为考查项,它们各自的频数分布如表 8-5、表 8-6 所示。在"没有"这一栏,二者的频数分别是 266 位和 258 位,比较相近。266 位家长在最近一周内没有对孩子进行过作业辅导,258 位家长上个学期没有主动联系过学校老师,相比于时间维度下我们的考察项"在最近一周,您平均每天花多少时间与孩子交流学习","没有发生"的次数要多得多,即有更多的家长没有对孩子进行作业辅导,没有主动联系学校老师。为什么只有 50 位家长没有与孩子交流学习,而却有 266 位家长没有对孩子进行作业辅导?此处需要区分交流学习与作业辅导的概念,交流学习不等于作业辅导,很多关于孩子学习的话题只要家长有交流过,都不会选择"没有交流",而作业辅导则相对没有那么宽泛,且不是所有的家长都有对孩子的作业进行辅导的时间和能力,这一点也不同于"交流学习"。而通过频数分布表我们也可以看出,一旦对孩子有过作业辅导,反而是辅导次数越多的频数就越大,比如辅导过 1 次的有 136 位,只占 12.4%;辅导 2—3 次的有 334 位,占 30.4%;而辅导 4 次及以上的共有 364 位家长,有效百分比达到 33.0%,占总体比重最大。辅导的频数随着辅导次数的增加而增加。这说明,有更多的家长一旦对孩子进行作业辅导,就会多次对其进行辅导,这方面的家长参与情况比较乐观。

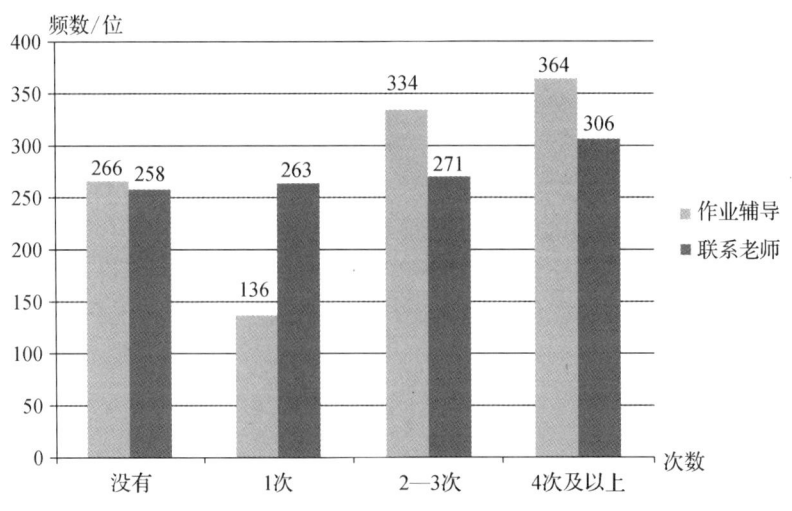

图 8-2 对孩子进行作业辅导和主动联系老师的次数频数直方图

这种递增的趋势同样反映在家长主动联系学校老师身上,主动联系学校老师1次、2次、3次及以上的频数分别为263位、271位、306位,有效百分比分别为23.9%、24.7%和27.9%。亦即是说,有更多的家长主动联系老师,且次数越高的家长人数越多。次数维度下的频数如图8-2所示。

3. 态度

最后,在态度维度下,我们选取的是问卷的C9题"您对参加学校活动(家长会、家长开放日、运动会、座谈会等)的态度是",其频数分布如表8-7所示:

表8-7 家长对参加学校活动的态度频数分布表

态度	频数/位	有效百分比/%	累积百分比/%
积极参加	796	72.4	72.4
乐意参加	278	25.3	98
无所谓	14	1.3	99
想办法推脱	4	0.4	99.4
反感此类活动	7	0.6	100
合计	1 099	100	

从表8-7的累积百分比可以看出,"积极参加"和"乐意参加"的家长数,二者相加的有效百分比达到了97.7%,而"想办法推脱"和"反感此类活动"的家长频数仅为11位,二者相加的有效百分比才到1%。因此可以说,对参加学校活动持积极态度的家长数量占绝对优势。在态度这一维度,家长参与的情况非常好。

(三) 自变量与因变量的相关性检验

在此前我们已提出了有关自变量与因变量之关系的几个假设,在对其进行Logistic回归检验分析之前,我们先对其进行双变量相关检测。具体结果如表8-8所示。

由表8-8可知,"教育认知意识×作业辅导次数"一栏,Sig.值大于0.05,且Spearman系数在0.01水平上不显著,也就是说"教育认知意识×作业辅导次数"的相关分析没有统计学意义。除此以外,其余假设可在后面进行具体的分析。

在确定各假设所涉及的变量间具有相关性且其分析有统计学意义的基础上,我们接着用交叉分析对其做进一步的具体描述。为减少交叉量,此处选择用教育认知意识和换位思考意识的等级而非总体得分来进行交叉。

表8-8 自变量与因变量双变量检测表

假设	变量	Spearman系数	显著性(双侧)
假设1	教育认知意识×交流学习时间	0.108**	0
假设2	换位思考意识×交流学习时间	0.89**	0.003
假设3	教育认知意识×作业辅导次数	0.03	0.321
假设4	换位思考意识×作业辅导次数	0.095**	0.02
假设5	教育认知意识×联系老师次数	0.136**	0
假设6	换位思考意识×联系老师次数	0.153**	0
假设7	教育认知意识×参加活动态度	−0.144**	0
假设8	换位思考意识×参加活动态度	−0.083**	0.006

注:**表示在0.01水平(双侧)上显著相关

表8-9 教育认知能力等级及最近一周平均每天花了多少时间与孩子交流学习交叉表

		最近一周平均每天花了多少时间与孩子交流学习(x)				合计
		几乎没有	$x \leqslant 1$小时	1小时$<x$ $\leqslant 2$小时	$x>2$小时	
教育认知能力等级	非常不好	0	0	0	0	0
	不太好	1	0	0	0	1
	一般	0	7	2	3	12
	很好	26	212	125	84	447
	非常好	22	252	203	152	629
合计		49	471	330	239	1 089

注:Sig.(双侧)=0.000

由表8-9"教育认知能力等级及最近一周平均每天花了多少时间与孩子交流学习交叉表"可以看出,教育认知能力"非常不好""不太好"的家长,与孩子交流学习时间达到2小时以上的频数为0,而教育认知能力"很好"和"非常好"的家长,与孩子交流学习时间达到2小时以上的频数分别为84和152。即家长教育认知能力等级越高,与孩子交流学习时间达到2小时以上的频数

第八章 新教育公平意识怎样促进家长参与

就越大。频数给出的直观印象似乎是每一列都呈现递增的趋势,即等级越高,不仅是交流2小时以上的频数增高了,几乎没有交流的频数同样也增高了。其实这与各个等级的频数分布本身有关,前面已经讨论过,"比较好"和"非常好"的家长数高达1 077,占总体的98.8%,正是由于基数在此,与孩子交流的时间不管在哪一列,"很好"和"非常好"的频数都是最高的。但我们做纵向比较可以看其所占百分比,在"几乎没有"这一栏,教育认知能力"非常好"的家长所占百分比为2.0%,而在交流"2小时以上"这一栏,教育认知能力"非常好"的家长所占百分比为14.0%,说明等级越高,家长参与度越好。

表8-10 换位思考能力等级及最近一周平均每天花多少时间与孩子交流学习交叉表

		最近一周平均每天花多少时间与孩子交流学习(x)				合计
		几乎没有	$x \leqslant 1$ 小时	1 小时$<x$ $\leqslant 2$ 小时	$x>2$ 小时	
换位思考 能力等级	非常不好	0	0	0	0	0
	不太好	0	3	6	0	9
	一般	45	390	256	177	868
	很好	5	79	66	57	207
	非常好	0	0	0	0	0
合计		50	472	328	234	1 084

注:Sig.(双侧)=0.018

不同于表8-9,在表8-10"换位思考能力等级及最近一周平均每天花了多少时间与孩子交流学习交叉表"中,并不是等级越高,每个时间段内的频数便随之升高,而是普遍在第4等级到第5等级时,频数大幅度降低甚至没有。这种情况的解释原理与表8-9类似,同样是跟换位思考能力等级本身的频数分布有关,此前也已经提到,换位思考能力等级的频数高峰集中在"一般"和"很好",第5等级"非常好"的频数有效百分比为0,这也是为什么"非常好"一栏没有任何频数出现。但撇开第5等级没有频数的问题,我们将目光放到"一般"和"很好"的横向比较上,在"几乎没有"一栏,它们各自的频数分别为45和5,各占5.2%和2.4%,比例都是当列最低。也就是说,教育认知能力和换位思考能力等级高的家长,出现不与孩子交流学习情况的比例最低。换句话说,家长的新教育公平意识越强,越会出现与孩子交流学习的情况,而总的来看,不管是哪个等级,与孩子交流学习的时间多分布于0—1小时,这可能也与现代家长不论是父亲还是母亲都纷纷参加工作有关。

表8-11 教育认知能力等级及上学期是否主动联系老师交叉表

		上学期是否主动联系老师				合计
		没有	1次	2次	3次及以上	
教育认知能力等级	非常不好	0	0	0	0	0
	不太好	0	0	1	0	1
	一般	1	6	5	0	12
	很好	123	121	99	103	446
	非常好	131	133	162	201	627
合计		255	260	267	304	1 086

注:Sig.(双侧)=0.000

在主动联系老师这一点,非常明显地可以看到频数集中于教育认知能力等级为"很好"和"非常好"两栏,不可否认的是这里同样有基数本身的问题,即大部分家长的教育认知能力等级本就处于这两个等级。从横向上来看,主动联系老师3次及以上的都占很大比例,总的来说,在教育认知能力方面,大部分家长都处于较高等级,而在这之中,有更多的家长主动联系老师达到3次及以上。

而从"教育认知能力等级及对参加学校活动的态度交叉表"中可以看出,"积极参加"和"乐意参加"的频数占压倒性优势,加上教育认知能力等级主要集中于"很好"和"非常好",因此不难理解交叉结果中第4等级、第5等级积极参加的频数占绝大多数。

表8-12 教育认知能力等级及参加学校活动的态度交叉表

		参加学校活动的态度				
		积极参加	乐意参加	无所谓	想办法推脱	反感此类活动
教育认知能力等级	非常不好	0	0	0	0	0
	不太好	1	0	0	0	0
	一般	7	3	1	0	0
	很好	297	139	7	1	3

续 表

		参加学校活动的态度				
		积极参加	乐意参加	无所谓	想办法推脱	反感此类活动
	非常好	484	131	6	3	4
合计		789	273	14	4	7

注：Sig.（双侧）＝0.037

而"想办法推脱"与"反感参加此类活动"的频数均出现在这两个等级,自然也是与这两个等级的频数基数太大有关,而且通过前面的分析我们知道,"对参加学校活动的态度"统计结果总体就是非常理想的,只有极少数家长觉得无所谓、想办法推脱甚至反感。

（四）自变量与因变量的 Logistic 回归

前面已经分别对自变量和因变量做了相应的描述分析和相关性检验,接下来我们将采用 Logistic 回归的方法对其进行具体分析以验证之前的假设。

表 8－13　Logistic 回归检验表

假设	自变量与因变量	Logistic 回归结果			
		模型系数的综合检验（Sig.值）	Hosmer 和 Lemeshow 检验（Sig.值）	方程中的变量	
				Sig.值	$Exp(B)$
假设1	教育认知意识×交流学习时间	0.05	0.979	0.043	1.047
假设2	换位思考意识×交流学习时间	0.001	0.697	0.001	1.111
假设3	教育认知意识×作业辅导次数	0.933	0.627	0.933	0.999
假设4	换位思考意识×作业辅导次数	0.001	0.901	0.001	1.050
假设5	教育认知意识×联系老师次数	0.105	0.24	0.103	1.020
假设6	换位思考意识×联系老师次数	0.019	0.732	0.020	1.035
假设7	教育认知意识×参加活动态度	0.401	0.358	0.389	1.028
假设8	换位思考意识×参加活动态度	0.921	0.445	0.921	1.004

表 8－13 是自变量与因变量间的 Logistic 回归检验结果,由于二元

Logistic 回归的因变量必须是二分类变量,因此我们在 SPSS 中对假设中涉及的因变量做了转换处理,如"交流学习时间"转换成"是否有跟孩子交流学习","作业辅导次数"转换成"是否进行过作业辅导",等等。这在前面的变量操作化及其测量中已经谈到过,此处不再赘述。二元 Logistic 回归主要需关注的结果及其解释如下:"模型系数的综合检验"。P 值(即表中的 Sig. 值)≤ 0.05,则模型总体有意义;"Hosmer 和 Lemeshow 检验"代表检验模型的拟合优度,P 值≥ 0.05,则拟合优度高;"方程中的变量",其中 P 值≤ 0.05,则表示该结果在 95% 置信区间内显著;$Exp(B)$ 值表示在控制其他变量的情况下,自变量得分每增加一分,因变量发生比率的增加结果。而由表 8-13 可知,假设 3 中,模型系数的综合检验 P 值≥ 0.05,同时检验模型的拟合优度 P 值≤ 0.05,说明该模型没有意义。这与我们之前所做的自变量与因变量的双变量相关检验结果一致。即假设 3"家长的教育认知意识越强,家长就越有可能对孩子的作业进行辅导"没有得到验证。除此之外,假设 5、假设 7 模型系数的综合检验均显示 P 值≥ 0.05,说明虽然这两个假设所涉及的自变量与因变量通过了双变量相关,但 Logistic 回归模型总体没有意义,因此假设 5、假设 7 无法得到验证。其余假设涉及的自变量与因变量回归结果,模型系数的综合检验均显示 P 值≤ 0.05,模型总体有意义;Hosmer 和 Lemeshow 检验 P 值≥ 0.05,模型拟合优度高;方程中的变量 P 值≤ 0.05,在 95% 置信区间内自变量与因变量显著相关。分别来看,假设 1 中 $Exp(B)$ 值为 1.047,说明在控制其他变量的情况下,教育认知意识每增加一分,花时间与孩子交流的发生比率相较于以前就增加 4.7%。假设 2 中 $Exp(B)$ 值为 1.111,说明在控制其他变量的情况下,换位思考意识每增加一分,花时间与孩子交流的发生比率相较于以前就增加 11.1%。假设 4 中,$Exp(B)$ 值为 1.050,说明在控制其他变量的情况下,换位思考意识每增加一分,对孩子进行作业辅导的发生比率相较于之前就增加 0.5%。假设 6 中,$Exp(B)$ 值为 1.035,说明在控制其他变量的情况下,换位思考意识每增加一分,家长主动联系学校老师的发生比率相较于之前就增加 0.35%。假设 8 中,$Exp(B)$ 值为 1.004,说明在控制其他变量的情况下,换位思考意识每增加一分,家长积极参加学校活动的发生比率相较于之前就增加 0.04%。

前面已经说过,假设 3、假设 5 和假设 7 均没有通过检验,而通过观察表 8-13 中二元 Logistic 回归检验结果,我们发现,无法得到验证的这几个假

设中,自变量均为教育认知意识,而将换位思考意识作为自变量并与其他因变量一起做回归分析时没有出现这样的情况,说明换位思考意识对家长参与的影响力大于教育认知意识。另外,通过观察表中 $Exp(B)$ 值一列,我们可以发现最大值出现在假设 2 中,也就是说相比于教育认知得分,换位思考的得分对家长是否与孩子有过交流有更大的影响;同时也说明相比于是否辅导孩子作业、是否主动联系老师、是否积极参加学校活动,换位思考得分对是否与孩子有交流存在更大影响。

至此,我们通过对自变量与因变量的二元 Logistic 回归可以得知,假设 3 "家长的教育认知意识越强,家长就越有可能对孩子的作业进行辅导"、假设 5 "家长的教育认知意识越强,家长就越有可能主动联系学校老师"以及假设 7 "家长的教育认知意识越强,家长就越有可能积极参加学校活动"没有得到验证,其余假设均得到验证,即家长的教育认知意识越强,家长就越有可能与孩子交流学习;家长的换位思考意识越强,家长就越有可能与孩子交流学习;家长的换位思考意识越强,家长就越有可能对孩子的作业进行辅导;家长的换位思考意识越强,家长就越有可能主动联系学校老师;家长的换位思考意识越强,家长就越有可能积极参加学校活动。其中,换位思考能力得分对家长是否与孩子交流学习影响最大。

五、总结与建议

本章主要描述了新教育公平意识和家长参与的基本情况及二者间的关系。结果显示,家长们有较好的教育认知意识与换位思考意识,这是本章新教育公平意识的两大组成部分。虽然应试教育的影子仍然挥之不去,但家长中确实也存在较高的新教育公平意识。应试教育向素质教育过渡是一个漫长的过程,即使是在人人都高喊素质教育的情况下,也未能避免应试教育的惯性影响。就如同本文所倡导的新教育公平意识一样,也许当事人都不自知,但不可否认的是这种意识已经逐渐在人们的心中慢慢生根发芽甚至不自觉地影响着人们的行动。

家长参与方面,朱永新倡导的新教育追求"过一种幸福完整的教育生活",倡导父母与孩子共同成长的理念。① 教育绝不仅仅只是学校的责任,家长参与也扮演着重要角色。而从本报告中对家长参与相关情况的描述可见,家长们有着较好的亲子沟通能力和家校沟通能力,这与新教育公平意识可说是相辅相成。对新教育公平意识与家长参与的二元Logistic回归分析可知,新教育公平意识越强,家长参与度越高。正是因为家长们有着新教育公平的意识,他们关注孩子的个体性、差异性,敏感于个体的生命体验、生活感受以及意义赋予,所以他们表现出更多的亲子沟通、家校互动,他们也参与到孩子的学习过程中,与孩子一起成长,而不是让其独自一人以应付考试、争取高分为主要目标。对于促进家长参与,一些学者提出了很多见解,比如:加强宣传,统一认识,提高家长参与管理意识;拓宽途径,引导参与,广泛引导家长参与管理;要注重通过多种形式把学校的管理方法和管理的具体措施告知家长,让家长能配合学校的管理,共同加强对学生的管理;要注重建立家校圈、校讯通、意见箱、朋友圈、QQ群等多种沟通方式,为家长参与管理提供方便,促进其广泛参与管理;最后要优化方法,及时沟通,形成家校互动监督机制等。② 而除了这些外部促进的方法,我们有理由相信,在内化新教育公平意识之后,家长参与会作为外化的行动随之展现出来。

---

① 朱光成."新教育"理念下区域推进家校合作的行动探索[J].中小学德育,2017(3).
② 吕珍琼.促进家长参与学校管理的对策思考[J].教师,2016(7).

三 社区发展与新教育公平

第九章
社区发展的现状描述

本调研报告针对江苏省不同城市、不同层次与类型的小区,在苏南、苏中、苏北地区各抽取两座城市发放问卷,每座城市200份,共1 200份,最终成功回收1 074份问卷。本章基于SPSS对于调查问卷的分析结果,从小区总体水平定位、具体硬件条件、小区管理水平等方面对社区发展情况进行描述,并就描述结果进行相关讨论。需要说明的是,社区的概念是从社会甚至是社会学角度进行的一种学理性界定,而小区的概念更贴近人们的日常生活,严格来讲应该有一些区别,但本章以及后续各章,皆在社区与小区含义互通的意义上使用这两个概念。本章在描述调查内容、结果时多用"小区"一词,而在分析讨论时则主要使用社区概念。

一、小区总体水平定位

(一)住房类型

问卷所示住房类型包括六种:商品房、单位分配房、学区房、拆迁安置房、廉租房以及其他。有效的数据中,601人的住房为商品房,占总数的56.8%;32人的住房为单位分配房,占总数的3.0%;243人的住房为学区房,占总数的22.9%;214人的住房为拆迁安置房,占总数的20.2%;21人的住房为廉租房,占总数的2.0%;其他情况占总数的13.6%。商品房占比最大,廉租房占比最小。仅次于商品房占比,居于第二的是学区房。对于学区房的深入考察,应该能够比较好地反映社区发展与教育公平的关系。个案百分比是指选项除以总人数,此题为多选题,所以加起来选项总个数会大于总人数,故而个案百分比总计大于100%。

表9-1 住房类型统计

		N	百分比/%	个案百分比/%
住房类型	商品房	601	47.9	56.8
	单位分配房	32	2.5	3.0
	学区房	243	19.4	22.9
	拆迁安置房	214	17.1	20.2
	廉租房	21	1.7	2.0
	其他	144	11.4	13.6
总计		1 255	100.0	118.5

表9-2 地区与住房类型的交叉分析

			住房类型						总计
			商品房	单位分配房	学区房	拆迁安置房	廉租房	其他	
地区	盐城	计数	75	1	37	52	1	18	184
		地区内的百分比/%	40.8	0.5	20.1	28.3	0.5	9.8	100.0
	泰州	计数	141	5	61	25	6	19	257
		地区内的百分比/%	54.9	1.9	23.8	9.7	2.3	7.4	100.0
	扬州	计数	106	17	32	35	3	25	218
		地区内的百分比/%	48.6	7.8	14.7	16.1	1.4	11.4	100.0
	海安	计数	93	3	38	17	2	15	168
		地区内的百分比/%	55.4	1.8	22.6	10.1	1.2	8.9	100.0
	苏州	计数	99	2	46	39	7	54	247
		地区内的百分比/%	40.1	0.8	18.6	15.8	2.8	21.9	100.0
	无锡	计数	87	4	29	46	2	13	181
		地区内的百分比/%	48.1	2.2	16.0	25.4	1.1	7.2	100.0
总计			601	32	243	214	21	144	1 255

表9-2是将住房类型与地区进行列联交叉分析的结果展示。所抽取的江苏省六座城市中,大体上说每座城市的住房类型与总的数据中的住房类型

占比情况相似,商品房占比最大,廉租房和单位分配房占比较小;各种住房类型都有体现,覆盖较为全面。而若着眼不同的城市,所抽取的盐城、扬州、无锡居民中,住房类型为拆迁安置房的占比均高过学区房占比。

(二) 房价

江苏省的经济一直处于全国前列,且稳步增长。根据住户抽样调查,2014年全省居民人均可支配收入达 27 173 元。按常住地分,城镇居民人均可支配收入 34 346 元,增长了 8.7%;农村居民人均可支配收入 14 958 元,增长了 10.6%。城镇居民人均可支配收入中位数为 31 348 元,比上年增长 10.1%;农村居民人均可支配收入中位数为 13 312 元,增长了 11.8%。房价一定程度上可以反映当地经济发展的情况。

对有效的房价数据进行描述性统计,所调查的居民的住房房价估值均值为 9 581.27 元/平方米,符合江苏省的经济现状。在 924 份有效样本中,房价均值为 9 581.27 元/平方米。档次、地理位置的差异,导致住房房价估值差距非常大,极小值为 1 600 元/平方米,而极大值为 45 000 元/平方米,相差超过28 倍,同时,标准差达到了 4 672.074,如表 9 - 3 所示。

表 9 - 3 小区房价

N		均值	均值的标准误	标准差	极小值	极大值
有效	缺失					
924	150	9 581.27	153.700	4 672.074	1 600	45 000

表 9 - 4 不同地区的小区房价比较

	N	均值	标准差	标准误	95%置信区间		最小值	最大值
					下限	上限		
盐城	141	7 658.60	3 893.876	327.923	7 010.28	8 306.93	3 000	45 000
泰州	189	7 897.35	2 253.731	163.935	7 573.97	8 220.74	3 500	20 000
扬州	171	9 337.13	2 542.054	194.396	8 953.39	9 720.87	4 000	22 000
海安	122	5 661.89	1 399.257	126.683	5 411.08	5 912.69	1 600	12 000
苏州	155	16 029.85	5 266.159	422.988	15 194.24	16 865.46	1 900	30 000
无锡	146	10 332.88	3 708.464	306.915	9 726.27	10 939.48	2 000	24 000
总计	924	9 581.27	4 672.074	153.700	9 279.62	9 882.91	1 600	45 000

表9-4对不同地区的小区房价进行了比较。海安的平均房价最低,为每平方米5 661.89元;苏州的平均房价最高,为每平方米16 029.85元;其余地区的平均房价从高到低依次是无锡、扬州、泰州、盐城。结合江苏这六座城市的经济发展状况,可见房价在一定程度上反映出当地的经济发展状况。

二、具体硬件条件

查斯基以社区能力——社区中那些能够用于解决共同问题,维持和提升社区福祉的人力资本、社会资本及组织资间的互动,作为评价社区发展的指标,建立了六个维度的社区能力评估模型①,其中的社区基本特征涵盖了资源可及性,用来评价社区的条件。

也有学者以功能认同——居民对于社区的便利程度、管理水平、环境条件以及社区能否满足家庭需求等方面的认同程度,作为评价社区发展的指标,通过居民对社区功能的满意和认可程度来评价社区条件。②

在我们的调查中,为了评价小区的硬件条件,从交通、就医、购物、教育、环境五方面入手,让被调查者对自己居住的小区的出行便利条件、就医问诊便利程度、购买基本生活用品、满足更多的消费需求(如看电影、逛街、约会聚餐等)、环境卫生状况(包括绿化程度、街道干净程度、空气污染程度等)、教育配置(包括幼儿园、小学等学校,以及图书馆、美术馆、博物馆等)、小区配套设施的完善程度(如老年活动场所、儿童活动场所、体育运动场所等)等七项指标进行评价。

根据这些指标,制作李克特量表,将评价程度分为"非常不满意""不满意""一般""比较满意""非常满意"五个等级,然后根据程度高低,分别赋值为1分、2分、3分、4分、5分,并求和(总分35分),通过打分的结果评判小区的硬件水平。

针对有效的1 057个数据,对求和结果进行描述统计。如表9-5所示,均值为25.181 6分,平均每题打分3.597 3分。虽然总体来说评价是积极

---

① 黄云凌,武艳华,徐延辉. 社区能力及其测量——以深圳市为例[J]. 城市问题,2013(3).
② 辛自强,凌喜欢. 城市居民的社区认同:概念、测量及相关因素[J]. 心理研究,2015(5).

的,但是所调查的居民对于自己居住的小区硬件设施的评价并不是非常好,平均并没有达到比较满意的程度。可见很多小区自身仍需要就硬件条件方面做出调整与提高,以满足居民的需求。

调查结果还显示,得分的极小值为 7 分,极大值为 35 分(满分),标准差为 4.692 35。较大的极值差距一方面体现了所调查的小区档次的差距,因为小区类型、价格、地理位置的差异必然导致小区硬件水平的差异,另一方面也与所调查的小区居民的个人感受与观念等主观因素有关,即使是同样的小区,不同的被调查居民的打分也各有不同。

表 9-5 小区硬件水平描述统计量

			偏差	标准误	95% 置信区间	
					下限	上限
小区硬件水平	N	1 057	0	0	1 057	1 057
	极小值	7.00				
	极大值	35.00				
	均值	25.181 6	0.007 4	0.142 3	24.923 4	25.463 6
	标准差	4.692 35	−0.009 78	0.123 69	4.430 13	4.930 45
有效的 N(列表状态)	N	1 057	0	0	1 057	1 057

将计算出的小区硬件水平得分以线形图的形式展现(如图 9-1 所示),可以清晰地看到不同分数的频数高低。得分为 21 分的人数最多,有 106 人,有效百分比约为 10%;其次是 25 分,有 102 人,有效百分比约为 9.6%;再次是 28 分,有 101 人,有效百分比约为 9.6%。除去上述三个得分频数较高外,26 分、27 分也占有较大比重,频数都大于 90。

细节的数据更加反映了评价的积极性,但是不可忽视的是,21 分(平均每题 3 分,评价是"一般")以下占比 22.4%,而根据之前的住房类型的统计结果,廉租房占比只有 2%,也就说明,其他类型的住房的硬件水平也存在着很多无法满足居民需求的情况。尽管在目前阶段,小区建设成果存在重视有形的硬件建设,而忽视无形的小区居民的民主意识、自助互助精神、集体合作能力、社区归属感培养的问题,并且小区硬件建设成果也并不尽如人意。

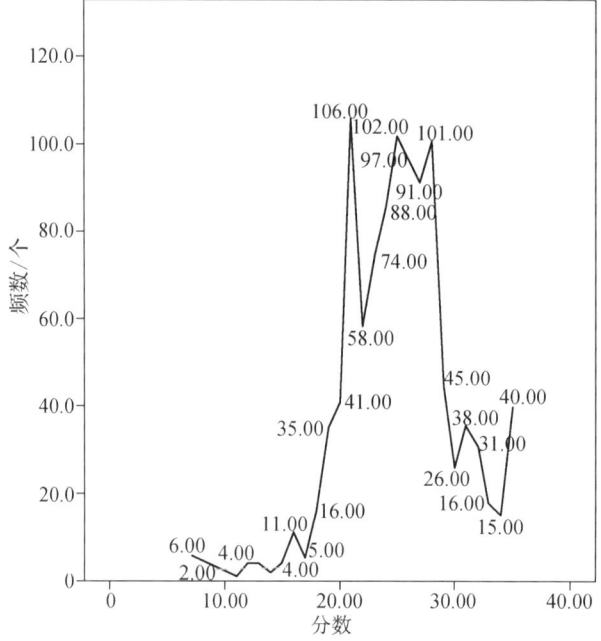

图 9-1 小区硬件水平得分线形图

三、小区管理水平

拉邦特和拉维瑞克把社区能力表述为以下八个维度：利益相关者参与社区的能力、评估问题的能力、培育社区领袖的能力、组织结构的能力、调动资源的能力、与其他组织和居民建立关系的能力、批判性自省能力、项目战略管理能力，拉维瑞克又制定了社区能力指标体系[①]。其中，"利益相关者参与社区的能力"的衡量指标包括了"社区经常自己创办和组织一些活动"，"组织结构的能力"的衡量指标包括了"社区组织工作效率很高"和"社区居民有矛盾的话，社区组织都能化解"，"项目战略管理能力"的衡量指标包括了"能通

---

① 黄云凌,武艳华,徐延辉.社区能力及其测量——以深圳市为例[J].城市问题,2013(3).

过各种手段和计划指导社区发展",而"动员资源的能力"的衡量指标包括了"提供多种设施和服务满足居民需求"①。

以上指标,强调了管理能力的多个方面:服务的高效性和及时性、组织活动的多样性、管理者对于社区发展的积极促进作用,其根本目标是能够满足居民需求,加强管理,改善人居环境,构建和谐社会。并且,随着社区生活的开放,居民的活动范围不断扩大,以业缘为基础的各种互动关系不断发展起来,感情的需要和对互动关系的渴望并没有因居住状况的改变而渐趋淡漠②;商品经济的发展,实际上也为居民满足自己的各种情感需要提供了物质条件。在此条件下,小区居民更希望管理者提供多样的活动以满足自我需求。

与此同时,在互联网高速发展的今天,网络已经深深扎根于居民生活之中,小区管理者能否顺应时代发展特点,与时俱进,更新自己的管理模式,也成为衡量小区管理水平高低的重要因素,如借助网络手段,通过社区网站、业主QQ群、微信群等方式,增进管理者与居民的沟通理解与问题反馈,从而使小区的管理更加有效,提供的服务更加便民。

在本次调查中,针对小区管理水平设置了一系列问题,主要考察小区管理服务的可获得性和及时性、管理模式的时代性、小区的发展前景、各类活动的举办等因素,以及结合以上因素总体评估小区的管理水平。

(一) 管理服务的可获得性和及时性

为了了解小区居民获得小区管理者帮助的难易程度,我们在问卷中设置了如下问题:您在小区的日常生活中遇到问题,能很容易请小区管理者提供帮助吗?评价程度也是分为"非常容易""比较容易""一般""不太容易""很不容易"五个等级。

---

① 辛自强,凌喜欢. 城市居民的社区认同:概念、测量及相关因素[J]. 心理研究,2015(5).
② 李景峰,李金宝. 中国社区发展的历史、现状及问题探析[J]. 长春理工大学学报(社会科学版),2004(4).

表 9-6 能很容易请小区管理者提供帮助吗

	频数/个	有效百分比/%
非常容易	107	10.0
比较容易	367	34.3
一般	404	37.8
不太容易	150	14.0
很不容易	42	3.9
合计	1 070	100.0

根据反馈结果,有效结果有 1 070 个。其中,有 107 人评价"非常容易",有效百分比仅有 10%;有 367 人评价"比较容易",有效百分比为 34.3%;而评价"一般"的所占比重最大,共 404 人,有效百分比为 37.8%;有 150 人评价"不太容易",占比甚至超过了评价为"非常容易"的;仍有 42 人认为在自己的小区,请小区管理者提供帮助是一件"很不容易"的事情。

同样,为了了解小区管理者处理问题的及时性,在问卷中单独设置了问题:对于一些突发事件,小区管理者能做到及时处理吗?将评价程度分为"非常及时""比较及时""一般""不太及时""很不及时"五个等级。

根据反馈结果的频数表(如表 9-7 所示),1 070 个有效结果中,仅有 92 人评价"非常及时",有效百分比为 8.6%;有 391 人评价"比较及时",有效百分比为 36.5%;而评价"一般"的所占比重最大,共 401 人,有效百分比为 37.5%;有 142 人评价"不太及时",比重甚至比评价"非常及时"的多出 1/2;有 44 人认为自己小区的管理者处理突发事件"很不及时"。

表 9-7 小区管理者能及时处理突发事件吗

	频数/个	有效百分比/%
非常及时	92	8.6
比较及时	391	36.5
一般	401	37.5
不太及时	142	13.3
很不及时	44	4.1
合计	1 070	100.0

在提供帮助和处理问题及时性层面,小区管理者的工作其实并不尽如人意,对于管理服务的可获得性和及时性,被调查者中明显积极评价的人数均未过半。

(二)管理模式的时代性

为了了解小区管理服务是否具有时代性,如在互联网的时代潮流下通过微信、QQ等方式促进管理服务,问卷中设置了问题:感受到小区管理者有一些与时俱进的管理服务模式吗?评价分为五个等级,"强烈感到""比较感到""一般""不太感到""没有感到"。

调查结果表明,仅有67人"强烈感到",占6.3%,是所有选项中比重最小的;有186人"比较感到",占比也只有17.4%;选择"一般"的人数最多,有348人,有效百分比为32.6%;有196人"不太感到",占比高于"比较感到",位居第三;占比仅次于"一般"的是"没有感到",有271人选择此项,有效百分比为25.4%。

表9-8 有一些与时俱进的管理服务模式吗?

	频数/个	有效百分比/%
强烈感到	67	6.3
比较感到	186	17.4
一般	348	32.6
不太感到	196	18.3
没有感到	271	25.4
合计	1 068	100.0

此题的答案明显倾向消极,"强烈感到"和"比较感到"两项人数之和仍少于选择"没有感到"的,说明在江苏省,整体上小区提供的服务模式没有很好地做到贴近时代、与时俱进。

(三)小区的发展前景

对于小区的发展前景,被调查者被要求从个人主观角度评价对小区管理者的信心,分为"很有信心""比较有信心""一般""不太有信心""没有信心"五个评价等级。评价为"很有信心"的人数为92,有效百分比为8.6%;"比较有信心"的有261人,有效百分比为24.4%。两项的累积百分比也仅有33%。有476人评价"一般",占比最多,高达44.4%;有167人感到"不太有信心",有效百分比为15.6%;还有75人表示在小区发展方面,对小区管理者"没有信心"。

表9-9 对小区管理者有信心吗?

	频数/个	有效百分比/%
很有信心	92	8.6
比较有信心	261	24.4
一般	476	44.4
不太有信心	167	15.6
没有信心	75	7.0
合计	1 071	100.0

对小区管理者的信心,占比最大的是较为中立的观点,明显的积极观点与上述三个问题的结果相似,比例均未过半。信心应该说就来源于管理服务的可获得性、小区管理者的问题解决机制、管理模式的发展创新等多重因素,调查结果意味着社区的服务方面还有许多事情要做。

(四)各类活动的举办

表9-10 各类活动举办频数占比情况

	政治类	教育类	文化类	体育类	休闲娱乐类	志愿服务类
从未有过	62.1%	69.3%	62.7%	73.0%	80.8%	65.4%
一年一次	28.2%	17.2%	20.2%	12.0%	11.6%	18.7%
半年一次	7.4%	9.1%	12.1%	6.9%	4.4%	9.1%
每月一次	1.9%	3.5%	3.9%	4.0%	2.2%	4.9%
一周一次	0.4%	0.9%	1.1%	4.1%	1.0%	1.9%
合计	100.0%	100.0%	100.0%	100.0%	100.0%	100.0%

第九章
社区发展的现状描述

针对活动的举办情况,我们的问卷选取了政治类(居民大会、业主委员会等)、教育类(公益讲座、安全知识讲座等)、文化类(舞蹈歌唱比赛、美食节等)、体育类(跑步健身等)、休闲娱乐类(集体旅游等)、志愿服务类(环保志愿者活动等)等五种类型的活动,调查活动的举办频数,用以评价小区管理者在丰富居民小区生活方面的管理水平。

政治类活动举办频数共有1 043个有效数据,其中"从未有过"人数最多,有效百分比高达62.1%;选择"一年一次"的有效百分比为28.2%;"半年一次""每月一次""每周一次"占比递减,三者总计的有效百分比仍不足10%,反映出居民缺乏参与社区决策的机会。

教育类活动举办频数共有1 040个有效数据,其中"从未有过"占比最高,有效百分比比政治类(62.1%)更高,达69.3%;选择"一年一次"有效百分比为17.2%;"半年一次""每月一次""每周一次"均占较小比重。社区教育是学校学习的一大补充,对于公民的终身学习意义重大,而从调查结果看,社区管理者并没有积极提供相应的活动服务,给居民提供教育与培训的机会。

文化类活动举办频数共1 044个有效数据,其中占最大比重的仍是"从未有过",有效百分比为62.7%;选择"一年一次"的有效百分比为20.2%;选择"半年一次"的有效百分比为12.1%;而"每月一次"和"一周一次"分别低至3.9%和1.1%。目前人们对精神生活的追求在逐步提高,而社区管理者可以说缺乏积极开展文化建设活动的意识、缺少文化类活动落实,难以满足居民的需求。

体育类和休闲娱乐类这两类活动的情况较其他三类更加不理想。休闲娱乐类活动选择"从未有过"的人数占比高达80.8%,体育类虽略低,但也高达73.0%。而在社会竞争压力愈发严重的今天,这两类活动对于居民放松心情、增强体质有非常大的帮助。以活动的方式排解心理问题,能够减少社区内的矛盾与冲突,有助于实施管理,加强邻里沟通与交流,营造和谐邻里关系。

志愿服务类活动算是比较特殊的一类活动,近些年才开始受到关注。在1 044个有效数据中,65.4%的人居住的小区"从未有过"志愿活动的组织,低于体育类和休闲娱乐类活动"从未有过"的频数;所居住的小区一年举办一次志愿活动的,有效百分比为18.7%;"半年一次""每月一次""一周一次"的频数与前述四类活动一样,占比都很低。

综合以上分析结果可知,无论是哪一种活动类型,"从未有过"的比例是最高的,几乎均是"一周一次"的比例最低(仅体育类例外,"一周一次"的比例比"每月一次"高0.1%)。由此可见,江苏省各城市的小区组织各类活动的频数偏低。

(五) 小区管理水平

结合上述问题,将针对管理情况的四个问题,根据回答的程度高低,反向赋值,从5分至1分,将各项活动举办频数正向赋值,从1分到5分,并将问卷中的相关问题,对"治安状况"和"小区管理状况"的评价正向赋值。将所得分数累加,得出小区管理水平的总分,满分65分。将计算出的总分以线形图(如图9-2所示)与频数表的形式展现(如表9-11所示)。

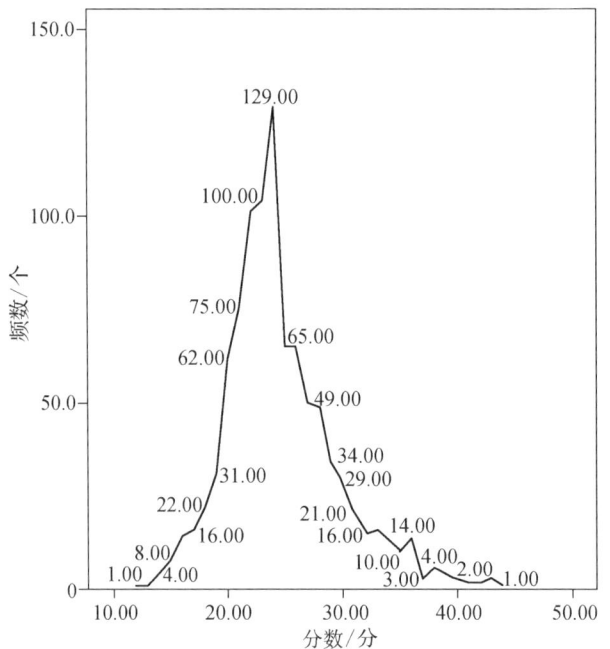

图9-2　小区的管理水平得分线形图

根据图表可知,得分从12分到44分不等,极大值与极小值差距较大,标准差为4.929 06;均值为24.675 2,而实际上总分为65分,均值较低;得分在

22—24分的人数最多,均超过100人,而得分高于40分(含40分)的总计仅有11人,占比1.1%。

表9-11 小区的管理水平

	偏差	标准误差	95%置信区间	
			下限	上限
均值	24.675 2	0.004 5	0.156 8	24.363 8	25.009 2
标准差	4.929 06	−0.000 67	0.140 48	4.659 70	5.206 08
极小值	12.00				
极大值	44.00				

注:N=973

由此可见,在小区管理方面,小区管理者的工作并没有得到小区居民的普遍认可。首先,其服务质量距人们的要求还有很大的差距,这与物业行业市场化进程滞后,以至于不少物业服务企业运行模式与市场格格不入,企业综合技能、反应能力难以适应市场需求,服务质量难以提升等因素有较大关系[1];其次,活动开展不足以满足小区居民的需求,活动丰富度不足,实际上也反映出小区管理者提供的服务品种上,仅限于提供清洁、设施、维修等基本服务,缺乏更深层次的物业服务意识。

总体而言,小区管理者的管理水平一般,在处理突发情况、提供帮助等满足居民的基本诉求方面表现良好,但是在丰富居民小区生活方面做得不够,小区活动的举办情况较差,大多数小区从未举办过相关活动。

四、总结与建议

总体而言,所调查的小区的基本情况符合江苏省的经济发展现状。小区所表征的社区硬件条件的评价总体来说虽然是积极的,但是仍存在着很多无法满足居民需求的情况,很多社区自身仍需要就硬件条件方面做出调整与提

---

[1] 张统华. 我国住宅小区物业管理中存在问题及发展趋势[J]. 改革与开放,2011(20).

高,以满足居民的需求。与此同时,社区管理者的管理水平一般,在处理突发情况、提供帮助等满足居民的基本诉求方面表现良好,但是在丰富居民社区生活方面做得不够,社区活动的举办情况较差,大多数小区从未举办过相关活动。有鉴于此,本章就社区的硬件条件及管理水平提出一些建议。

(一)软、硬件设施

1. 完善配套设施

社区应注重维护、确保社会弱势群体如老年人及儿童的生活需求,因而相关的配套设施,如老年人的活动场所、儿童活动场所等最基本的设施应该不断完善。同时社区的服务对象是全社区的居民,因而相关的体育运动场所也应该逐渐建立起来,以满足居民的运动健身需求。

2. 改善环境卫生状况

社区的卫生情况对于居民的身心健康有重要影响,小区管理者应加强对环境卫生的监督与检查,同时重视小区绿化、垃圾清理,维持良好的社区环境。

(二)提高小区管理能力

1. 形成有效的公众参与制度

建立多元的公众利益表达渠道①,让居民的利益要求能够得到充分的表述和真实的确认,使小区的管理规划真正立足于满足社区居民的切实利益要求,使小区的服务提供真正落足于提高社区居民生活质量和人居环境上。如通过业主委员会这一居民自治组织,集中反馈居民诉求,使小区的管理与服务具有针对性,并扩大业主委员会的自治空间,使小区居民真正拥有参与管理的途径。

2. 提高管理的技术手段

顺应时代网络发展的潮流,与时俱进。如通过建立社区网站,展示社区形象,及时公布管理方案、工作内容或者重要通知,实现公众对社区管理的项

---

① 张玉阳.重庆市住宅小区物业管理服务调研报告[J].重庆教育学院学报,2010(6).

目和方案的理解与认同,更好地推进管理工作的进行;再如建立业主QQ群或微信群,加强邻里联系,增加业主向管理人员的反馈通道。积极引进科学技术,利用网络技术与数字技术,积极发展智能化管理系统等,促进物业管理科技含量的提高,提高服务效率和服务质量,努力满足群众的需要。

3. 建立投诉和管理评估制度

建设、完善管理投诉处理网络,积极处理居民反映的问题;制定行业服务标准和考核办法,使管理服务工作向制度化、规范化方向发展;努力使管理者提供的服务、实施的管理透明化,便于业主的监督和反馈。

建立长期的公众监督评议机制[1],既有效地监督社区物业管理的执行与实施,保证公众利益的顺利实现,又可以针对实施中的一些新情况反馈新的建议与要求,与前述的利益表达机制形成完整的回路。

(三) 增加服务种类

1. 增强服务意识

社区管理者应增强服务意识,树立以人为本的服务理念,在保障卫生环境、公共设施等基本条件满足居民生活所需的同时,关注居民的深层需求,主动、积极地改善自身的服务质量和服务种类。

2. 提供特约服务

社区居民对于管理者的信心很大程度上受到其提供的服务能否满足自己的切实需要的影响,而部分业主所期望的服务实际上具有一定代表性,如学生代管、运动组织、家居清洁等特约服务。因此,物业企业应充分考虑业主衣食住行等方面的需求,提供业主所期望的特约服务。[2]

---

[1] 张玉阳. 重庆市住宅小区物业管理服务调研报告[J]. 重庆教育学院学报,2010(6).
[2] 朱姣兰. 珠海市住宅小区物业管理服务质量调查研究[J]. 价值工程,2014(11).

第十章
社区居民的日常生活与社区参与

本章基于 SPSS 对调查数据的分析结果,主要从社区硬件水平、邻里关系和小区管理水平的程度三方面出发对社区居民的日常生活与社区参与进行描述,通过交叉分析、OLS 回归、Logistic 回归等方式,着重探讨居民参与小区管理在社区发展中起到的关键作用。此外,社区硬件水平的高低作为重要变量,对邻里关系与居民参与小区管理的程度有着重要影响。

一、邻里关系

(一)居民所在小区入住情况

小区的入住率是决定社区邻里关系的重要变量,基于此我们在问卷中设置了问题"您所在小区的入住率是",对被调查对象所居住小区的入住率进行了解,最后的有效样本量为981。大部分小区的入住率都在80%至100%之间,但是也有小区的入住率仅有12%。

(二)邻里关系描述

表 10-1 邻里关系各指标占比情况(a)

	邻居间相互帮忙	与邻居打招呼	邻居间对教育问题沟通	邻里活动参与度
经常	43.5%	69.3%	20.9%	6.9%
有时	45.8%	26.7%	48.6%	34.7%
很少	10.1%	3.7%	26.1%	43.3%
从不	0.6%	0.3%	4.4%	15.1%
N	1 074	1 074	1 074	1 074

第十章 社区居民的日常生活与社区参与

表 10-1　邻里关系各指标占比情况（b）

	非常好	比较好	一般	不太好	很不好	N
邻里关系评价	23.5%	51.4%	24.9%	0.1%	0.1%	1 074

表 10-1　邻里关系各指标占比情况（c）

	很高	还可以	一般	较差	很差	N
邻居整体素质	17.9%	63.8%	17.5%	0.7%	0.1%	1 074

为进一步对小区邻里关系进行描述，我们基于前人研究结果与本研究的访谈记录，依照穷尽性与互斥性的原则，设计出了邻里关系、邻居整体素质、与邻居打招呼、邻居间是否相互帮忙、邻居间对教育问题的沟通情况和邻里活动参与度等六个指标对社区邻里关系进行衡量。其中，邻里关系指标依照"非常好""比较好""一般""不太好""很不好"五种程度进行评价，邻居整体素质指标被分为"很高""还可以""一般""较差""很差"五种程度，其余四个指标被分为"经常""有时""很少""从不"四种程度，按照由低到高的顺序，"1、2、3、4、5"或者"1、2、3、4"的顺序进行编码。

就居民对邻里关系的评价而言，绝大部分人（99.8%）对邻里关系评价较高，其中认为邻里关系比较好的居民达到一半（51.4%）。就邻居整体素质而言，绝大部分人（99.2%）对邻居整体素质的评价较好，其中认为邻居整体素质"还可以"的人数超过一半（63.8%）。对于与邻居打招呼的情况，超过一半的人（69.3%）经常与邻居打招呼，但是也有 4% 的人"很少"或者"从不"与邻居打招呼。大部分居民会相互帮忙（89.3%），但是也有将近 11% 的居民很少或者从不帮忙。就邻居间对教育问题的沟通而言，超过一半（69.5%）的居民比较多地与邻居讨论教育问题，但是有 30.5% 的居民"很少"或者"从不"与邻居沟通教育问题。居民的邻里活动参与度不是特别高，超过一半（58.4%）的居民很少或者从不参与邻里活动。

对六个指标进行多重响应分析，共得到 1 063 个有效样本。多重响应分析，又称多选题分析，由于相关的各选项均是对同一个问题的回答，之间存在一定的相关性，将各选项单独进行分析并不恰当，因此对多选题常见的分析方法是通过定义变量集的方式，对选项进行简单的频数分析和交叉分析。由于有六个指标，而有效样本是 1 063，因此总计样本为 6 378。

表 10 - 2 邻里关系

		N	百分比/%
邻里关系	非常好	1 929	30.2
	比较好	2 889	45.3
	一般	1 331	20.9
	不太好	227	3.6
	很不好	2	0.0
	总计	6 378	100.0

由表 10 - 2 可以看出,总体而言,居民邻里关系较好,96.4%样本的邻里关系情况属于中等偏上的水平("一般""比较好""非常好"),其中,邻里关系"比较好"的样本占比最大(45.3%)。

二、小区管理水平

小区管理水平包括两部分:小区管理者的管理情况与小区居民参与管理的程度,大部分小区的管理者由物业管理公司和业主委员会组成。

表 10 - 3 小区管理者管理水平

		N	百分比/%
小区管理者管理水平	非常好	356	8.4
	比较好	1 203	28.2
	一般	1 621	38.0
	不太好	652	15.3
	很不好	432	10.1
	总计	4 264	100.0

表 10-4　小区活动举办情况

		N	百分比/%
小区活动举办情况	从未有过	4 268	69.5
	一年一次	1 097	17.9
	半年一次	480	7.8
	每月一次	201	3.3
	一周一次	92	1.5
	总计	6 138	100.0

如表 10-3 所示,将衡量小区管理者管理水平的多个指标加以综合发现,总体而言,小区管理者的管理水平一般,大部分小区的管理者管理水平处于"比较好""一般""不太好"三个等级,其中,"一般"占比最大。分指标来看,小区管理者在处理突发情况、提供帮助等满足居民的基本诉求方面表现良好,但是在丰富居民小区生活方面做得不够。而表 10-4 表明,小区活动的举办情况较差,大多数小区从未举办过相关活动。

就居民对小区管理的贡献而言,本调查通过具体考察小区居民"是否参与过小区管理"、不参与管理的原因、通过何种方式参与小区管理,以及各类型活动的参与度等四个维度衡量小区居民自身参与管理的情况。调查项中,不参与管理的原因包括:没时间精力参与;没必要参与;不需要我参与;不知道如何参与;非业主无法参与。而参与小区管理的方式包括:作为普通居民参与投票;作为业主委员会成员参与决策;作为热心居民参与。

(一) 是否参与小区管理

表 10-5　是否参与过小区重大事务决策

		N	百分比/%
有效	参与过	157	14.6
	没参与过	916	85.4
	总计	1 073	100.0

表 10-5 显示,样本中居民自身参与小区管理的程度很低。没参与过小

区重大事务决策的居民数量为916人,占总样本量的85.4%,是参与过小区重大事务决策的居民数量的近六倍。

(二) 原因与方式

表10-6 居民参与管理的方式

		N	百分比/%
居民参与管理的方式	作为普通居民参与投票	112	61.2
	作为业主委员会成员参与决策	20	10.9
	作为热心居民参与	51	27.9
	总计	183	100.0

为进一步了解小区居民参与管理的具体情况,我们分别对居民不参与管理的原因与居民参与管理的方式展开调查分析。在表10-5中参与过小区重大事务决策的157份有效样本中,有155位居民选择了他们参与管理的方式。把"多选"的情况考虑进来如何呢?表10-6表明,作为普通居民参与投票是居民常用的管理方式,占居民管理方式总量的61.2%,作为业主委员会成员参与决策的比例最低(10.9%)。这反映出居民参与小区管理的方式比较单一,且自主程度和参与度不是特别高,很难参与小区决策,仍然停留在以普通居民投票或者热心参与的层面,参与度较低。

表10-7 居民不参与小区管理的原因

		N	百分比/%
居民不参与小区管理的原因	没时间精力参与	280	28.6
	没必要参与	27	2.7
	不需要我参与	93	9.5
	不知道如何参与	487	49.7
	非业主无法参与	93	9.5
	总计	980	100.0

在未参与过小区管理的916份样本中,有837位居民选择了他们不参与小区管理的理由。我们也把"多选"的情况考虑进来再进行分析。"不知道如

何参与""没时间精力参与"是大部分居民无法参与小区管理的主要原因,其中,"不知道如何参与"占据所有原因出现次数的近50%。这说明,其实只要他们知道如何参与小区管理并且有足够的时间精力,大部分居民都比较乐意参与到小区的管理事务当中。

(三)参与度

表10-8 社区活动参与度

		N	百分比/%
社区活动参与度	几乎不参与	4 167	73.4
	有时参与	1 230	21.7
	经常参与	279	4.9
	总计	5 676	100.0

我们将社区活动分为五种类型:政治类(比如基层民主选举)、文化类(比如元宵节灯会)、体育类(比如小型马拉松比赛)、休闲娱乐类(比如烧烤)、志愿服务类(比如社区公告栏制作),用1—3分对居民参与这些活动的程度进行评分,从低到高分别代表"几乎不参与""有时参与""从不参与"。

多重响应分析结果显示,居民参与这些活动的程度偏低。无论是哪一种活动类型,"几乎不参与"的比例是最高的,"经常参与"的比例最低。虽然上表没有具体呈现,若以休闲娱乐类活动为例,"几乎不参与"的样本量接近800,"经常参与"的样本量只有100不到。而从表格显示的社区活动参与度来看,"几乎不参与"的占比达到73.4%。由此可见,江苏省居民参与社区活动的程度总体较低。

三、邻里关系与小区管理水平的影响因素分析:硬件水平

为进一步探究居民邻里关系与小区管理水平的现状形成的原因,在前人研究成果和本调查前访谈的基础上,我们将社区硬件水平作为影响邻里关系

与小区管理水平的重要变量,并提出下列假设。

假设1:社区硬件水平越高,小区管理水平越高。

假设2:小区管理水平越高,邻里关系越好。

假设3:居民参与小区管理程度高的小区邻里关系好。

(一) 社区硬件水平

对社区硬件水平的测量,主要涉及三个维度的测量:住房类型、房价、居民对社区生活条件的满意程度。其中,住房类型包括六种:商品房、单位分配房、学区房、拆迁安置房、廉租房以及其他,而各种住房类型所占的比例,上一章已有涉及,在此不再重复。居民对社区生活条件的满意度按照穷尽与互斥的原则设计出九个测量指标:出行便利程度、就医便利程度、购物便利程度、文化娱乐需求满足程度、环境卫生状况、教育配置状况、治安状况、小区基础设施配套情况和小区管理状况。这三个维度结合后,能比较准确、客观地反映不同社区类型的硬件水平的高低。

在样本中,商品房占比最大(47.9%),接近一半,其次是学区房(19.4%)、拆迁安置房(17.1%)与其他类型(11.4%)。由于其他类型没有设置填空导致答案模糊,因此下文在衡量小区硬件水平时将排除其他类型。在调查的有效样本中,房价平均值为9 581.27元/平方米,其中最大值为45 000元/平方米,最小值为1 600元/平方米。而对不同地区的小区房价进行比较后发现,海安的平均房价最低(5 661.89元/平方米),苏州的平均房价最高(16 029.85元/平方米),其余地区的平均房价集中在9 000元/平方米左右,从高到低依次是无锡、扬州、泰州、盐城。这在一定程度上反映出房价与当地经济发展程度的关系。

将不同类型的住房进行比较后可以发现,不同类型住房的平均房价不太相同,但是差距不大(如图10-1所示)。平均房价最高的是学区房,其次是商品房,最后是拆迁安置房。学区房高昂的房价其实反映出江苏省的教育现状,特别是子女的择校问题。本图没有纳入廉租房,因为廉租房只租不售,且租金低廉。

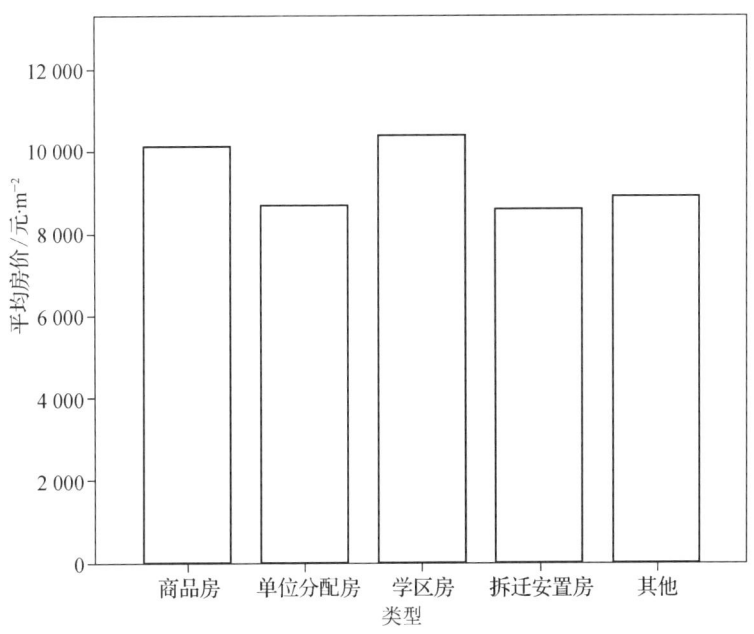

图 10-1 房价与类型

（二）硬件水平与小区管理

1. 房价与小区管理

房价是衡量社区等级的重要指标，对于当前的中国社会而言，通常来说，配套基础设施越完善的社区，房价也就越高，也越能给社区居民提供人性化的服务和丰富的生活、文娱资源。由此可以猜想：小区管理水平越高，房价也越高。由于作为因变量的房价是连续变量，作为自变量的小区管理水平可以分解为多个维度，并且都是分类变量，因此我们采用将自变量设置为虚拟变量的方式，建立 OLS 模型。

表 10-9　房价与小区管理水平的 OLS 模型

		非标准化系数		标准化系数
		B	标准误	Beta
您对小区管理者是否有信心(以"没有信心"为参照组)	(常数)	9 906.061	572.856	
	很有信心	750.037	769.608	0.046
	比较有信心	48.389	650.188	0.004
	一般	−513.754	618.867	−0.054
	不太有信心	−1 116.85	686.044	−0.089
您是否感到小区有一些与时俱进的管理服务模式(以"没有感到"为参照组)	(常数)	8 726.783	305.26	
	强烈感到	2 067.693**	666.732	0.11
	比较感到	1 889.586***	469.847	0.156
	一般	841.395*	406.33	0.084
	不太感到	570.223	470.66	0.047
您能很容易请小区管理者提供帮助吗(以"很不容易"为参照组)	(常数)	8 808.333	775.532	
	非常容易	2 148.368*	908.113	0.141
	比较容易	804.069	817.609	0.082
	一般	641.254	816.497	0.066
	不太容易	244.027	872.157	0.019
小区管理者能及时处理突发事件吗(以"很不及时"为参照组)	(常数)	9 221.951	729.461	
	非常及时	1 078.049	886.451	0.067
	比较及时	491.816	772.314	0.051
	一般	296.744	772.811	0.031
	不太及时	−218.211	842.309	−0.016

注：* 表示 P（显著性）<0.05，** 表示 $P<0.01$，*** 表示 $P<0.001$

上表包含了 4 个 OLS 模型，每个模型分别代表衡量管理者管理水平的一种维度与小区房价的关系。从中可以发现，对于模型 1（"您对小区管理者是否有信心"与小区房价的关系），以"没有信心"为基准，其他类别没有表现出与小区房价的显著相关性；对于模型 2（"您是否感到小区有一些与时俱进

的管理服务模式"与小区房价的关系),以"没有感到"为基准,"强烈感到""比较感到""一般"都与小区房价表现出显著相关,并且"强烈感到""比较感到"表现出的相关性最显著,对该模型的贡献程度也最大;对于模型3("您能很容易请小区管理者提供帮助吗"与小区房价的关系),相比"很不容易",只有"非常容易"表现出与小区房价的显著相关性,并且对该模型的贡献程度最大(Beta系数0.141);对于模型4("小区管理者能及时处理突发事件吗"与房价的关系),相比"很不及时",其他类别都没有表现出小区房价的显著相关性。这4个模型共同说明了,小区是否拥有居民认可的与时俱进的服务管理模式、居民能否容易请小区管理者提供帮助与小区房价表现出显著相关,并且总体看来,这种认可度和提供帮助的可能性越大,小区房价也越高。

我们还对小区各种类型活动举办频数与小区房价的关系进行OLS分析,结果发现,无论是何种类型的活动举办情况,与小区房价的高低都没有显著相关性。

总体而言,我们的猜想得到验证:小区管理者的管理水平与小区房价有显著相关,这种相关性主要表现在小区是否拥有与时俱进的管理模式与管理者是否容易提供帮助两方面。

2. 房价与居民参与管理

对于房价与居民参与管理的程度,我们猜想二者存在一定相关性:房价越高的小区,意味着资源配置、基础设施越完善,居民素质也相对较高,因此居民更愿意为小区管理发展出一份力。为此,我们以"是否参与过小区重大事务决策"为因变量,将"参与过"编码为0,"未参与过"编码为1,采用二元逻辑斯蒂回归模型,探究居民是否参与小区管理与小区房价的关系。

结果发现,Hosmer-Lemeshow检验的显著性为0.320,大于0.05,说明模型能够很好地拟合数据,并且能较好预测"未参与过"小区重大事务决策的居民(正确率达到85.3%),但是模型结果表明:小区房价与居民是否参与过小区重大事务决策没有显著相关性(Sig. =0.850>0.05)。

3. 住房类型与小区管理

对商品房、单位分配房、学区房、拆迁安置房、廉租房与小区管理者管理水平的四个维度分别进行了交互分类和卡方检验,并利用Phi(0.072)和Cramer's V系数(0.072)对其进行修正,结果显示,学区房与非学区房的管理者管理水平之间有显著差异;商品房与非商品房在"能很容易请小区管理者提供帮助吗"和"有一些与时俱进的服务管理模式"上存在显著差异;拆迁安置房与非拆迁安置房在"有一些与时俱进的服务管理模式"和"对小区管理者有信心"两个维度上有显著差异;是否为单位分配房、是否为廉租房在四个维度上都没有表现出显著差异。总体而言,不同类型的住房在小区管理者的管理水平上有显著不同,其中,是否为学区房的管理水平表现出的差异最显著,是否为廉租房和是否为单位分配房的管理水平表现出的差异最不显著。

对于居民自身参与小区管理的程度与住房类型的关系采取同样的分析方法,结果表明,只有学区房在居民是否参与过小区重大事务决策上表现出了显著差异,而在居民参与小区管理的方式上,不同住房类型并没有表现出显著不同。

表 10-10 是否参与过决策、学区房交叉表

		是否参与过小区重大事务决策		总计
		参与过	没参与过	
学区房	未选择	109	707	816
	选择	47	195	242
	总计	156	902	1 058

Pearson chi2 (1) = 5.459 2*;Phi=−0.072 Cramer's V= 0.072*
注:* 表示 $P(显著性)<0.05$,** 表示 $P<0.01$,*** 表示 $P<0.001$

4. 居民对社区生活条件的满意度与小区管理

居民对社区生活条件的满意度能在很大程度上反映该社区硬件水平的高低,探究居民对社区生活条件的满意度与小区管理水平之间的联系,有利于我们把握社区硬件水平与小区管理水平之间的关系。由于居民对社区生活条件的满意度与小区管理水平都属于定序变量,因此我们采取交互分类和卡方检验的方式对居民满意度的八个维度分别对小区管理水平进行了交叉分析,并运用 Phi 和 Cramer's V 系数对卡方检验的结果进行修正。

(1) 小区管理者

交互分类和卡方检验的结果表明,居民对社区条件的满意度的每一个维度都与小区管理者的管理水平存在显著相关性。从列联表呈现出的变化趋势中,我们可以发现居民对社区条件的满意度与小区管理者的管理水平大致呈正相关。由于交互的类别太多,且受篇幅限制,此处只列出"能比较容易地请小区管理者提供帮助吗?"与"出行便利程度"间的交互分类表以供对照,其余维度的交互分类都表现出了相似的趋势。总体而言,居民对社区条件越满

意,其所在小区管理者的管理水平也越高。

表 10-11　出行便利程度、提供帮助交叉表

		出行便利程度					总计
		非常 不满意	不满意	一般	比较 满意	非常 满意	
能较容易地 请小区管理 者 提供帮助吗?	非常容易	4	2	6	45	50	107
	比较容易	5	7	60	205	90	367
	一般	6	11	143	180	62	402
	不太容易	3	8	60	57	22	150
	很不容易	1	2	16	16	7	42
	总计	19	30	285	503	231	1 068

注:Pearson chi2(16) = 118.740 8,Pr = 0.000

(2) 居民参与

对居民参与管理的情况与居民对社区条件的满意度的关系,我们采取了相同的分析方法(交互分类、卡方检验),结果表明二者存在显著相关性。由于篇幅限制,此处以"对购买基本生活用品的满意度"与"是否参与过小区重大事务决策"的交互分类和卡方检验为例说明其变化趋势。

表 10-12　参与决策、对购买基本生活用品的满意度交叉表

		购买基本生活用品					总计
		非常 不满意	不满意	一般	比较 满意	非常 满意	
是否参与过 小区重大事 务决策	参与过	3	3	23	65	63	157
	没参与过	12	25	219	430	221	907
	总计	15	28	242	495	284	1 064

Pearson chi2(4) = 19.4917***,Phi= 0.135 Cramer's V= 0.135***
注:* 表示 P(显著性)<0.05,** 表示 $P<0.01$,*** 表示 $P<0.001$

从表 10-12 可以看出,就参与过小区重大事务决策的居民而言,他们对购买基本生活用品的满意程度越高,参与过小区重大事务决策的人数也越多。虽然就人数而言,没参与过小区事务决策的人数远多于参与过决策的人

数,但是结合第一部分的分析我们可以知道,居民不参与或者很少参与小区管理是江苏省大多数社区的常态,该表印证了这一点:对社区购买基本生活用品感到"非常满意"却没有参与过小区事务决策的居民,相比"比较满意"却没参与过决策的居民数量出现大幅下降。总体而言,居民对社区条件的满意程度与居民参与小区管理的程度大体呈正相关。

本部分从社区硬件水平的三个维度(房价、住房类型、居民对社区条件的满意度)切入,分别与小区管理者的管理水平、小区居民参与管理的程度进行了比较分析,最后发现:总体而言,社区硬件水平与小区管理水平呈正相关,房价越高的社区通常拥有越好的资源配置,居民对社区条件的满意度也就越高,这些共同决定了小区管理者(物业公司和业主委员会)为小区提供更好的服务管理模式,为居民解决问题,也能促使居民积极参与到小区的管理事务当中。不过,值得注意的是,仅就江苏省而言,居民参与小区管理的程度普遍偏低。有趣的是,结合住房类型的分析表明,学区房的居民参与小区管理的程度是所有住房类型中最高的。对此我们提出一种假设:学区房的居民更容易因为子女的教育问题关注小区各方面的情况,并更积极地参与小区管理,以求为子女创造更好的居住条件和空间。

(二)小区管理与邻里关系

如上所述,良好的社区硬件水平能带来较高的小区管理水平,这是形成和谐社区的重要结构条件。与此同时,衡量一个社区是否和谐的另一重要标准——邻里关系,也在社区发展中扮演着极其关键的角色。但是,现代社会的一个重要特征就是个体化的逐渐加深、人与人之间的交往联系日渐淡薄,与过去平房大院里吵吵闹闹的热络场景截然不同,现代新型社区面临的一个重要难题便是邻里关系的冷淡甚至紧张,很少有人会在意住在自己对面的那位邻居是否需要帮忙,甚至经常与邻居发生各种矛盾冲突。那么,如何才能解决这个问题呢?我们认为,小区的管理模式是重要的切入口。

1. 邻里关系

(1)邻里关系与住房类型

不同类型的住房对小区的管理模式和水平有较大影响,同时也在一定程度上决定了居民之间的关系。对于单位分配房、学区房的居民而言,他们拥

有亲密、良好的邻里关系的可能性更大,这些居民或者是来自同一个单位的同事,或者会因为子女的教育问题交流沟通,与邻居熟悉并进一步交流的概率很大。基于此推论,我们分别对衡量邻里关系的六个维度与不同的住房类型进行了交叉分析,并通过卡方检验,结果显示,是否为商品房和是否为学区房与邻居整体素质显著相关,认为邻居整体素质较高的商品房/学区房居民远远多于非商品房/非学区房居民;是否为廉租房与"与邻居打招呼""邻居间相互帮忙"显著相关,非廉租房的居民"与邻居打招呼"的人数远远多于廉租房的居民,并且"与邻居打招呼"越频繁,非廉租房的居民也越多,非廉租房的居民间相互帮忙的人数远多于廉租房居民,邻居间越经常帮忙的非廉租房居民多于廉租房居民;衡量邻里关系的其余维度与住房类型没有必然联系。需要注意的是,廉租房的分析结果尚值得商榷,因为我们的被调查样本中,廉租房居民只有21人,样本量太小很可能导致了较大的误差,但是这不代表我们的分析结果没有借鉴意义。的确存在一种可能性:廉租房的居民由于不是常住户、戒备心较强,因此很少与邻居打招呼或者相互帮忙。

(2)邻里关系与地区

不同地区的经济发展程度也会影响到当地居民的邻里关系,我们推测,来自不同城市的样本在邻里关系上的反映有显著不同。

表10-13 地区、邻居整体素质交叉表

Pearson chi2(20) = 36.4320*		邻居整体素质					总计
		很高	还可以	一般	较差	很差	
地区	盐城	25	106	29	1	0	161
	泰州	41	132	34	1	0	208
	扬州	25	135	30	2	0	192
	海安	39	82	21	0	1	143
	苏州	39	132	33	0	0	204
	无锡	23	98	40	4	0	165

注:* 表示 P(显著性)<0.05,** 表示 $P<0.01$,*** 表示 $P<0.001$

基于此,我们将城市纳入分析过程,进行交互分类和卡方检验,结果发现:不同城市之间的居民对邻居整体素质的评价有显著差异;不同城市的居民与邻居打招呼的情况有显著差异,并且大体呈正相关,即与邻居打招呼的频数越高,相应城市与邻居打招呼的人数也就越多,不过无锡的情况与其他城市相差较大,在"经常"和"有时"与邻居打招呼的两项里,无锡打招呼的居民数增长幅度较小,且与其他城市相比,"很少""从不"打招呼的人数最多。

表 10-14 地区、与邻居打招呼交叉表

Pearsonchi2(15)=71.540 6***		与邻居打招呼				总计
		经常	有时	很少	从不	
地区	盐城	102	56	3	0	161
	泰州	160	44	3	1	208
	扬州	140	47	4	1	192
	海安	114	26	3	0	143
	苏州	147	50	8	0	205
	无锡	81	64	19	1	165
总计		744	287	40	3	1 074

注:* 表示 P(显著性)<0.05,** 表示 $P<0.01$,*** 表示 $P<0.001$

不同城市之间的居民与"邻居间相互帮忙"有显著差异,泰州和无锡的情况与其他城市相差较大,泰州"经常"和"有时"与邻居相互帮忙的居民数比例最大,无锡则相反。

表 10-15 地区、邻居间相互帮忙交叉表

Pearson chi2(15)=37.038 5***		邻居间相互帮忙				总计
		经常	有时	很少	从不	
地区	盐城	60	80	21	0	161
	泰州	109	77	21	1	208
	扬州	78	98	15	1	192
	海安	83	52	7	1	143
	苏州	81	100	21	2	204
	无锡	56	84	23	2	165
总计		467	491	108	7	1 073

注:* 表示 P(显著性)<0.05,** 表示 $P<0.01$,*** 表示 $P<0.001$

第十章 社区居民的日常生活与社区参与

不同城市之间的居民与"邻居间的教育问题沟通"有显著差异,其中无锡与其他城市的差异最大,"经常""有时"与邻居沟通教育问题的人数比例最少,而"很少""从不"与邻居沟通教育问题的人数比例最多。

总体看来,不同城市、地区之间居民与邻居的关系确实有比较明显的差异,这在某种程度上验证了上文提到的关于现代社会人与人关系日益淡漠的说法,此种情况在无锡表现得尤为突出。无锡作为经济快速发展的典型苏南城市,现代化发展迅速,毗邻上海,再加上历史文化方面的因素,使得当地居民更注重个人感受与自身发展,也就表现出了与苏北、苏中地区很不一样的邻里关系。

表 10-16 地区、邻居间的教育问题沟通交叉表

Pearson chi2(15)=37.0385***		邻居间的教育问题沟通				总计
		经常	有时	很少	从不	
地区	盐城	41	85	32	2	160
	泰州	35	108	54	11	208
	扬州	36	88	60	7	191
	海安	40	71	26	5	142
	苏州	47	97	51	10	205
	无锡	25	72	56	12	165
总计		224	521	279	47	1 071

注:* 表示 P(显著性)<0.05,** 表示 $P<0.01$,*** 表示 $P<0.001$

(3) 邻里关系与小区管理

小区管理者在社区发展中发挥着至关重要的作用,很多时候,管理者决定了小区采取何种管理服务模式,从而决定该小区管理水平的高低。而小区管理的好坏,以及居民对小区管理满意与否在很大程度上影响着邻里关系。

因此,我们从衡量小区管理水平的两种模式和两个维度出发,运用交互分类和卡方检验的方法探索邻里关系与小区管理之间的关系。所谓的"两种模式"指的是以物业公司、居委会/村委会为主的管理者管理模式,以及居民自身参与小区管理的方式;"两个维度"指的是管理水平与举办活动的情况。

结果表明,小区管理者是否乐意提供帮助与邻里关系的好坏之间有着显著相关。总的来看,居民越容易请管理者提供帮助,邻里关系也越好;"小区管理者能否及时处理突发事件""是否有与时俱进的服务管理模式"以及"对

小区管理者是否有信心",对居民对邻里关系、邻居整体素质的评价,邻居间是否相互帮忙,与邻居沟通教育问题,参与邻居活动的程度都有显著影响,但是对"与邻居打招呼"的影响不是十分显著。总体而言,小区管理者的管理水平对邻里关系有着比较显著的影响。

表10-17 对小区管理者的信心、邻里活动参与度交叉表

Pearsonchi2(15)=194.127 2***		邻里活动参与度				总计
		经常	有时	很少	从不	
地区	很有信心	28	38	19	6	91
	比较有信心	21	130	80	30	261
	一般	21	144	242	64	471
	不太有信心	2	41	89	34	166
	没有信心	1	16	32	26	75
总计		73	369	462	160	1 064

注:* 表示P(显著性)<0.05,** 表示$P<0.01$,*** 表示$P<0.001$

通过对各类型活动的举办情况与邻里关系的各指标的交叉分析,政治活动的举办能从加强邻里沟通、邻居间互相帮忙的维度比较显著地促进邻里关系的发展,但是对促进"与邻居打招呼"似乎没有十分明显的作用;教育活动的举办能显著影响邻里关系各个维度,并且与它们都呈正向相关关系;文化类活动举办频数的增加能显著促进和提升"邻居间对教育问题的沟通"和"邻里活动参与度";体育类活动举办频数的增加能显著促进和提升"邻居整体素质""邻居间相互帮忙""邻居间对教育问题的沟通"和"邻里活动参与度";休闲娱乐类活动举办频数的增加能显著促进和提升"邻居间对教育问题的沟通"和"邻里活动参与度";志愿服务类活动举办频数的增加能显著促进和提升居民对邻里关系的评价、"邻居间相互帮忙"、"邻居间对教育问题的沟通"和"邻里活动参与度"。总体而言,小区活动频数的增加,对邻里关系的改善有显著促进作用。其中,最容易提升的是"邻居间对教育问题的沟通"维度,这在一定程度上说明教育问题是居民非常关心的话题。

需要强调的是,虽然交互分类的结果显示各类型活动的举办情况与邻里关系存在显著正相关,但是从以上分析中可以看出,随着活动频数的增加,观测值也在减少,这说明社区活动举办频数小、类型单一是江苏省小区管理的

普遍现状。

居民自身参与小区管理是另一种管理模式,通过这种管理方式,居民能更好地了解并参与到社区生活中,因此我们认为,居民参与小区管理的程度能显著影响社区邻里关系。首先对"您是否参加过小区重大决策"与邻里关系的六个维度进行交叉分析,结果发现,居民"是否参与过小区重大决策"与邻里关系的六个维度都存在显著相关关系,并且通过Cramer's V系数(0.2277)检验后发现,这是一种强相关性。随着"参与过"小区重大决策的观测值的增加,居民对邻里关系的评价、邻居整体素质、邻居间对教育问题的沟通、邻居间相互帮忙、邻里活动参与度的观测值都有显著增加。但从表中还可以发现,"没参加过"小区重大决策的观测值明显大于"参加过"的观测值,这是居民参与小区管理的模式在江苏省尚未重视和普及造成的。

表10-18 政治类活动举办频数、邻里关系交叉表

Pearson chi2(16)=27.7647*		邻里关系					总计
		非常好	比较好	一般	不太好	很不好	
政治类活动举办频数	从未有过	140	321	184	1	0	646
	一年一次	70	160	62	0	1	293
	半年一次	25	41	11	0	0	77
	每月一次	8	11	1	0	0	20
	一周一次	3	1	0	0	0	4
总计		246	534	258	1	1	1 040

注:* 表示 P(显著性)<0.05,** 表示 P<0.01,*** 表示 P<0.001

表10-19 是否参与过小区重大事务沟通、邻居间的教育问题沟通交叉表

Pearson chi2(4) = 53.9267***		是否参与过小区重大事务决策		总计
		参与过	没参与过	
邻居间对教育问题的沟通	经常	54	170	224
	有时	69	452	521
	很少	29	249	278
	从不	3	44	47
总计		155	915	1 070

注:* 表示 P(显著性)<0.05,** 表示 P<0.01,*** 表示 P<0.001

以上分析表明,小区管理水平与邻里关系之间存在显著相关,小区管理水平越高,邻里关系越好。小区管理水平的高低主要通过两方面加以衡量:小区管理者的管理水平和居民自身参与管理的程度,其中小区管理者的管理水平体现在管理者解决居民日常生活问题的水平和举办活动的频数与丰富程度两方面,而江苏省社区在后者的投入力度上还有待加强;居民自身参与管理的程度表现在居民是否参与过小区重大事务的决策和参与社区活动的程度,分析表明,这一部分对社区邻里关系的改善有着非常重要的影响,但是居民自身参与管理的方式尚未得到足够的重视和推行。

四、总结与建议

通过对社区硬件水平、小区管理水平、邻里关系三个指标的初步分析,我们对江苏省社区的发展情况以及居民关系的情况有了总体把握。

第一,社区硬件水平越高,小区管理水平越好;以房价、住房类型(商品房、学区房、拆迁安置房)、居民对社区硬件水平的满意度三个指标衡量社区硬件水平,发现小区管理水平与社区硬件水平存在比较显著的正相关。房价较高的社区,地理位置更优越、资源配置更完善,也就越能提供较好的管理模式,小区管理者的管理水平以及居民参与小区管理的程度也就越高。

第二,江苏省居民参与小区管理的程度总体偏低,但不同小区的居民参与管理度也不同。杨贵华[①]曾提出"社区自组织能力"这个概念,并将其定义为衡量社区发展程度的重要指标,包括社区共同体的资源整合与利用能力、社区自组织网络的结构和发育程度两个方面。其中社区自组织网络的结构和发育程度指邻里网络、社区居民参与社区公共事务和社区活动的状况,由此看来,社区居民参与社区公共事务和社区活动的状况是衡量社区发展程度的重要维度。我们从居民是否参与小区重大事项决策和小区各类型活动的参与度两个方面衡量居民参与小区管理的程度,分析结果表明,总体而言,江苏省居民参与小区管理的程度并不高。王晓鸥[②]指出中国城市社区可分为

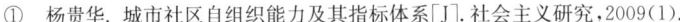

① 杨贵华. 城市社区自组织能力及其指标体系[J]. 社会主义研究,2009(1).
② 王晓鸥,等. 城市社区发展适应性评价[J]. 土木工程与管理学报,2016(6).

第十章
社区居民的日常生活与社区参与

两种类型,即传统社区与现代社区,二者的根本区别在于:前者"以房为主,满足居民基本居住需求",后者则是"以人为本,营造绿色生态人居环境"。2001年至今,我国正处于现代社区形成时期。也就是说,造成居民参与小区管理的程度普遍偏低的主要原因是受传统社区观念的影响,一方面,比较现代、先进的社区管理模式还未全面引入,另一方面,居民还未形成以人为本、自主参与社区管理的理念。但是,我们的调查发现,小区类型特别是小区硬件水平是影响居民参与小区管理程度的重要因素。最突出的表现在以商品房为代表的中高档小区,居民参与小区管理的程度显著高于以拆迁安置房为代表的中低档小区。

第三,小区管理水平越高,社区内部邻里关系越好;小区较高程度的管理水平对改善社区内部邻里关系有显著影响,主要表现在小区管理者的管理水平、居民是否积极参与小区活动和重大事项决策两方面。这也验证了"社区自组织能力"概念中邻里网络对社区发展的积极作用。

第四,居民自身参与小区管理程度的提高能显著改善邻里关系;相比小区管理者的管理水平,居民自身积极参与小区管理能更有力地改善邻里关系,这其实佐证了居民能否更加融洽地与他人相处、更加设身处地地为他人着想、具有较高的换位思考能力,与他们能否积极投身小区管理、促进社区发展有着密切联系。

第五,居民对社区条件的满意程度对邻里关系和居民参与小区管理的积极性有显著正向影响。该结论其实是为如何提高居民参与小区管理的积极性与改善邻里关系提供解决的可能,即最终仍要落脚于社区硬件水平的提高:改善社区条件、完善社区资源配置。

第十一章
社区居民的换位思考能力

本章通过 SPSS 数据分析软件对调查问卷的结果开展进一步的研究。本章主要内容是对江苏省社区居民的换位思考能力进行定量分析,通过描述性统计、方差检验、交叉分析等数据分析方法,探讨江苏省社区居民在换位思考能力上表现出来的各种特征。本章主要分为两个部分,第一部分就换位思考能力的测量计算方式进行简短的介绍;第二部分则重点分析江苏省社区居民在换位思考能力中表现出来的主要特征。

一、换位思考能力的测量及意义

(一) 换位思考能力的测量

"换位思考"在心理学领域有一个专有名词——"共情",因此本研究将借用在心理学中比较通用的"共情"量表来测量江苏省居民的换位思考能力。

表 11-1 换位思考量表

序号	具体指标
1	我会常常幻想或设想一些可能发生在我身上的事情
2	我能深深体验到电影或电视剧中人物的感情
3	有时我觉得很难从对方的角度来看事情
4	当看到别人遭遇不幸的时候,我不会为他们难过
5	我很少会对一本书或电影、电视剧深深地入迷
6	如果我确定自己是对的,我不会浪费许多时间来听别人的争论

续　表

序号	具体指标
7	我认为任何事情都有两面,并且力图看到这两面
8	在批评别人之前,我会试图想象如果我是他们会有什么感受
9	我常常对飞碟等神秘现象感兴趣
10	我认为时间是流逝的,分分秒秒一去不复返
11	有陌生人跟我打招呼,我会情不自禁有一种不快感
12	看见自己喜欢的东西,我常常会想拥有而控制不住自己
13	我同意这样的观点:人有信仰总是好事
14	当效率和质量冲突时,我会为了做好一件事,一点儿也不顾效率

本研究主要借鉴了Davis编制的共情量表,在保证量表的信度和效度的前提下,根据江苏省居民的实际情况做出了一些删改。此量表主要测量了受访者在不同情境下能否做到对别人"感同身受",是否能够设身处地站在他人的角度考虑问题,是否能想人所想、用一种理解至上的处理人际关系的思考方式开展人际交往。该量表一共涉及14项指标。通过问题描述,受访者会根据符合情况的程度,然后在1—5中选择适当的数字代表,数字越大代表受访者越符合换位思考的特点,在填答完成后将各项分数叠加并转换成百分制,最后呈现的分数即是受调查居民换位思考能力得分。这是本研究测量换位思考能力的主要方法。

(二) 换位思考能力分数的计算

"换位思考能力"量表采取5分制打分,每一测评指标均是通过5分量表评价;在最终分数展示上,所有分数都转换为百分制,以方便理解和对比。在权重设置上,赋予同级指标相同权重的方式逐级加总。5分制转百分制公式如下:

$$\frac{x - X_{\min}}{X_{\max} - X_{\min}} = \frac{y - Y_{\min}}{Y_{\max} - Y_{\min}}$$

其中,x表示某指标5分制得分;$X_{\max}$表示5分制的最高分5;$X_{\min}$表示5分制的最低分1;y表示某指标100分制得分;$Y_{\max}$表示100分制的最高分

100；Y_{min}表示 100 分制的最低分 1。

在此基础上，采用均值法对指标权重进行赋值，即通过计算下一级指标的均值来获得上一级指标的指标值，最终形成居民换位思考能力的总得分。

（三）测量换位思考能力的意义

换位思考能力涉及情感问题、个体化处理问题，只有在一个人与人之间相互信任、相互依靠、有情感互动的社会环境里，才有可能得以培养。社区作为初级群体，占据着居民生活、人际交往的大部分时间，因此这一初级群体的发展，可以促进邻里间人际关系的发展，有助于培养居民的换位思考能力，从而让新教育公平的理论建构成为可能。因此，对社区居民的换位思考能力的研究具有重要的意义。

二、换位思考能力的分析

（一）换位思考能力总况

通过对江苏省 6 市的有效问卷的统计分析，江苏省居民的换位思考能力得分为 67.5 分，其中最高分为 92.9 分，最低分为 41.4 分，均值为 67.5 分。总体来说，江苏省居民的换位思考能力的平均得分低于研究者的预期判断。我们认为原因主要有三点：第一，居民在填答问卷时心态较为保守，在回答问题时避免选填高分项，从而导致整体分数不高的局面；第二，问卷题目设计可能存在瑕疵，没有十分贴近居民日常生活，使得题目和居民生活感知之间存在疏离，从而导致低分；第三，在当前的社区建设中，对居民换位思考能力的培育没有被重视起来，缺乏相应的措施和渠道提高居民的换位思考能力，从而造成整体得分偏低的状态。

（二）地区与换位思考能力

在将地区纳入分析变量后，调查结果显示江苏省 6 市居民的换位思考能力得分大致处于相同水平线，在 65—70 分。进一步对江苏省 6 市居民的换位思考能力得分进行升序排列，数据表明海安、无锡得分最低，为 66.6 分，盐城得分 66.9 分，苏州得分 67.0 分，扬州得分 68.2 分，泰州得分最高，为 69.0 分，详见图 11-1。统计数据表明，不同地区居民的换位思考能力存在一定的差异。

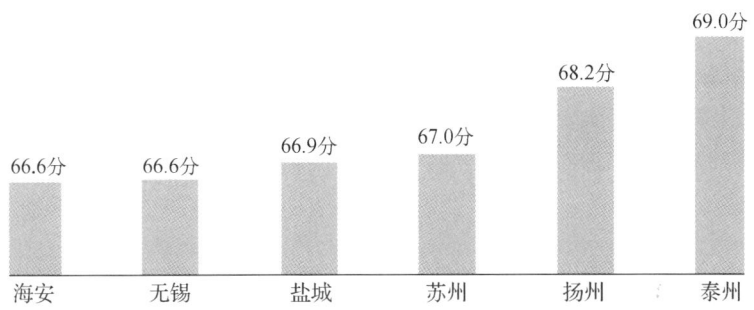

图 11-1　从地区看换位思考能力

在纳入苏北、苏中、苏南分析维度后，结果表明苏北地区居民换位思考能力得分 66.9 分，苏中地区 68.1 分，苏南地区 67.5 分。苏中地区居民的换位思考能力得分较为突出，扬州（68.2 分）和泰州（69.0 分）都坐落于苏中地区；经济最发达的苏南地区，无锡（66.6 分）和苏州（67.0 分）以及经济发展较落后的苏北地区盐城（66.9 分）得分较为接近。出现这种现象，极有可能跟当地的社会文化以及社会风气相关联。首先，苏南地区经济发达、人口众多、人口结构复杂，有限的社会资源与愈来愈多的流入人口之间存在难以调和的矛盾，导致人与人之间的竞争关系较为突出，这种情况下换位思考能力较低在情理之中。其次，苏北地区经济发展状况在江苏省内一直处于劣势，此外，苏北地区和山东、安徽地区接壤，从文化角度来看早已偏离吴越文化带，更接近北方文化圈。经济发展程度的不足、偏向北方地区文化心态还不足以让当地居民有条件发育共情心理、培育换位思考能力。最后，苏中地区经济发展迅速，在江苏省内处于北方和南方的过渡地带，既具备了发展共情心理和换位思考能力的经济基础,也具备了温和、兼容的社会心态,故而在换位思考能力上表现较为突出。

此外,即使同样是苏中地区,也存在一定差异。海安作为南通下辖的县级市,得分只有66.6分。表11-2表明,换位思考能力还与城市的大小和等级有着密切的关系。对泰州和扬州的调查都是集中在该市的中心城区,而海安远离南通的核心区,是否靠近当地的政治、经济和文化中心,也会直接影响当地居民的文化接受能力和社会心态的调整。

表11-2 地区与换位思考能力单因素方差分析

		均值差	标准误差	Sig.
苏北	苏中	−1.175 6	0.603 3	0.052
	苏南	0.054 5	0.632 6	0.931
苏中	苏北	1.175 6	0.603 3	0.052
	苏南	1.230 1*	0.453 4	0.007
苏南	苏北	−0.054 5	0.632 6	0.931
	苏中	−1.230 1*	0.453 4	0.007

(三) 性别与换位思考能力

在纳入性别变量后,数据统计结果显示男性和女性在换位思考能力上并不存在太大的差别,即性别和换位思考能力之间不存在明显的相关关系。其中男性得分67.3,女性得分67.6,女性换位思考能力高出男性0.3个百分点。这点细微的差异也符合大众常识,因为在文化传统中,女性的社会性别角色往往被赋予柔和、细腻、温婉、体贴、贤惠的性格标签,以关注他人为导向,这一点与换位思考能力直接相关;而男性的社会性别角色以关注公平公正为导向,与换位思考能力并不密切相关。当两性习得各自的性别角色以后,在"将心比心、设身处地思考问题"的能力上,女性比男性表现得略突出在情理之中。

（四）年龄与换位思考能力

在将年龄这一变量纳入分析体系后,统计数据显示,随着年龄的增长,居民的换位思考能力并没有出现较大的起伏波动。通过对数据的进一步挖掘,从图11-2可以看出在29—46岁的年龄阶段内,居民换位思考能力总体呈现一条平滑直线;在20—28岁和47—68岁的年龄区间内,居民的换位思考能力得分波动较大。我们给出的一个可能的解释是:物质条件、心态成熟度、思想转变能力可能会影响居民的换位思考能力。

和20—28岁的居民相比,29—46岁的居民大部分已经获得并维持一定的社会地位,物质条件也趋于稳定,更多的社会经历也让他们可以看淡生活中的一些事情,他们心智较为成熟,心态更显得平和;而20—28岁的居民正处于黄金年龄,这个年龄阶段的特点之一就是不稳定性和波动性较大,物质条件的不足和社会地位的不稳定,极有可能让该群体的心态更为敏感。此外,独生子女的成长背景,使得20—28岁的青年一时还难以改变"以己为中心"的思考心态,因此他们在换位思考能力得分中出现了波动较大、忽高忽低的现象。

和47—68岁的居民相比,29—46岁的居民出生在20世纪70年代之后,他们伴随着国家改革开放成长,在一个文化多元、自由开放的时代中长大。社会文化的多元性和兼容并包性,自然会影响29—46岁群体的时代精神。该群体在思想上会比47—68岁的居民表现得更加开放包容,更加能适应新思想、新思潮,包容心和同理心的发育是时代赋予他们的性格特征,因此,他们接受新事物、转变思想、求同存异、学会换位思考会更容易一些。

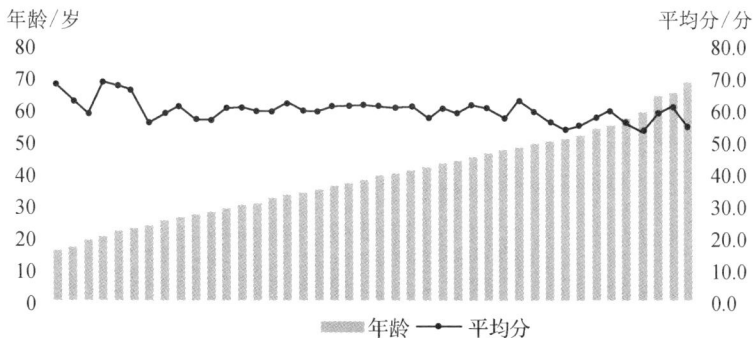

图11-2 年龄与换位思考能力分析

(五) 教育程度与换位思考能力

受教育水平一定程度上会影响个体的素质,而换位思考作为一种对个人素养要求较高的能力,和教育水平之间存在着千丝万缕的联系。通过对受教育程度和换位思考能力得分进行单因素方差分析,分析结果也证明了这一联系。表11-3表明,居民受教育程度和换位思考能力之间存在着对较强的相关关系($P=0.000$)。

表11-3 学历、换位思考能力单因素方差分析

	平方和	df	均方	F	Sig.
组间	1 812.489	6	302.082	7.033	0.000
组内	43 985.591	1 024	42.955		
合计	45 798.080	1 030			

而图11-3显示,换位思考能力得分最高的前三项分别是:研究生学历(70.6分)、本科学历(68.7分)和大专学历(68.2分);得分最低的三项分别是:未受过教育(62.1分)、小学学历(63.5分)和初中学历(65.7分)。研究生学历的居民和未受过教育的居民在换位思考能力得分上相差8.5分。数据也进一步表明,随着受教育程度的提升,居民换位思考能力也随之提高。

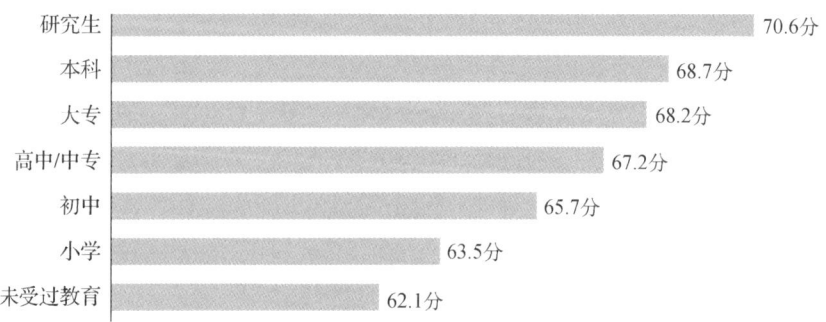

图11-3 从学历看换位思考能力

根据这一结果我们可以推论,知识的获得可以帮助个体更好地认识自己,认清和他人、环境之间的关系。当个体认识了他人、环境和自己的定位后,就会更新旧的观念,产生新的认识。教育可以使人在认识上得到提升,会

对社会、对他人、对人与人之间的关系有更深刻的认识。而这种种认识,会构成个体行为的基础,从而革新自己,改变行为中的缺点和不足。故而,受教育程度较高的人比起那些受教育程度低的,甚至是没接受过教育的,在知识的储备上会更加丰富,在行为认知上会更加深刻,毕竟在日常生活中,换位思考能力本身就是一种较高层次的能力,对个体的综合素质要求也比较高,因此受教育程度越高的居民在换位思考能力上表现得越突出似乎可以得到较为合理的解释。

(六) 职业与换位思考能力

本次调研的对象一共涵盖了 12 种职业分类,几乎包含了目前社会中的所有职业。图 11-4 的面积图显示,12 种职业成员换位思考能力的得分很接近,其中,换位思考能力得分较高的职业分别为政府机关/事业单位人员(69.6 分)、机关事业单位领导/公司老板(69.5 分)和军人/警察(69.1 分);技术工人/手工艺人/体力工人(65.8 分)、农民(64.8 分)和离退休人员(63.9 分)得分较低。

图 11-4 从职业看换位思考能力

职业不仅是社会地位的重要衡量指标,也是关系网络中的重要节点。在某种程度上,职业影响了个体的社会等级地位和关系网络的大小。前者通过经济资本、权力和声望得以体现,后者则通过人脉资源的多寡加以区分。政府机关/事业单位人员、机关事业单位领导/公司老板、军人/警察等显然都是社会地位较高的职业,他们手中的资源也足以维系一个适当的关系网络,在日常生活中和人打交道,进行信息交流、资源交换的机会也就更多一些,在此过程中也更容易形成换位思考能力。技术工人/手工艺人/体力工人、农民和离退休人员的社会地位不高,掌握资源有限,难以维系和经营有一定规模的关系网络,从而造成人际交往的局限性和封闭性。局限和封闭的社交网络会影响个体的交往模式和认知模式,并进一步影响他们换位思考能力的习得。

(七) 城乡区别与换位思考能力

城乡划分是造成中国一些社会现象的重要原因之一,因此城乡区别对居民的换位思考能力是否造成影响也是一项重要的衡量指标。调查结果显示城镇户口居民换位思考能力得分为67.7分,农村户口居民换位思考能力得分为67.0分,城镇户口居民得分比农村户口居民高出0.7个百分点。在统计学的意义上,两者相差细微。可以说,城乡区别与居民的换位思考能力之间不存在明显的相关关系。

(八) 家庭总收入与换位思考能力

家庭总收入作为一项重要的指标,在探讨社会问题成因时往往扮演着重要的角色。当把江苏省居民的"家庭年总收入"这一变量纳入分析框架后,统计数据表明家庭总收入和居民的换位思考能力存在明显的相关关系,且随着家庭总收入的增加,居民的换位思考能力也会有所提高。

表11-4 家庭总收入、换位思考能力单因素方差分析

	平方和	df	均方	F	Sig.
组间	1 108.373	5	221.675	5.083	0.000
组内	43 916.500	1 007	43.611		
合计	45 024.873	1 012			

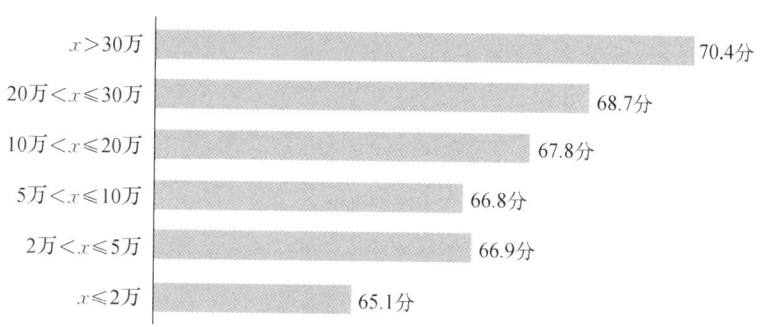

图 11-5　从家庭总收入(x)看换位思考能力

而从图 11-5 中可以看到,当家庭年总收入超过 30 万时,居民的换位思考能力得分最高,为 70.4 分;当家庭总收入处于 2 万及以下时,居民的换位思考能力得分最低,只有 65.1 分。换位思考能力最高得分与最低得分之间相差 5.3 分。

此外,在填答该问题的 1 012 位居民中,家庭总收入(x)主要集中在"5 万<x≤10 万"和"10 万<x≤20 万"的梯队中,分别为 318 人和 333 人,占据回答人数的 64.3%。家庭总收入在"5 万<x≤10 万"这一区间的居民换位思考能力得分为 66.8 分,家庭总收入在"10 万<x≤20 万"这一区间的居民得分为 67.8 分。后者比前者高出 1 个百分点。

数据分析表明家庭经济总收入与居民的换位思考能力水平存在相关关系。从正向思考,换位思考能力具有一定的可塑性,后天的培养一定程度上是可以提高居民的换位思考能力的。家庭总收入的重要性在于它能直接影响个体具备的物质条件和生活条件,"仓廪实而知礼节,衣食足而知荣辱",具备了富足的物质条件和生活条件后,才可能有精力去思考个体与社会、与他人之间的关系,形成深刻的认识,做出适当的改变。从反向思考,换位思考能力的提高也将有助于家庭经济收入的提高。这很有可能是因为拥有较强换位思考能力的个体,在日常生活中可以结识更多的人、建立良好的人际交往关系,从而形成一个较大的社会关系网络。而社会关系网络的大小将直接影响资源获取的多寡,因此换位思考能力越强的人越有可能从社会关系网络中汲取资源,积累资本,创造财富。

(九) 社区条件与换位思考能力

社区作为初级群体,占据着居民生活、人际交往的大部分时间,这一初级群体的发展,可以促进邻里间人际关系的发展,是培养居民换位思考能力的主要场域。因此,有必要把社区变量纳入分析框架。对社区变量,我们将从两个角度进行分析,第一个是外部指标——社区等级,即用房价来衡量社区所代表的等级。因为当前的中国社会,房价可以综合反映出房子所在地具备的教育资源、医疗资源、文化娱乐资源、交通通达情况等。一般来说,拥有高房价的社区所具备的资源和条件基本上处于城市的上层,而充斥着低房价的社区基本上坐落于城市的偏远地带,不具备足够吸引消费者的资源。因此"房价"这一指标,在很大程度上能够准确反映出社区等级分布状况。第二个是内部指标——社区满意度,即通过居民对社区基础条件、内部建设和管理的评价来衡量居民对社区的满意度。居民对社区的满意度是主观评价指标,该指标将会反映社区居民对所住社区的归属感、认同感、参与感和自豪感。房价虽可以反映出社区在城市中的等级,但不能反映出社区内部建设和管理情况,因此需结合居民的主观评价从内外部两个方面对社区变量进行综合分析,这将进一步提升研究的全面性和严谨度。

1. 社区等级与居民换位思考能力

通过社区等级与换位思考能力得分的单因素方差分析,表 11-5 表明,房价的高低与社区居民的换位思考能力之间不存在关联性。换言之,并不是房价越高、层级越高档的住宅社区,越能培育居民的换位思考能力。

表 11-5 社区等级与换位思考能力得分的单因素方差分析

	平方和	df	均方	F	Sig.
组间	3 160.926	75	42.146	0.921	0.666
组内	37 611.751	822	45.756		
合计	40 772.677	897			

进一步对数据结果进行处理,总体状况如图 11-6 所示。若从个案

第十一章 社区居民的换位思考能力

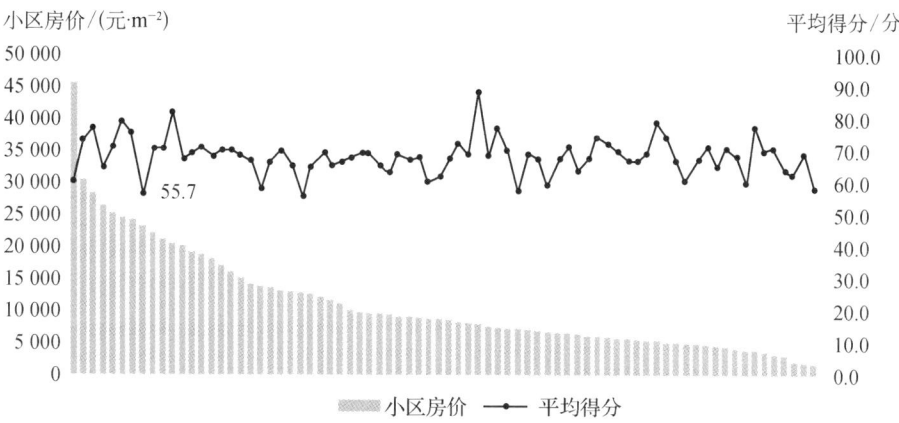

图 11-6 从社区等级看换位思考能力

看,存在房价 4 500 元/平方米左右的社区,却有着高换位思考能力得分(88.7 分)的居民;也有住在房价超过 25 000 元/平方米的社区,却只有低换位思考能力得分(55.7 分)的居民。在各大城市房价突飞猛涨近十年后,房价的高低早已和社区资源的多寡相挂钩,人们往往会通过房价所处的段位直接生成高档社区、中档社区和低档社区的直观印象,房价成了外人衡量社区等级、社区资源的重要指标。然而数据已然表明房价的高低对社区居民换位思考能力的培育并不存在实质性的影响,这可能是因为换位思考能力作为一种软实力,它强调的是"换位思考""感同身受",这些素养的培育可能更多还是和社区文化氛围、社区和谐程度、社区精神风貌等社区内部条件相关。一个和谐有序、精神积极向上、文化包容开放、组织管理齐备、服务周全的社区才会更容易培育出具备换位思考能力的社区居民。

2. 社区满意度与换位思考能力

对社区基本条件满意度的测量,主要涉及社区基础条件、服务管理等 9 个方面,具体测量维度见表 11-6。在具体指标设计的过程中,遵照了穷尽性和区别化的原则。总体来说,这 9 个测量维度基本上可以涵盖普通社区居民的衣食住行、文娱活动、就医、教育、社交、安全体验等生活中的方方面面,由此设计出来的量表可以比较客观且全面地测量出当地居民对所处社区的满意度。

表 11-6 社区基本条件满意度测量维度

维度	维度	维度
1. 出行便利程度	4. 文化娱乐需求满足程度	7. 治安状况
2. 就医便利程度	5. 环境卫生状况	8. 小区基础社区配套情况
3. 购物便利程度	6. 教育配置状况	9. 小区管理状况

通过对居民对社区基本条件的满意度和换位思考能力进行方差分析,统计数据表明了居民对社区基本条件满意度和换位思考能力之间存在显著的相关关系(见表 11-7)。

表 11-7 社区基本条件满意度与换位思考能力单因素方差分析

	平方和	df	均方	F	Sig.
组间	2 631.439	31	84.885	1.968	0.001
组内	40 973.133	950	43.130		
合计	43 604.572	981			

和房价相比,当地居民的社区满意度对换位思考能力的影响更突出。我们给出的可能解释是,作为衡量社区等级的房价,虽然是外人评价高档社区、中档社区和低档社区的评判指标,但是在购买行为完成后房价会失去部分意义。因为居民住进社区后,社区中的衣食住行、文娱活动、就医、教育、社交的便利程度、社区和谐程度、邻里关系和睦情况、社区的安全体验以及社区管理者服务管理水平等才是日常生活中的重要因素。我们有理由认为,居民社区满意度高,居民的生活满意度也才可能高,而在高生活满意度的前提下才可能创造出人与人之间相互信任、相互依靠、有情感互动的社区环境,而在这种社区环境的熏陶下,社区居民更容易产生一种想人所想、理解至上的处理人际关系的思考方式,从而培育出较高的换位思考能力。

三、总结与建议

影响居民换位思考能力的因素很多,基于生活经验以及既有研究启发,我们选取了性别、年龄、城乡区别、地区发展程度、职业、受教育程度、家庭年

第十一章
社区居民的换位思考能力

总收入、社区等级、社区满意度等 9 个指标来分别探讨它们和换位思考能力之间的关系。

分析的结果表明,从性别、年龄和城乡区别的角度说,这些因素与居民换位思考能力之间的相关性不明显。调查结果显示女性得分只是略高于男性,城市地区的居民得分也只是略高于农村地区的居民。

但是,分析表明,与换位思考能力之间具有显著关联的因素则更多。

地区经济发展水平和社会文化会形成培育换位思考能力的大环境,进而影响着居民换位思考能力的获得。苏中地区在居民的换位思考能力得分上表现突出。苏中地区经济发展迅速,在江苏省内处于北方和南方的过渡地带,可以说既具备了发展共情心理和换位思考能力的经济基础,也具备了温和、兼容的社会心态。

居民受教育程度和换位思考能力密切相关,且两者呈现显著的正相关关系。随着受教育程度的提高,居民的换位思考能力也会随之增加。

社会地位的高低和社会交往网络的大小也影响着居民的换位思考能力。社会地位越高、社交网络越大,其换位思考能力得分也就越高。社会地位和社交网络会影响个体的交往模式和认知模式,并进一步影响他们"换位思考能力"的获得。

家庭经济收入与换位思考能力之间也存在显著的正相关关系,两者之间相互影响。从正向思考,换位思考能力具有一定的可塑性,后天的培养一定程度上可以提高居民的换位思考能力。而如果从反向思考,换位思考能力的提高也有助于家庭经济收入的提高。拥有较强换位思考能力的个体,在日常生活中可以结识更多的人,建立良好的人际交往关系,从而形成一个较大的社会关系网络。而社会关系网络的大小将直接影响资源获取的多寡。

在社区因素中,居民的社区满意度对居民换位思考能力的影响大于社区等级。衣食住行、文娱活动、就医、教育、社交的便利程度、社区和谐程度、邻里之间友爱程度、社区的安全体验以及社区管理者服务管理水平是居民日常生活中重要的影响因素。社区居民拥有高生活满意度才可能创造出一个人与人之间相互信任、相互依靠、有情感互动的社区环境,从而产生一种想人所想、理解至上的处理人际关系的思考方式。

第十二章
社区居民的新教育公平感知及需求

本章基于附录2问卷第二部分"教育感知"的相关具体问题,展现社区居民新教育公平感知和对新教育公平需求的考量。"新教育公平"的需求理念体现在本部分问卷中,主要涉及学校的教育理念——以学生为本或是以升学率为本的差异性,老师是否需要充分尊重孩子的差异、能否与孩子融洽沟通的重要性、是否需要尽力不让班上的任何一个孩子掉队、是否需要根据学生特长有针对性地进行教学等。本章运用SPSS统计分析软件,对社区居民的教育公平感受和不同程度的新教育公平需求进行描述,进而运用交叉分析、卡方检验等,结合社区发展水平以及社区居民的基本信息分析其中的差异性表现和可能产生差异的原因。

一、新教育公平感知

本部分分别从教育机会的阶层比较、教育水平的城乡差距与教育资源的分配差异三个维度考察社区居民的看法和态度,从较宏观层面展现社区居民对当前教育现状的感知和看法。

对于不同阶层之间学生的受教育机会的看法,在1 069位有效调查对象中,只有3.7%的社区居民认为在不同阶层间学生的受教育机会是非常平等的,有24.4%的社区居民认为机会是平等的,23.7%的人认为一般。有累计48.2%的社区居民认为不同阶层间学生的受教育机会不平等或非常不平等,占比接近一半。整体来看,除去中间选项,认为不同阶层的学生接受的教育机会不平等或非常不平等的人比例明显高于认为机会平等的人。

第十二章 社区居民的新教育公平感知及需求

表 12-1 不同阶层学生受教育机会是否平等

		频数/位	有效百分比/%
有效	非常平等	40	3.7
	平等	261	24.4
	一般	253	23.7
	不平等	392	36.7
	非常不平等	123	11.5
	合计	1 069	100.0

关于对城乡之间是否存在教育差距及差距的大小,在 1 069 位有效被调查者中,只有 20 位即占 1.9% 的社区居民认为城乡之间的教育没有差距。18.1% 的居民认为差距较小,有 41.4% 的居民认为差距较大,11.8% 的人认为差距非常大。由此可见,城乡之间教育差距的存在基本已成为社区居民的共同认知,差别基本只体现在对城乡教育现状差距的大小方面。

表 12-2 目前城乡教育差距感知

		频数/位	有效百分比/%
有效	没有差距	20	1.9
	差距较小	193	18.1
	不好说	287	26.8
	差距较大	443	41.4
	差距非常大	126	11.8
	合计	1 069	100.0

关于对教育资源分配公平与否的看法,在 1 069 位有效被调查者中,只有占 2.2% 的 24 位社区居民认为教育资源分配非常公平,占 14.5% 的 155 位居民认为公平,35.3% 的居民认为一般,剩余 36.8% 的居民认为不公平,还有占 11.2% 的社区居民认为非常不公平。可以说,教育资源分配差异的存在基本也成为社区居民的共同认知,差别基本体现在对教育资源分配差距的大小方面。

表 12-3 教育资源分配差异感知

		频数/位	有效百分比/%
有效	非常公平	24	2.2
	公平	155	14.5
	一般	377	35.3
	不公平	393	36.8
	非常不公平	120	11.2
	合计	1 069	100.0

以上三题从教育机会的阶层比较、教育水平的城乡差距与教育资源的分配差异三个维度调查各位社区居民的看法和态度,从调查结果中可以看出,对不同维度的教育差异现状的存在基本已成为被调查者即各社区居民的共同认知,只有极少数被调查者否认客观差异和不公平的存在。

二、新教育公平需求分析

对于"因为东部经济发达,所以理应将好的教育资源调剂给经济不发达地区"的问题看法上,在 1 068 位被调查者中,有累计 236 位社区居民认为"是"或"绝对是",占比 22.1%,有占比 29.7% 的 317 位居民回答"不好说",占比接近三分之一。而占比最大的 38.0% 的居民认为"不是",还有约 10.2% 的人认为"绝对不是"理应将好的教育资源调剂给经济不发达地区。

表 12-4 是否应将好的教育资源调剂给经济不发达地区

		频数/位	有效百分比/%
有效	绝对是	16	1.5
	是	220	20.6
	不好说	317	29.7
	不是	406	38.0
	绝对不是	109	10.2
	合计	1 068	100.0

第十二章
社区居民的新教育公平感知及需求

将此结果结合此前的三道问题的调查结果,可见,虽然对不同维度的教育差异现状的存在基本已成为社区居民的共同认知,但当考虑到教育资源应当如何分配时,居民对于此题的回答结果产生较大差异。调查问题主动提出和引导是否应该按经济发展维度和标准差异分配教育资源,有接近三分之一的居民选择"不好说",即不明确、不知道是否应当。而认为并"不是"或"绝对不是"理应将经济发达地区的教育资源倾斜调剂给经济不发达地区的家长接近二分之一。因为调查对象全部位于江苏省,江苏省在中国属于绝对的东部经济发达省份,社区居民从自身出发的角度考虑,可能还是希望自己的孩子能获得较优越的或是与所在地经济发展水平相匹配的教育资源和环境,所以可能导致问题答案出现了一定程度的集中和倾斜。

此题提问社区居民认为现在的孩子接受的是否是应试教育,从表12-5结果很明显可以得出,认为孩子现在接受的"绝对是/是"应试教育的社区居民占比达到61.4%,超过一半。另外有29.1%或者说接近三分之一的居民认为"不好说",而认为孩子接受的不是应试教育或绝对不是应试教育的居民累计仅占9.5%。由此可见,对于现今孩子所接受的学校教育,江苏省不同地域和社区居民(他们大多自己的孩子正处于不同的学龄阶段)基本有一致的感受和认知,大部分被调查者表达出了相近的肯定的态度。

表12-5 孩子现阶段接受的是否为应试教育

		频数/位	有效百分比/%
有效	绝对是	144	13.6
	是	506	47.8
	不好说	308	29.1
	不是	91	8.6
	绝对不是	9	0.9
	合计	1 058	100.0

对于政府是否应该切实推进落实素质教育,1 067位有效被调查者中,38.9%的社区居民认为绝对应该推动素质教育,57.6%认为应该推动,而认为政府无所谓、不应该或绝对不应该推进素质教育的居民总计仅占3.5%。可以说,素质教育观念的推进基本已成为社区居民的共同认知,结合前一题61.4%的居民认为孩子接受的是应试教育的对比结果可见,在被调查者中超过半数的居民是希望改进现行的教育模式的。

表 12-6 政府是否应该切实推进落实素质教育

		频数/位	有效百分比/%
有效	绝对应该	415	38.9
	应该	615	57.6
	无所谓	29	2.7
	不应该	7	0.7
	绝对不应该	1	0.1
	合计	1 067	100.0

关于现行义务教育阶段的学校教育模式是否不适合孩子的个性成长的问题,超过三分之一、多达39.8%的社区居民选择了"不好说"这一选项,这是此题相较于其他教育态度和需求问题中较为突出和异常的一点。将学校教育模式与孩子的个性成长直接联系起来,提问社区居民认为现行义务教育阶段学校教育模式是否适合孩子个性成长,超过三分之一的人无法给出明确的合适或是不合适的回答,其原因可推断为,一方面,居民们可能之前并未很好地将学校教育模式与孩子个性成长与发展联系起来,未将两者关系加以考虑;另一方面,很多居民作为家长,感受到学校教育模式对孩子个性成长确实产生影响,但很难判断或不好一概而论是适合还是不适合孩子的个性发展,或是说既存在合适的方面也存在不合适的方面。而累计有26.9%的社区居民确定回答义务教育阶段的学校教育模式绝对不适合/不适合孩子个性成长,33.3%认为学校教育模式并非不适合孩子个性成长,即他们认为是适合的。

表 12-7 义务教育阶段的学校教育模式是否不适合孩子的个性成长

		频数/位	有效百分比/%
有效	绝对是	56	5.3
	是	229	21.6
	不好说	423	39.8
	不是	308	29.0
	绝对不是	46	4.3
	合计	1 062	100.0

第十二章
社区居民的新教育公平感知及需求

此题从被调查整体超过三分之一的不明确回答来看,无法确定多数被访者的认知差异,我们进而进行了交叉分析。

我们先分析不同性别的被调查者对义务教育是否不适合孩子的个性成长的看法有无差异。从交叉分析的表12-8中可知,1 053位被调查者中男性405位,占比38.5%,女性648位,占61.5%。在男性居民和女性居民中,分别有占39.8%和40%的家长选择"不好说"这一选项。

表12-8 从性别角度看对于义务教育是否不适合孩子个性成长的认识

		绝对是	是	不好说	不是	绝对不是
性别***	男性居民	26(6.4%)	104(25.7%)	161(39.8%)	95(23.4%)	19(4.7%)
	女性居民	30(4.6%)	123(19.0%)	259(40.0%)	210(32.4%)	26(4.0%)

注:***代表0.01的显著性水平,括号内为所占百分比

有所不同的是,在男性居民中,认为义务教育绝对是/是不适合孩子的个性成长的分别占6.4%和25.7%,这一比例明显高于女性居民中持否定看法的比例。在女性居民中,有32.4%的被调查者选择"不是",即认为义务教育不是不适合孩子的个性成长。而在男性居民中,选择"不是"选项的人仅占23.4%。卡方检验结果$P=0.008$,差异显著。可以说,不同性别的居民,在这一问题的认识上有明显的区别。男性居民更偏向于认为义务教育不适合孩子的个性成长,而女性居民更偏向于否定这一看法,认为义务教育模式并非不适合孩子的个性成长。一般在家庭中,母亲对于孩子的教育关注和照料较父亲多,母亲可能更时刻关注孩子的教育过程、学校教育状况和孩子学习状态及进度等,而父亲更倾向于关注孩子宏观方向性的成长发展,较少关注孩子生活和学习中的细节。面对这一问题时,女性居民(她们大多身为母亲或要做母亲)则可能更多地会结合孩子的实际受教育内容和过程来考量,由此可能导致男女居民在此题看法上出现较大差异。

关于在考上大学前,孩子应该专心学习,其他跟考试无关的事是否都不应该做的问题,合计1 071位被调查者在这个问题上给出了倾向性几乎一致的看法。高达83.3%的社区居民不认为或绝对不认为孩子上大学前应该只专心学习,不做跟考试无关的事情。也有83位(7.8%)的居民回答"不好说",95位(8.9%)居民回答"是"或"绝对是"。总体而言,超过80%的社区居民持学习、考试、升学不应该占孩子生活的全部的态度。

表 12-9　上大学前孩子应该专心学习

		频数/位	有效百分比/%
有效	绝对是	15	1.4
	是	80	7.5
	不好说	83	7.8
	不是	643	60.0
	绝对不是	250	23.3
	合计	1 071	100.0

关于"在学习过程中,孩子的开心是否比学习成绩更重要"一题的调查结果显示,1 069位有效被调查者中,累计占63.5%的社区居民认为学习过程中孩子的开心确实比成绩更重要。15.8%的居民认为,孩子的开心并不比成绩重要。另外有206位(19.3%)的居民持不确定的看法,认为"不好说"。可以说,超过半数的社区居民相比于学习成绩,还是更看中孩子开心的情绪,同时也有不少居民在两者选择中表达了不确定和犹豫的态度。

表 12-10　孩子的开心是否比学习成绩更重要

		频数/位	有效百分比/%
有效	绝对是	128	12.0
	是	551	51.5
	不好说	206	19.3
	不是	169	15.8
	绝对不是	15	1.4
	合计	1 069	100.0

在针对"学校教育是否应该以学生为本而非升学率为本"的问题中,我们从1 068位有效被调查者中得出了表12-11的调查结果。72.7%的社区居民认为学校教育绝对是或是应该以学生为本而不是以升学率为本,占比接近四分之三。另外有17.2%的居民回答"不好说",只有10.1%的居民否定了学校教育应该以学生为本而不是以升学率为本。可以说,在学校教育是应以学生为本还是以升学率为本这一问题上,大多数居民还是达成共识的。而针对中国不同阶层的学生接受教育的机会是否平等的问题,不同性别的社区居民的看法存在显著差异。

第十二章
社区居民的新教育公平感知及需求

表 12-11 学校教育是否应该以学生为本而非以升学率为本

		频数/位	有效百分比/%
有效	绝对是	174	16.3
	是	602	56.4
	不好说	184	17.2
	不是	101	9.5
	绝对不是	7	0.6
	合计	1 068	100.0

由表 12-12 的结果可见,在被调查的 1 059 位有效样本中,男性居民 409 人,女性居民 650 人,分别占总人数的 38.6% 和 61.4%。男性居民认为中国现阶段不同阶层学生受教育机会非常平等的有 18 位,占 4.4%;认为不同阶层的学生接受教育的机会非常不平等的有 71 位,占 17.4%。而女性居民认为中国不同阶层的学生接受教育机会非常不平等的只有 52 位,占 8.0%,与男性居民认知差异较大。卡方检验显示不同性别的居民对于不同阶层学生接受教育机会是否平等的看法差异显著。男性比女性对中国不同阶层教育现状更容易产生"非常不平等"的看法。换言之,女性社区居民看法相对平和,对不平等现状反应并不极端、剧烈。

表 12-12 从性别角度看对于不同阶层义务教育是否平等的认识

		非常平等	平等	一般	不平等	非常不平等
性别***	男性居民	18(4.4%)	82(20.0%)	88(21.5%)	150(36.7%)	71(17.4%)
	女性居民	22(3.4%)	177(27.2%)	161(24.8%)	238(36.6%)	52(8.0%)

注:*** 代表 0.01 的显著性水平,括号内为所占百分比

针对是否因为东部经济发达,所以就应将好的教育资源调剂给经济不发达地区的看法,交叉分析表明,不同户口状况的被调查者的看法存在显著差异。由表 12-13 可知,在 1 054 位有效被调查者中,农村户口的社区居民 340 位,城镇户口的居民 689 位,还有 25 位其他户口。农村户口的社会居民,对于资源调剂的问题,选择"不好说"的有 120 人,占比最多,达 35.3%,态度最为暧昧。而相对而言城镇户口的社区居民,选择最多的是"不是",这一比例达 41.2%,选择"绝对不是"的比例也达到了 11.9%,可以说城镇户口的社区居民,在是否理应将好的教育资源调剂给不发达地区这一问题上,很多人是持明确的反对态度的。若再对比一下认为理应将好的教育资源调剂给经

济不发达地区的选择,可知农村户口的社区居民选择此项的,在所有农村户口居民中占比 23.8%,而城镇户口只在所有城镇户口居民中占了 18.6%。可以看出虽然有较大的一部分农业户口居民态度暧昧,但总体来讲,相比城镇户口居民,前者还是支持资源调剂的。卡方检验显示两者在这一问题的态度差异显著。综上,不同户口的被调查者对于是否应将好的教育资源调剂给经济不发达地区的看法存在差异,且农村户口的居民更倾向于表达不确定的态度。由检验结果可以推测,拥有城镇户口的被调查者较农业户口被调查者往往享有更高经济条件和资源,其子女往往也享有更多更优质的教育资源,所以可能从自身角度出发,会考虑到自身利益保护的问题,多少在教育资源调剂问题上,持保守的、非积极的态度。

表 12-13 从户口角度看理应将经济发达地区好的教育资源调剂给经济不发达地区的看法和态度

			理应将好的教育资源调剂给经济不发达地区					合计
			绝对是	是	不好说	不是	绝对不是	
户口状况***	农村	计数	7	81	120	109	23	340
		百分比/%	2.1	23.8	35.3	32.1	6.7	100.0
	城镇	计数	8	128	187	284	82	689
		百分比/%	1.2	18.6	27.1	41.2	11.9	100.0
	其他	计数	1	7	6	8	3	25
		百分比/%	4.0	28.0	24.0	32.0	12.0	100.0

注:$N=1054$,*** 代表 0.01 的显著性水平

由于前面的分析得出农村户口的社区居民更倾向于表达不确定、不好说的态度,而城镇户口的居民则更倾向于认为不是理应将好的教育资源调剂给不发达地区,于是我们可以假设对于教育资源是否应按地域经济发展状况差异分配的态度,可能与社区居民的经济收入水平有关。因为从大概率来说,城镇户口居民较农村户口居民更可能有较高的经济收入。表 12-14 检验了不同经济收入水平的被调查者对教育资源按地区分配的看法是否有显著差异。结果可见,2016 年全年家庭总收入(x)在 2 万及以下的 41 位被调查者中,有高达 46.3% 的 19 位调查者表达了"不好说"的看法。年收入在"2 万<x≤5 万"这一区间的社区居民中,分别有接近三分之一的居民选择"不好说",另三分之一的居民认为不是理应将好的教育资源调剂给经济不发达地区。而随着家庭总收入的增长,越来越多占比的居民选择"不是",即不是理

第十二章
社区居民的新教育公平感知及需求

应将好的教育资源调剂给经济不发达地区,且逐渐出现更多的被调查者选择"绝对不是"的选项。从表中可见,选择"绝对不是"的社区居民家庭收入(x)在"2万<x≤5万"区间的在总体中只占 7.7%,在"5万<x≤10万"区间的在总体中也只占 7.6%,但在"10万<x≤20万"区间的在总体中占了 10.5%,在"20万<x≤30万"区间的在总体中已占了 15.9%,在"x>30万"区间的在总体中更是升到了 19%。占比明显呈递增趋势,说明越是富裕的社区居民,越是表达了较强烈的"绝对不是"理应因经济发展水平差异就将好的教育资源调剂给经济不发达地区的看法和态度。

表 12-14 从 2016 年家庭年总收入(x)看对于教育资源调剂的态度

		理应将好的教育资源调剂给经济不发达地区					合计
		绝对是	是	不好说	不是	绝对不是	
x≤2万	计数	0	10	19	9	3	41
	百分比/%	0.0	24.4	46.3	22.0	7.3	100.0
2万<x≤5万	计数	1	38	50	55	12	156
	百分比/%	0.6	24.4	32.0	35.3	7.7	100.0
5万<x≤10万	计数	8	70	94	130	25	327
	百分比/%	2.5	21.4	28.7	39.8	7.6	100.0
10万<x≤20万	计数	7	55	104	140	36	342
	百分比/%	2.1	16.1	30.4	40.9	10.5	100.0
20万<x≤30万	计数	0	28	26	41	18	113
	百分比/%	0.0	24.8	23.0	36.3	15.9	100.0
x>30万	计数	0	11	15	21	11	58
	百分比/%	0.0	19.0	25.8	36.2	19.0	100.0

注:$N=1\,037$,$P=0.024$

卡方检验得出 $P=0.024$,可知结果显著。综上,不同的经济收入水平的社区居民对教育资源按地区分配的看法存在显著差异。家庭经济收入水平越高的居民越明确不赞同将教育资源向经济不发达地区调剂,而家庭经济收入水平较低的居民则更多地表达不好说、不明确的态度。探讨其可能性原因,家庭收入水平较高的社区居民较大可能得位于经济发达地区,其子女则有更大的可能享有优质的教育资源,若按经济发展水平差异而进行教育资源调剂,则会影响到其子女本应享有的优质资源,由此导致了这部分社区居民的较为保守的态度。

三、总结与建议

本章主要展现了社区居民的新教育公平感和对新教育公平需求的考量。围绕着中国宏观的教育现状、新教育公平感知问题以及教育机会的阶层比较、教育水平的城乡差距与教育资源的分配差异等问题,我们调查了社区居民的态度和看法。调查结果告诉我们,教育在不同维度上存在着不平等的问题,许多社区居民都有共同的认知,只有极少数居民否认客观差异和不公平的存在。这种较一致的认知和看法在不同性别、不同学历或不同收入水平的社区居民中并不体现显著的差异。

涉及具体的教育资源分配看法和需求,例如是否应将好的教育资源调剂给经济不发达地区,在班级里为了帮助班上学习落后的学生,老师是否应放慢教学的进度,以及教师的责任是否体现在不让班上的任何一个孩子掉队等这类具体且切实的问题时,社区居民的看法表现出较大分歧和差异。推断这种涉及具体维度的教育资源分配看法的提问,被调查者更容易结合自己的情况、结合实际生活经验进行填答。结果表明,在教育资源的地域分配期待上,不同户口的居民、不同收入的居民的态度和看法出现较大差异。可以说在相关自身利益的考量时,资源充分拥有者和资源相对缺乏者的期待和需求会出现分歧。

在涉及人本身和体现人的差异性的教育理念和需求上,在涉及孩子的个性成长、特长发展、心情状态等方面的教育需求问题时,不同性别的社区居民出现显著差异。男性居民比女性居民更倾向于拥有明确且积极的需求和态度,由此也在一定程度上可见家庭中父亲和母亲在对待子女教育问题的理念和需求差异,这再次提醒我们,讨论教育问题,即便是学校教育问题,应该把父母的性别区别作为一个有关联的、重要的因素纳入考量范围。

涉及教育资源分配公平的问题,家庭收入水平较高的社区居民更不倾向于平均分配教育资源,而拥有城镇户口的社区居民更不同意将教育资源向经济不发达地区倾斜。我们不能简单地批判较富裕阶层的态度消极保守,维护既得利益的心理从微观层面上说"人皆有之",宏观层面上说是涉及社会结构的调整和社会观念的进步,有其问题的复杂性,需要我们更深入更全面地展开研究和讨论。

第十三章
社区发展怎样促进新教育公平意识

到底是哪些因素影响人们的新教育公平观？此问题是透析新教育公平的核心所在。本章基于SPSS对调查数据的分析结果，以新教育公平观为因变量，采用相关分析、单因素方差分析、多元线性回归等分析方法，探析新教育公平观的影响因素，以期提出促进新教育公平的对策建议。

一、变量测量及处理

（一）概念操作化

根据前期的探索性描述分析，我们将新教育公平观这一概念和其潜在影响因子进行了操作化处理。

1. 新教育公平观

本调研报告前述部分已对社区居民的新教育公平观和新教育公平需求进行了详细的描述性分析，因此，本章将对新教育公平观的考察，归纳为居民对教育现状的认知和居民自身的换位思考能力两个方面，其中对教育现状的认知进一步操作化为对中国目前教育公平程度的认知、对中国目前义务教育阶段学校教育的认知以及对学校老师在教育公平中应承担责任的认知。

2. 新教育公平观的影响因素

本调研报告聚焦社区和人两个方面来思考新教育公平观的影响因子，而我们前面已对个体的人口学特征（性别、年龄、学历、职业、收入、户籍等方面）与新教育公平观的相关关系进行了分析，因此本章主要将新教育公平观的影响因素圈定在社区发展水平和居民在社区中的互动这两个概念上。根据本调研报告概念的操作化，提出了研究假设。

(二)研究假设

主要研究假设如下：

假设1：社区的硬件水平对居民的新教育公平观存在影响。

在假设1之下，我们将硬件设施水平操作化为社区交通便利程度、医疗便利程度、购物便利程度、环境卫生、教育配置、治安状况、配套设施七个方面。新教育公平观操作化为对教育现状的认知和换位思考能力两个方面。由此得到以下十四个子假设。

（1）对社区出行便利程度满意度不同的居民在对教育现状的认知上有显著差异。对社区出行便利越满意的居民对教育现状的认知越乐观。

（2）对社区出行便利程度满意度不同的居民在换位思考能力上有显著差异。对社区出行便利越满意的居民换位思考能力越高。

（3）对社区附近就医问诊便利程度满意度不同的居民在对教育现状的认知上有显著差异。对社区附近就医问诊便利越满意的居民对教育现状的认知越乐观。

（4）对社区附近就医问诊便利程度满意度不同的居民在换位思考能力上有显著差异。对社区附近就医问诊便利越满意的居民换位思考能力越高。

（5）对社区附近购物便利程度满意度不同的居民在对教育现状的认知上有显著差异。对社区附近购物便利越满意的居民对教育现状的认知越乐观。

（6）对社区附近购物便利程度满意度不同的居民在换位思考能力上有显著差异。对社区附近购物便利越满意的居民换位思考能力越高。

（7）对社区环境卫生满意度不同的居民在对教育现状的认知上有显著差异。对社区环境卫生越满意的居民对教育现状的认知越乐观。

（8）对社区环境卫生满意度不同的居民在换位思考能力上有显著差异。对社区环境卫生越满意的居民换位思考能力越高。

（9）对社区教育配置满意度不同的居民在对教育现状的认知上有显著差异。对社区教育配置越满意的居民对教育现状的认知越乐观。

（10）对社区教育配置满意度不同的居民在换位思考能力上有显著差异。对社区教育配置越满意的居民换位思考能力越高。

第十三章
社区发展怎样促进新教育公平意识

（11）对社区治安状况满意度不同的居民在对教育现状的认知上有显著差异。对社区治安状况越满意的居民对教育现状的认知越乐观。

（12）对社区治安状况满意度不同的居民在换位思考能力上有显著差异。对社区治安状况越满意的居民换位思考能力越高。

（13）对社区配套设施满意度不同的居民在对教育现状的认知上有显著差异。对社区配套设施越满意的居民对教育现状的认知越乐观。

（14）对社区配套设施满意度不同的居民在换位思考能力上有显著差异。对社区配套设施越满意的居民换位思考能力越高。

假设2：社区的软件水平对居民的新教育公平观存在影响。

在假设2之下，我们将软件设施水平操作化为社区管理水平和邻里关系两个方面，其中社区管理水平操作化为居民对社区管理状况的满意度和社区活动举办频数两个层面。新教育公平观操作化为对教育现状的认知和换位思考能力两个方面。由此得到以下六个子假设。

（1）对社区管理状况满意度不同的居民在对教育现状的认知上有显著差异。对社区管理状况越满意的居民对教育现状的认知越乐观。

（2）对社区管理状况满意度不同的居民在换位思考能力上有显著差异。对社区管理状况越满意的居民换位思考能力越高。

（3）活动举办频数不同的社区，其居民在对教育现状的认知上有显著差异。社区活动举办频数越高的，社区居民对教育现状的认知越乐观。

（4）活动举办频数不同的社区，其居民在换位思考能力上有显著差异。社区活动举办频数越高的，社区居民换位思考能力越高。

（5）邻里关系不同的社区，其居民在对教育现状的认知上有显著差异。邻里关系越好的社区，其居民对教育现状的认知越乐观。

（6）邻里关系不同的社区，其居民在换位思考能力上有显著差异。邻里关系越好的社区，居民换位思考能力越高。

假设3：居民自身在社区中的参与度对居民的新教育公平观存在影响。

在假设3之下，我们将居民在社区中的参与度操作化为居民参与社区管理的积极性和水平，居民参与社区活动的积极性两个方面。新教育公平观操作化为对教育现状的认知和换位思考能力两个方面。由此得到以下四个子假设。

（1）参与社区管理积极性不同的居民在对教育现状的认知上有显著差

异。参与社区管理积极性越高的居民对教育现状的认知越乐观。

(2) 参与社区管理积极性不同的居民在换位思考能力上有显著差异。参与社区管理积极性越高的居民换位思考能力越高。

(3) 参与社区活动积极性不同的居民在对教育现状的认知上有显著差异。参与社区活动积极性越高的居民对教育现状的认知越乐观。

(4) 参与社区活动积极性不同的居民在换位思考能力上有显著差异。参与社区活动积极性越高的居民换位思考能力越高。

(三) 变量处理

1. 因变量

本研究的因变量有四个：居民对中国目前教育公平程度的认知、居民对中国目前义务教育阶段学校教育的认知、居民对学校老师在教育公平中应承担的责任的认知、居民自身的换位思考能力。其中C部分的换位思考能力相关11题（问卷题目编号为a—i,k,l）将正负向取值调整一致后通过计算变量中的平均数函数生成新变量"换位思考能力评分"，即为第四个因变量，四个因变量均为定距变量。具体因变量含义见表13-1。

表13-1 因变量含义及其测量

变量属性	变量名称	变量含义	变量层次	变量值标签	对应问卷题目编号
因变量	Y_1	换位思考能力	定距变量	1分为最低分……5分为最高分	C1
	Y_2	教育公平感	定距变量	1=非常不公平……5=非常公平	B3
	Y_3	对学校教育模式的认知	定距变量	1=绝对不适合孩子个性成长……5=绝对适合孩子	B6
	Y_4	对老师教学方式的认知	定距变量	1=绝对不重要……5=绝对重要	B14

2. 自变量

本研究的自变量主要有三类：社区的硬件水平、社区的软件水平、居民在社区中的参与度。硬件水平包含房价、社区交通便利程度、医疗便利程度、购物便利程度、环境卫生、教育配置、治安状况、配套设施8个方面；软件水平包

含社区管理水平和邻里关系两个方面;居民在社区中的参与度包含居民参与社区管理的积极性和水平和居民参与社区活动的积极性两个方面。

具体自变量含义见表13-2。

表13-2 自变量含义及其测量

变量名称	变量含义	变量层次	变量值标签	对应问卷题目编号
X_1	房价	定比变量		A6
X_2	交通便利程度	定距变量	1=非常不满意……5=非常满意	A14.a
X_3	医疗便利程度	定距变量	1=非常不满意……5=非常满意	A14.b
X_4	基本购物需求满足程度	定距变量	1=非常不满意……5=非常满意	A14.c
X_5	更多消费需求满足程度	定距变量	1=非常不满意……5=非常满意	A14.d
X_6	环境卫生状况	定距变量	1=非常不满意……5=非常满意	A14.e
X_7	教育配置状况	定距变量	1=非常不满意……5=非常满意	A14.f
X_8	治安状况	定距变量	1=非常不满意……5=非常满意	A14.g
X_9	配套设施状况	定距变量	1=非常不满意……5=非常满意	A14.h
X_{10}	总体邻里关系	定距变量	1=非常好……5=非常不好	A8
X_{11}	社区总体管理水平	定距变量	1=非常不满意……5=非常满意	A14.i
X_{12}	管理服务的可获得性	定距变量	1=非常容易……5=非常不容易	A15
X_{13}	管理服务的及时性	定距变量	1=非常及时……5=非常不及时	A16
X_{14}	管理服务的创新性	定距变量	1=创新性非常高……5=没有创新	A17
X_{15}	对社区管理的信心指数	定距变量	1=非常有信心……5=没有信心	A18
X_{16}	政治类活动举办频数	定距变量	1=过去一年内没有举行过……5=非常频繁	A22.a
X_{17}	教育类活动举办频数	定距变量	1=过去一年内没有举行过……5=非常频繁	A22.b
X_{18}	文化类活动举办频数	定距变量	1=过去一年内没有举行过……5=非常频繁	A22.c
X_{19}	体育类活动举办频数	定距变量	1=过去一年内没有举行过……5=非常频繁	A22.d

续 表

变量名称	变量含义	变量层次	变量值标签	对应问卷题目编号
X_{20}	休闲娱乐类活动举办频数	定距变量	1＝过去一年内没有举行过……5＝非常频繁	A22.e
X_{21}	志愿服务类活动举办频数	定距变量	1＝过去一年内没有举行过……5＝非常频繁	A22.f
X_{22}	是否参与过社区重大决策	定类变量	1＝参与过……2＝没参与过	A19
X_{23}	政治类活动参与程度	定距变量	1＝几乎不参与……3＝经常参与	A23.a
X_{24}	教育类活动参与程度	定距变量	1＝几乎不参与……3＝经常参与	A23.b
X_{25}	文化类活动参与程度	定距变量	1＝几乎不参与……3＝经常参与	A23.c
X_{26}	体育类活动参与程度	定距变量	1＝几乎不参与……3＝经常参与	A23.d
X_{27}	休闲娱乐类活动参与程度	定距变量	1＝几乎不参与……3＝经常参与	A23.e
X_{28}	志愿服务类活动参与程度	定距变量	1＝几乎不参与……3＝经常参与	A23.f

二、社区发展水平与新教育公平观

（一）新教育公平观的影响因素

由表 13-2 可知，除自变量 X_{22} 外其他自变量以及因变量均为定距变量，因此可做双变量相关分析以探析社区发展水平和居民在社区中的互动与该社区居民新教育公平观的相关关系。

1. 社区硬件水平与新教育公平观相关分析

社区硬件水平相关因素中，Y_1（换位思考能力）与 X_2（交通便利程度）、X_3（医疗便利程度）、X_4（基本购物需求满足程度）、X_5（更多消费需求满足程度）、

X_8(治安状况)均呈正相关,与社区其他硬件水平因素无显著相关性。即社区的交通、医疗、购物、治安四个方面水平越高,该社区居民的换位思考能力越高。

Y_2(教育公平感)与 X_1(房价)呈负相关,与 X_3(医疗便利度)、X_6(环境卫生状况)、X_7(教育配置状况)、X_8(治安状况)、X_9(配套设施状况)均呈正相关,与社区其他硬件水平因素无显著相关。即社区房价越高,该社区居民越倾向于认为中国目前的教育资源分配不公平;社区的医疗、环境、教育、治安水平越高,配套设施越完善,该社区居民越倾向于认为中国目前的教育资源分配公平。对教育资源分配是否公平的感知与房价及其他社区硬件水平呈现相反的相关趋势正说明了:高房价等因素给个体带来生活压力,让个体认识到社会资源分配的残酷,因此更容易对目前教育资源分配公平程度抱负面态度,但社区共同体在硬件水平上的提升有助于提升个体的生存幸福感,缓解个体在教育资源争夺上的焦虑,缓解个体对中国目前教育资源分配公平程度的消极情绪。

Y_3(对学校教育模式的认知)与 X_7(教育配置状况)呈正相关,与社区其他硬件水平因素无显著相关。即社区教育配置越完善,该社区居民越倾向于认为目前的学校教育模式适合孩子的个性成长,因社区教育配置的完善意味着社区附近学校系统教育的完善,而完善的学校系统局限了居民对教育的想象,降低了居民挑战质疑现有学校模式的可能性。

Y_4(对老师教学方式的认知)与 X_5(更多消费需求满足程度)、X_8(治安状况)均呈正相关,与社区其他硬件水平因素无显著相关。即社区的购物、治安水平越高,该社区居民越倾向于认为在学校教育中老师充分尊重孩子的差异很重要。

表 13-3 社区硬件水平与新教育公平观双变量相关分析

		Y_1	Y_2	Y_3	Y_4
房价	Pearson 相关性	0.051	−0.071	−0.033	−0.001
	显著性(双侧)	0.118	0.032	0.320	0.985
	N	924	920	913	921
出行便利程度	Pearson 相关性	0.111	0.047	0.006	0.023
	显著性(双侧)	0.000	0.127	0.844	0.456
	N	1 070	1 067	1 060	1 069

续 表

		Y_1	Y_2	Y_3	Y_4
医疗便利程度	Pearson 相关性	0.132	0.111	−0.005	0.044
	显著性（双侧）	0.000	0.000	0.869	0.150
	N	1 070	1 067	1 060	1 069
基本购物需求满足程度	Pearson 相关性	0.163	0.054	0.009	0.018
	显著性（双侧）	0.000	0.079	0.773	0.557
	N	1 063	1 060	1 053	1 062
更多消费需求满足程度	Pearson 相关性	0.097	0.03	−0.048	0.076
	显著性（双侧）	0.002	0.322	0.118	0.013
	N	1 067	1 064	1 057	1 066
环境卫生状况	Pearson 相关性	0.056	0.201	0.056	0.01
	显著性（双侧）	0.067	0.000	0.071	0.756
	N	1 070	1 067	1 060	1 069
教育配置状况	Pearson 相关性	0.059	0.156	0.07	−0.006
	显著性（双侧）	0.055	0.000	0.023	0.853
	N	1 069	1 066	1 059	1 068
治安状况	Pearson 相关性	0.1	0.176	−0.014	0.063
	显著性（双侧）	0.001	0.000	0.653	0.043
	N	1 038	1 035	1 029	1 037
配套设施状况	Pearson 相关性	0.005	0.235	0.059	−0.011
	显著性（双侧）	0.878	0.000	0.055	0.724
	N	1 070	1 067	1 060	1 069

2. 社区软件水平与新教育公平观相关分析

社区软件水平相关因素中，Y_1（换位思考能力）与X_{10}（总体邻里关系）、X_{12}（管理服务的可获得性）、X_{13}（管理服务的及时性）、X_{15}（对社区管理的信心指数）均呈负相关，与社区其他软件水平因素无显著相关。即随着社区管理的完善，居民的换位思考能力越高，因此，完善社区管理服务对提升居民换位思考能力、促进新教育公平意义重大。

第十三章
社区发展怎样促进新教育公平意识

表13-4-1 社区软件水平与新教育公平观双变量相关分析

		Y_1	Y_2	Y_3	Y_4
总体邻里关系	Pearson 相关性	−0.092	−0.149	−0.094	−0.019
	显著性(双侧)	0.003	0.000	0.002	0.545
	N	1 069	1 066	1 059	1 068
社区总体管理水平	Pearson 相关性	0.024	0.264	0.046	−0.001
	显著性(双侧)	0.447	0.000	0.142	0.985
	N	1 048	1 045	1 038	1 047
管理服务的可获得性	Pearson 相关性	−0.108	−0.242	−0.047	−0.021
	显著性(双侧)	0.000	0.000	0.129	0.495
	N	1 069	1 066	1 059	1 068
管理服务的及时性	Pearson 相关性	−0.097	−0.24	−0.024	−0.021
	显著性(双侧)	0.001	0.000	0.439	0.502
	N	1 069	1 066	1 059	1 068
管理服务的创新性	Pearson 相关性	−0.021	−0.193	0.002	−0.033
	显著性(双侧)	0.501	0.000	0.950	0.285
	N	1 067	1 064	1 057	1 066

Y_2(教育公平感)与社区软件水平变量均呈相关关系,除与 X_{10}(总体邻里关系)、X_{12}(管理服务的可获得性)、X_{13}(管理服务的及时性)、X_{14}(社区管理的创新性)、X_{15}(对社区管理的信心指数)呈负相关外,与其他变量均呈正相关,与社区其他软件水平因素无显著相关。即社区邻里关系越好,社区管理越完善,社区活动举办越频繁,居民越倾向于对中国目前教育资源分配的公平问题持乐观态度,倾向于认为中国目前的教育资源分配公平。

Y_3(对学校教育模式的认知)与 X_{10}(总体邻里关系)、X_{15}(对社区管理的信心指数)呈负相关,与 X_{16}(政治类活动举办频数)呈正相关,与社区其他软件水平因素无显著相关。即总体邻里关系越好、对社区管理信心指数越高、社区里经常举办政治类活动的社区,其居民越倾向于认为目前的学校教育模式是适合孩子个性成长的。对此可能的解释是:目前的学校教育模式是教育的主流,邻里关系好的居民一般不易挑战既有社会规范(即所谓"合群");而对社区管理持乐观态度的居民心态一般偏向正能量,不易对现状提出不满;同时政治类活动举办频繁的社区的政治动员能力强,社区居民不易产生负面情绪。因此,若想改变个体对现有教育模式的固有思维,推进新型教育模式,除了在物质层面上推出新型教育模式(即打破学校教育一统天下的局面),利用社会舆论、朋辈关系在精神层面改变个体认知也至关重要。

表13-4-2　社区软件水平与新教育公平观双变量相关分析

		Y_1	Y_2	Y_3	Y_4
对社区管理的信心指数	Pearson 相关性	-0.078	-0.316	-0.089	-0.001
	显著性(双侧)	0.011	0.000	0.004	0.966
	N	1 070	1 067	1 060	1 069
政治类活动举办频数	Pearson 相关性	0.024	0.183	0.063	-0.001
	显著性(双侧)	0.446	0.000	0.044	0.971
	N	1 041	1 038	1 031	1 040
教育类活动举办频数	Pearson 相关性	0.033	0.157	0.036	0.002
	显著性(双侧)	0.295	0.000	0.250	0.937
	N	1 038	1 036	1 029	1 038
文化类活动举办频数	Pearson 相关性	-0.004	0.11	-0.032	-0.02
	显著性(双侧)	0.897	0.000	0.311	0.529
	N	1 042	1 039	1 032	1 041
体育类活动举办频数	Pearson 相关性	-0.034	0.193	0.042	-0.051
	显著性(双侧)	0.273	0.000	0.182	0.098
	N	1 035	1 032	1 025	1 034
休闲娱乐类活动举办频数	Pearson 相关性	-0.01	0.118	-0.036	-0.025
	显著性(双侧)	0.745	0.000	0.245	0.426
	N	1 036	1 033	1 026	1 035
志愿服务类活动举办频数	Pearson 相关性	0.031	0.162	0.024	-0.042
	显著性(双侧)	0.321	0.000	0.435	0.179
	N	1 042	1 039	1 032	1 041

第十三章 社区发展怎样促进新教育公平意识

Y_4(对老师教学方式的认知)与社区软件水平相关变量均无显著相关,而样本量不足、被访者无法准确理解此题均可能造成数据偏差,因此无法断言Y_4(对老师教学方式的认知)与社区软件水平毫不相关。

3. 居民在社区中参与度与新教育公平观相关分析

居民在社区中参与度相关因素中,参与社区活动程度的相关变量为定距变量,可与因变量做相关分析,而在社区重大事务中的参与度这一变量为定类变量,可做单因素方差分析来推断参与过和没参与过社区重大事务决策所代表的各总体均数是否相等,以验证参与社区决策是否会对因变量产生显著影响。

表13-5 居民参与社区活动积极性与新教育公平观双变量相关分析

		Y_1	Y_2	Y_3	Y_4
政治类活动参与度	Pearson 相关性	0.029	0.164	0.069	0.033
	显著性(双侧)	0.362	0.000	0.032	0.305
	N	970	967	961	969
教育类活动参与度	Pearson 相关性	0.022	0.16	0.046	0.003
	显著性(双侧)	0.496	0.000	0.156	0.928
	N	963	960	954	962
文化类活动参与度	Pearson 相关性	0.012	0.14	0.015	−0.024
	显著性(双侧)	0.702	0.000	0.645	0.461
	N	959	956	950	958
体育类活动参与度	Pearson 相关性	0.002	0.197	0.038	−0.043
	显著性(双侧)	0.941	0.000	0.236	0.181
	N	958	955	949	957
休闲娱乐类活动参与度	Pearson 相关性	−0.022	0.177	0.004	−0.033
	显著性(双侧)	0.488	0.000	0.897	0.302
	N	959	956	950	958
志愿服务类活动参与度	Pearson 相关性	0.037	0.215	0.073	−0.041
	显著性(双侧)	0.252	0.000	0.024	0.204
	N	963	960	954	962

表 13-6 居民参与社区决策程度与新教育公平观单因素方差分析

		平方和	df	均方	F	显著性
Y_1	组间	1.179	1	1.179	8.519	0.004
	组内	147.955	1 069	0.138		
	总数	149.134	1070			
Y_2	组间	5.943	1	5.943	6.705	0.001
	组内	944.93	1 066	0.886		
	总数	950.873	1 067			
Y_3	组间	0.445	1	0.445	0.502	0.479
	组内	937.493	1 059	0.885		
	总数	937.938	1 060			
Y_4	组间	5.226	1	5.226	8.16	0.004
	组内	683.971	1 068	0.64		
	总数	689.197	1 069			

经分析可知,参与社区活动程度的相关变量主要对 Y_2(教育公平感)起正向作用,即参与社区活动越积极的居民对中国目前教育资源分配公平问题的态度越积极。此外政治类活动参与度和志愿服务类活动参与度均与学校教育模式认知呈正相关,即政治类活动参与度和志愿服务类活动参与度越高的居民越倾向于认为目前的学校教育模式是适合孩子个性成长的,这一分析结果与上文分析吻合,即政治力量和朋辈力量对个体思维的影响甚为重大。同时居民对社区重大事务的参与度与 Y_1(换位思考能力)、Y_2(教育公平感)、Y_4(对老师教学方式的认知)相关(见表 13-6),积极地参与社区事务有助于促进居民的新教育公平观,此结论也与上文分析互相验证。

(二)新教育公平观的回归模型

上文详细分析了新教育公平观的影响因素,但双变量相关分析无法回答自变量之间的相关性问题,同时由于自变量多为定距变量,因此本部分尝试进行多元线性回归分析,同时做共线性诊断。

第十三章
社区发展怎样促进新教育公平意识

将自变量一起纳入多元线性回归后得到回归方程显著性检验的概率均为0,小于显著性水平0.05,则认为系数不同时为0,被解释变量与解释变量全体的线性关系是显著的,可建立线性方程。但由系数表可知,观察回归系数显著性检验中的概率值,非所有自变量的显著性水平均小于0.05,而这些变量保留在方程中是不正确的,所以该模型不可用,需要重新建模。重新建模采用"向后筛选"方法,依次剔除变量,VIF 均小于2,得到以下四个方程模型。

1. 换位思考能力模型

表13-7 换位思考能力模型回归系数

模型	非标准化系数		标准系数	t	Sig.	共线性统计量	
	B	标准误差	试用版			容差	VIF
(常量)	3.368	0.097		34.556	0		
X_1(房价)	6.16×10^{-6}	0	0.079	2.182	0.029	0.983	1.017
X_4(基本购物需求满足程度)	0.07	0.016	0.16	4.26	0	0.9	1.111
X_9(配套设施状况)	−0.044	0.015	−0.12	−2.867	0.004	0.729	1.371
X_{12}(管理服务的可获得性)	−0.058	0.016	−0.149	−3.735	0	0.801	1.248
X_{19}(体育类活动举办频数)	−0.023	0.013	−0.065	−1.719	0.086	0.895	1.118

换位思考能力回归模型为:

$$Y_1 = 3.368 + 0.079X_1 + 0.16X_4 - 0.12X_9 - 0.149X_{12} - 0.065X_{19}$$

对换位思考能力影响力由大到小的自变量分别为:基本购物需求满足度、管理服务的可获得性、配套设施状况、房价、体育类活动举办频数。

2. 教育公平感模型

表13-8 教育公平感模型回归系数

模型	非标准化系数		标准系数	t	Sig.	共线性统计量	
	B	标准误差	试用版			容差	VIF
(常量)	2.748	0.274		10.023	0		
X_1(房价)	-1.95×10^{-5}	0	−0.098	−2.869	0.004	0.976	1.024

续　表

模型	非标准化系数		标准系数	t	Sig.	共线性统计量	
	B	标准误差	试用版			容差	VIF
X_4（基本购物需求满足程度）	0.097	0.048	0.088	2.034	0.042	0.609	1.641
X_5（更多消费需求满足程度）	−0.155	0.044	−0.158	−3.564	0	0.581	1.723
X_{11}（社区总体管理水平）	0.152	0.042	0.159	3.582	0	0.574	1.742
X_{15}（对社区管理的信心指数）	−0.207	0.041	−0.219	−5.045	0	0.6	1.666
X_{16}（政治类活动举办频数）	0.087	0.05	0.07	1.727	0.085	0.69	1.449
X_{19}（体育类活动举办频数）	0.066	0.039	0.072	1.664	0.096	0.611	1.636
X_{20}（休闲娱乐类活动举办频数）	0.156	0.054	−0.123	−2.863	0.004	0.61	1.641
X_{28}（志愿服务类活动参与程度）	0.185	0.064	0.112	2.878	0.004	0.749	1.335

教育公平感回归模型为：

$$Y_2 = 2.748 - 0.098X_1 + 0.088X_4 - 0.158X_5 + 0.159X_{11} - 0.219X_{15} + 0.07X_{16} + 0.072X_{19} - 0.123X_{20} + 0.112X_{28}$$

对教育公平感影响力由大到小的自变量分别为：对社区管理的信心指数、社区总体管理水平、更多消费需求满足程度、休闲娱乐类活动举办频数、志愿服务类活动参与程度、房价、基本购物需求满足程度、体育类活动举办频数、政治类活动举办频数。

3. 对学校教育模式认知的模型

对学校教育模式的认知影响力由大到小的自变量分别为：文化类活动参与度、更多消费需求满足程度、管理服务的创新性、对社区管理的信心指数、文化类活动举办频数、志愿服务类活动参与程度、政治类活动举办频数、总体邻里关系、体育类活动举办频数。

从表13-9得知，对学校教育模式认知的回归模型为：

第十三章
社区发展怎样促进新教育公平意识

$Y_3 = 3.59 - 0.106X_5 - 0.08X_{10} + 0.106X_{14} - 0.104X_{15} + 0.081X_{16} - 0.101X_{18} + 0.077X_{19} - 0.12X_{25} + 0.096X_{28}$

表 13-9 对学校教育模式认知的模型回归系数

模型	非标准化系数		标准系数	t	Sig.	共线性统计量	
	B	标准误差	试用版			容差	VIF
(常量)	3.59	0.252		14.231	0		
X_5（更多消费需求满足程度）	-0.102	0.036	-0.106	-2.853	0.004	0.944	1.06
X_{10}（总体邻里关系）	-0.105	0.049	-0.08	-2.131	0.033	0.916	1.092
X_{14}（管理服务的创新性）	0.082	0.037	0.106	2.222	0.027	0.571	1.75
X_{15}（对社区管理的信心指数）	-0.096	0.047	-0.104	-2.061	0.04	0.513	1.948
X_{16}（政治类活动举办频数）	0.099	0.054	0.081	1.848	0.065	0.677	1.478
X_{18}（文化类活动举办频数）	-0.102	0.051	-0.101	-2.002	0.046	0.518	1.932
X_{19}（体育类活动举办频数）	0.069	0.041	0.077	1.677	0.094	0.612	1.633
X_{25}（文化类活动参与程度）	-0.209	0.09	-0.12	-2.33	0.02	0.492	2.034
X_{28}（志愿服务类活动参与程度）	0.155	0.079	0.096	1.954	0.051	0.542	1.846

4. 对老师教学方式认知的模型

表 13-10 对老师教学方式认知的模型回归系数

模型	非标准化系数		标准系数	t	Sig.	共线性统计量	
	B	标准误差	试用版			容差	VIF
(常量)	3.606	0.161		22.377	0		
X_4（基本购物需求满足程度）	-0.087	0.042	-0.096	-2.049	0.041	0.594	1.683
X_5（更多消费需求满足程度）	0.137	0.04	0.17	3.467	0.001	0.542	1.844

续 表

模型	非标准化系数		标准系数	t	Sig.	共线性统计量	
	B	标准误差	试用版			容差	VIF
X_7（教育配置状况）	−0.081	0.039	−0.095	−2.078	0.038	0.628	1.592
X_8（治安状况）	0.064	0.039	0.075	1.663	0.097	0.651	1.536
X_{23}（政治类活动参与程度）	0.147	0.061	0.1	2.402	0.017	0.749	1.335
X_{28}（志愿服务类活动参与程度）	−0.111	0.057	−0.082	−1.945	0.052	0.735	1.36

对老师教学方式认知的回归模型为：

$$Y_4 = 3.606 - 0.096X_4 + 0.17X_5 - 0.095X_7 + 0.075X_8 + 0.1X_{23} - 0.082X_{28}$$

对老师教学方式认知影响力由大到小的自变量分别为：更多消费需求满足程度、政治类活动参与程度、基本购物需求满足程度、教育配置状况、志愿服务类活动参与程度、治安状况。

三、总结与建议

本章的核心问题在于：哪些因素影响了新教育公平观？厘清了这一点才能回答如何促进新教育公平这一目标问题。"所谓公平感，是指人对公平现象的判断和伴随着这种判断产生一定的情绪体验，并且直接影响到人的行为。"① 必须注意的是：教育公平不仅有客观标准，还包括主体的价值判断与情绪体验，② 通俗而言，教育公平最终要回答两个基本问题：一是事实判断层面，即公平的现状如何？二是价值判断层面，即公平的感觉怎样？作为事实判断，教育公平描述反映的是社会和教育领域中各种教育不公平的现象和事

---

① 吕晓俊. 社会公平感形成的心理机制研究述评[J]. 河南师范大学学报(哲学社会科学版)，2010(3).
② 陈彬. 论中国高等教育公平的价值追求与政策决策[J]. 华中师范大学学报(人文社会科学版)，2003(2).

第十三章
社区发展怎样促进新教育公平意识

实,具有客观性的基本特点,已有大量学者对此问题进行深入研究;作为价值判断,它体现了人们一种主观感受和认识,即公平感,包含了人们在不同的思想观念和评价标准的基础上形成的对教育公平的看法,因而也具有主观性的特点,而这一点往往被忽略。① 因此,新教育公平观旨在实现以"人"为核心评估域的视角转换,从注重教育公平的外延到关注教育公平的内涵,②实质性的教育公平就要求教育要适合每一个不同的人,即关注个体间差异以及个体感知的教育公平。因此,新教育公平的核心在于"人",在于"互动",社区共同体作为人际互动的关键单位,是研究新教育公平观的关键之处,所以新教育公平观的影响因素主要落脚在"人"和"社区"两个方面。我们的调研报告,前面已经对个体的人口学特征与新教育公平观的相关关系进行了分析,因此本章节主要将新教育公平观的影响因素圈定在发展水平和居民在社区中的互动这两个概念上。数据分析结果表明:

第一,个体的换位思考能力受社区的交通、医疗、购物、治安等硬件水平以及邻里关系、管理服务的可获得性、及时性等社区软件水平的影响甚深,社区的硬件设施越完善、服务水平越高、人际关系越和谐,居民的换位思考能力越高。因此,当社区硬件设施的完善难以一蹴而就时,完善社区管理服务、增进社区邻里关系对提升居民换位思考能力、促进新教育公平的意义就尤为重要。

第二,个体的教育公平感与房价,社区的医疗、环境、教育、治安等硬件水平以及邻里关系、管理服务等软件水平相关,当诸如房价等外界因素给个体带来生活压力时,社区共同体在硬件和软件水平上的提升有助于提升个体的生存幸福感,缓解个体在教育资源争夺上的焦虑,缓解个体对中国目前教育资源分配公平程度的消极情绪。

第三,较为意外的是,居民对中国目前教育资源分配是否公平的认知与社区教育配置状况、邻里关系、对社区管理的信心指数以及社区中举办政治类活动的频数呈负相关趋势,即拥有越完善的学校配置,邻里关系越和谐,发展越乐观,政治类活动举办越频繁的社区居民越倾向于认为目前的学校教育模式是适合孩子个性成长的,从而越不易挑战现有教育模式。由此可见,成熟完善的学校教育模式局限了居民对教育的想象,降低了居民挑战质疑现有

---

① 谢维和,等. 中国的教育公平与教育发展(1990—2005)[M]. 北京:教育科学出版社,2008.
② 程天君. 新教育公平引论——基于我国教育公平模式变迁的思考[J]. 教育发展研究,2017(2).

学校模式的可能性,而社区的人际关系、自上而下的社区管理模式强化了学校教育模式一统教育的现状,因此,若想改变个体对现有教育模式的固有思维,推进新型教育模式,除了在物质层面上推出新型教育模式(即打破学校教育一统天下的局面),利用社会舆论、朋辈关系在精神层面改变个体认知也至关重要。

第四,居民在老师充分尊重孩子是否重要这一问题上显得有些犹疑不定,社区硬件水平中只有基本购物需求满足程度和治安状况两个因素与之呈正相关,软件水平相关因素与之均无显著相关。这是由于有72%的被访者认为老师尊重学生是很重要或非常重要的,此观念已成为大多被访者的共识,因此在各自变量上无显著差异。

综上所述,不管是硬件方面还是软件方面,社区的发展对促进新教育公平的发展有着至关重要的作用,今后有必要进一步探索社区发展的路径分析,尝试提出可行的策略来推动社区发展,促进社区内人与人之间的平等互动,提升居民对社区的信任度,增进情感交流,增强邻里间关系的信任和亲密程度,从而切实地促进新教育公平。

第十四章
新教育公平意识怎样促进社区发展

通过前文的阐述可知新教育公平更加注重个体的生命体验、生活感受以及意义赋予等问题,而社区作为人的基本生活场所,与家庭、学校的关系密不可分。本章基于 SPSS 对问卷数据的分析,通过描述分析、相关分析、线性回归等探索新教育公平意识如何促进社区发展,从而为新教育公平意识的提升和开发提供社区层面的依据,为建设和谐社区出谋划策。

一、变量测量及处理

(一)概念操作化

1. 新教育公平意识

本调研报告前述部分已多次阐述何为新教育公平观,多从目前教育的平等感知方面、对目前教育现状的认知以及换位思考能力的具备等几个维度来测量新教育公平意识。本章在结合前文的基础上,采用附录社区问卷 B 部分的相关问题和 C 部分的量表,将教育感知和换位思考能力作为测量新教育公平意识的两个维度。

2. 社区发展

社区作为人们日常生活和休憩的场所,社区的发展关乎人们的生活质量。筹谋社区发展的同时,首先会把社区的软件水平和硬件水平纳入思考范畴。本调研报告前文已多处详细阐述何为社区的软件和硬件水平,此处不一一赘述。在讨论社区发展变量时,考虑到社区的硬件水平多受房价和住房类型外在固定变量影响,且较少涉及意识和思维层面,因此本章仅以社区的软件水平(邻里关系、社区管理)作为测量社区发展的两个维度。

(二) 变量处理

本章调研报告主要以新教育公平意识为自变量,社区发展为因变量。其中自变量和因变量都包含几个维度,具体指标如表14-1所示。

表14-1 测量指标

自变量(新教育公平意识)	因变量(社区发展)
教育感知	邻里关系
换位思考能力	社区管理

1. 自变量的测量

将新教育公平意识作为自变量,主要涉及两个指标:教育感知和换位思考能力。参考"教育公平与社区发展"问卷B部分,结合前文分析对问卷B部分教育感知进行筛选,其中教育感知主要包括三个方面:家长对中国目前阶段学校教育能否促进学生的全面发展的认知(问卷对应题目编号为B6)、家长对子女学习成绩的看法(问卷对应题目编号为B11)、家长对升学率的看法(问卷对应题目编号为B12)。此处需要说明的是,选取这三个方面是主要考虑到目前教育模式为应试教育,应试教育是以"应试"为中心,以争"高分""升学"为目的的一种教育模式,它着眼于单纯帮助有希望升学的学生升学,而不是致力于帮助全体学生整体素质的提高。因此我们斟酌再三,最终选取了"应试""高分""升学"三个方面。

关于换位思考能力的测量,在"教育公平与社区发展"问卷C部分采用的是在Davis编制的共情量表基础上开发的换位思考能力量表。该量表一共涉及14项指标(详细情况前文已阐述,此处不再展开)。将C自我认知中C1部分的换位思考能力相关14题(问卷题目编号为a—n)进行变量的计算,将正负向取值调整一致后通过计算平均函数生成新变量"换位思考能力评分",即为第四个自变量。因此,综上所述,为更加清晰直观地观察变量,我们将自变量及其各项指标以表格的形式呈现出来,具体自变量含义如表14-2所示。

表 14-2　自变量含义及其测量

变量名称	变量含义	变量层次	变量值标签	对应问卷题目编号
X_1	换位思考能力	定距变量	1分为最低分……5分为最高分	C1
X_2	家长对应试教育的看法	定序变量	1＝绝对不适合孩子个性成长……5＝绝对适合孩子	B6
X_3	家长对子女学习成绩的看法	定序变量	1＝绝对是……5＝绝对不是	B11
X_4	家长对升学率的看法	定序变量	1＝绝对是……5＝绝对不是	B12

2. 因变量的测量

因变量(社区发展)主要包括两个方面:邻里关系和社区管理。邻里群体具有日常生活的守望相助、对儿童进行教导与看护等基本的社会支持功能,也具有情感交流与支持等方面的功能。因此邻里关系的建构也体现在上述两个功能上。基于此,通过对"教育公平与社区发展"问卷A部分小区信息的分析,我们选取了四个指标来阐述邻里关系。分别是:与邻居打招呼(问卷编号为A10)、邻居间相互帮忙(问卷编号为A11)、邻居间对教育问题的沟通情况(问卷编号为A12)和邻里活动参与度(问卷编号为A13)。

"管理"一词多与管理者和被管理者息息相关,并不是仅仅只涉及其中某一方,而是管理者与被管理者双方共同作用、互相协同。本调研报告涉及的社区管理大都遵循该惯例。本章在参考前半部分的基础上,考虑到主要人群为社区内的居民(被管理者)和自变量多为意识、思维层面类的变量,通过对"教育公平与社区发展"问卷的A部分小区信息进行分析和归纳,主要将对服务管理模式的感知(问卷编号为A17)、对社区管理的信心指数(A18)以及对社区决策的参与(问卷编号为A19)作为社区管理的测量指标。

综上所述,我们可以通过表格的方式将因变量更加直观清晰地表达出来,如表14-3所示。

表 14-3 因变量含义及其测量

变量名称	变量含义	变量层次	变量值标签	对应问卷题目编号
Y_1	与邻居打招呼	定序变量	1=经常……=从不	A10
Y_2	邻居间相互帮忙	定序变量	1=经常……4=从不	A11
Y_3	邻居间对教育问题的沟通情况	定序变量	1=经常……5=从不	A12
Y_4	邻里活动参与度	定序变量	1=经常……5=从不	A13
Y_5	对服务管理模式的感知	定序变量	1=强烈感到……5=没感到	A17
Y_6	对社区管理的信心指数	定序变量	1=很有信心……2=没有信心	A18
Y_7	社区决策的参与	定类变量	1=参与过……2=没参与过	A19

三、研究假设

在阅览相关文献及前人研究后,结合本章主题和内容,笔者提出以下研究假设。

假设1:换位思考能力越强的家长,对社区发展的贡献越大。

由于自变量和因变量都涉及多个维度和指标,因此可将假设1细化为如下7个子假设。

(1) 换位思考能力越强的家长,越愿意与邻居打招呼。
(2) 换位思考能力越强的家长,越愿意帮助邻里。
(3) 换位思考能力越强的家长,越愿意与邻居讨论子女的教育问题。
(4) 换位思考能力越强的家长,越愿意参与社区组织的邻里活动。
(5) 换位思考能力越强的家长,对服务管理模式的创新性感知越强。
(6) 换位思考能力越强的家长,对社区管理的信心指数越高。
(7) 换位思考能力越强的家长,越愿意参与社区决策。

假设2:对教育感知越敏锐的家长,对社区发展的贡献越大。

相同原理下,我们可以将假设 2 分成如下 7 个子假设。
(1) 对教育感知越敏锐的家长,越愿意与邻居打招呼。
(2) 对教育感知越敏锐的家长,越愿意帮助邻里。
(3) 对教育感知越敏锐的家长,越愿意与邻居讨论子女的教育问题。
(4) 对教育感知越敏锐的家长,越愿意参与社区组织的邻里活动。
(5) 对教育感知越敏锐的家长,对服务管理模式的创新性感知越强。
(6) 对教育感知越敏锐的家长,对社区管理的信心指数越高。
(7) 对教育感知越敏锐的家长,越愿意参与社区决策。

四、相关分析

(一) 新教育公平意识与邻里关系的相关分析

社区发展包括两个维度(邻里关系和社区管理)。在对前文回顾的基础上我们可知,通过对小区中的邻里关系评价(问卷对应编号 A8)一题进行描述性分析,74.9%的居民都认为小区中的邻里关系处于融洽状态。此外,将邻里关系的四个指标 A10(与邻居打招呼)、A11(邻居间相互帮忙)、A12(邻居间对教育问题的沟通情况)和 A13(邻里活动参与度)进行多重响应分析,共得到 1 066 份有效样本。由表 14 - 4 可以看出,总体而言,居民邻里关系较好,74.2%样本的邻里关系情况属于中等偏上的水平("有时""经常"),其中,邻里关系测量中"有时"的样本占比最大(39.1%),不难看出社区居民对目前所在小区邻里关系评价良好,邻里关系较为融洽。由此可见,样本中大部分居民对邻里关系的评价都处在一个较高的水平,我们可以进一步探索在邻里评价较高的氛围下换位思考能力和教育感知敏锐程度是如何影响邻里关系的。

表14-4 邻里关系频数

		响应		个案百分比/%
		N	百分比/%	
邻里关系评分	经常	1 495	35.1	140.2
	有时	1 666	39.1	156.3
	很少	885	20.7	83.0
	从不	218	5.1	20.5
总计		4 264	100.0	400.0

为进一步分析换位思考能力与邻里关系的内在联系,考虑到换位思考能力评分为定距变量,邻里关系包含的四个指标为定序变量,适宜选取的方法是双变量分析。表14-5的研究结果表明换位思考能力与Y_1(与邻居打招呼)、Y_2(邻居间互相帮忙)、Y_4(邻里活动参与度)存在显著的负相关,由此我们可以推断出擅长共情的人在处理邻里关系时会更加亲和和友善,愿意主动与人打招呼,拉近彼此的关系,在邻居遇到难题和麻烦时,会及时地慷慨相助而非无动于衷。相对而言,拥有较高共情和换位思考能力的人更愿意去信任他人和帮助他人,为邻里良好关系的建立奉献出一分力量。综上所述,子假设"换位思考能力越强的人,越愿意与邻居打招呼和帮助邻里"得到验证。

表14-5 相关性

		与邻居打招呼(Y_1)	邻居间相互帮忙(Y_2)	邻居间的教育问题沟通(Y_3)	邻里活动参与度(Y_4)
学习中孩子的开心比成绩更重要	Pearson相关性	0.088**	0.102**	0.060	0.095**
	显著性(双侧)	0.004	0.001	0.051	0.002
	N	1 069	1 068	1 066	1 062
义务教育是否不适合孩子的个性成长	Pearson相关性	−0.065*	−0.062*	−0.070*	−0.021
	显著性(双侧)	0.034	0.042	0.024	0.498
	N	1 062	1 061	1 059	1 055
换位思考能力评分	Pearson相关性	−0.098**	−0.103**	−0.030	−0.076*
	显著性(双侧)	0.002	0.001	0.329	0.014
	N	1 044	1 043	1 041	1 037

注:*表示在0.05水平(双侧)上显著相关;**表示在0.01水平(双侧)上显著相关

对教育感知与邻里关系进行相关分析(见表 14-5),其中 X_2(家长对应试教育的看法)与 Y_1(与邻居打招呼)、Y_2(邻居间互相帮忙)、Y_3(邻居间对教育问题的沟通情况)存在显著性的负相关。鉴于此我们可以推断,越对当前学校教育模式表示不赞同的家长越具有新教育公平意识,其思维和眼界较为开阔,更加善于发现问题和思考问题症结所在,在日常生活中越善于经营邻里关系和互相探讨子女的教育问题;X_3(家长对子女学习成绩的看法)与 Y_1(与邻居打招呼)、Y_2(邻居间互相帮忙)和 Y_4(邻里活动参与度)存在显著的负相关。由此可推断,越不认为孩子的开心比成绩更重要的家长,越不愿主动与邻居打招呼和相互之间帮忙。由此可见,具有新教育公平意识的家长更多看中的是子女的内在感受和生命体验,而不仅仅是成绩和荣誉证书等表面性的实物,也更愿意去关注生命体验,融入周围人的生活并为之付出努力。因此,注重内在生命体验和感受的家长更愿意融入社区,与邻里建立良好的关系和帮助邻里。

(二) 新教育公平意识与社区管理的相关分析

对新教育公平意识与社区管理进行相关分析(见表 14-6),其中 X_3(家长对成绩的看法)与对管理服务模式的感知存在显著的负相关,X_2(家长对应试教育的看法)与对社区管理的信心指数存在显著的负相关。由此可见,越不认为孩子的开心比成绩更重要的家长,越不愿主动去关注社区;越缺乏对应试教育思维敏锐程度的家长,越不愿投入时间和精力来建设社区。

表 14-6 相关性

		有一些与时俱进的管理服务模式吗?	对小区管理者有信心吗?	是否参与社区决策
学习中孩子的开心比成绩更重要	Pearson 相关性	0.075*	0.014	0.042
	显著性(双侧)	0.014	0.655	0.171
	N	1 064	1 067	1 068
义务教育是否不适合孩子的个性成长	Pearson 相关性	0.002	−0.089**	−0.022
	显著性(双侧)	0.950	0.004	0.479
	N	1 057	1 060	1 061

注:* 表示在 0.05 水平(双侧)上显著相关,** 表示在 0.01 水平(双侧)上显著相关

五、回归分析

(一) 新教育公平意识与邻里关系的回归分析

考虑到双变量相关分析的解释度不够高,自变量为定距变量,对可能影响邻里关系的四种因素进行线性回归,以换位思考能力评分(X_1)、家长对应试教育的看法(X_2)、家长对子女学习成绩的看法(X_3)和家长对升学率的看法(X_4)为自变量,邻里关系为因变量。由于邻里关系又涉及多个指标,因此分别建立了线性回归模型1(与邻居打招呼)、模型2(邻居间互相帮忙)、模型3(邻居间的教育问题沟通)、模型4(邻里活动参与度),同时采用逐步分析法,分析结果如表14-7所示。

表14-7 模型1

模型	非标准化系数		标准系数	t	Sig.	B 的 95.0% 置信区间	
	B	标准误差	试用版			下限	上限
(常量)	1.892	0.199		9.532	0.000	1.503	2.282
换位思考能力评分	−0.156	0.052	−0.094	−3.001	0.003	−0.258	−0.054
义务教育是否不适合孩子的个性成长	−0.048	0.020	−0.079	−2.421	0.016	−0.087	−0.009
学习中孩子的开心比成绩更重要	0.052	0.019	0.087	2.749	0.006	0.015	0.089

注:因变量为"与邻居打招呼"

从表14-7可见,最终进入模型1方程的变量有"换位思考能力评分""对义务教育的认知""对子女学习成绩的看法",其标准化系数分别为−0.094、−0.079、0.087,可见,对邻里关系的影响因素中,影响的程度由大到小依次是换位思考能力、对子女学习成绩的看法、对应试教育的看法。

表 14-8　模型 2

模型	非标准化系数		标准系数	t	Sig.	B 的 95.0% 置信区间	
	B	标准误差	试用版			下限	上限
（常量）	2.381	0.237		10.059	0.000	1.916	2.845
换位思考能力评分	−0.193	0.062	−0.098	−3.109	0.002	−0.314	−0.071
义务教育是否不适合孩子的个性成长	−0.052	0.024	−0.072	−2.215	0.027	−0.099	−0.006
学习中孩子的开心比成绩更重要	0.066	0.023	0.091	2.900	0.004	0.021	0.110

注：因变量为"邻居间相互帮忙"

从表 14-8 可见，最终进入模型 2 方程的变量有"换位思考能力评分""对义务教育的认知""对子女学习成绩的看法"，其标准化系数分别为 −0.098、−0.072、0.091，可见，对邻里关系的影响因素中，影响的程度由大到小依次是换位思考能力、对子女学习成绩的看法、对应试教育的看法。

表 14-9　模型 3

模型	非标准化系数		标准系数	t	Sig.	B 的 95.0% 置信区间	
	B	标准误差	试用版			下限	上限
（常量）	2.426	0.279		8.692	0.000	1.879	2.974
义务教育是否不适合孩子的个性成长	−0.060	0.028	−0.071	−2.167	0.030	−0.115	−0.006
学习中孩子的开心比成绩更重要	0.056	0.027	0.067	2.107	0.035	0.004	0.109

注：因变量为"邻居间的教育问题沟通"

从表 14-9 可见，最终进入模型 3 方程的变量有"对义务教育的认知""对子女学习成绩的看法"，其标准化系数分别为 −0.071、0.067，可见，对邻里关系的影响因素中，影响的程度由大到小依次是对应试教育的看法、对子女学习成绩的看法。

表 14-10　模型 4

模型	非标准化系数		标准系数	t	Sig.	B 的 95.0% 置信区间	
	B	标准误差	试用版			下限	上限
(常量)	3.039	0.287		10.582	0.000	2.476	3.603
换位思考能力评分	-0.155	0.075	-0.065	-2.056	0.040	-0.302	-0.007
学习中孩子的开心比成绩更重要	0.081	0.027	0.093	2.937	0.003	0.027	0.135

注：因变量为"邻里活动参与度"

从表 14-10 可见，最终进入模型 4 方程的变量有"换位思考能力""对子女学习成绩的看法"，其标准化系数分别为 -0.065、0.093，可见，对邻里关系的影响因素中，影响的程度由大到小依次是对子女学习成绩的看法、换位思考能力。

（二）新教育公平意识与社区管理的回归分析

为验证"换位思考能力越强，对教育感知越敏锐的家长，越愿意参加社区管理"的假设，我们需对自变量和因变量进行线性回归分析。在回归分析中，以换位思考能力和教育感知敏锐程度为自变量，社区管理为因变量。考虑到社区管理涉及多个指标，分别建立了线性回归模型5（对服务管理模式的感知程度）、模型6（对社区管理的信心指数）、模型7（对社区决策的参与）。在进行线性回归和共线性诊断后，建立的回归模型如表 14-11 所示。

1. 管理服务模式感知模型

从表 14-11 可见，最终进入模型 5 方程的变量"对子女学习成绩的看法"，其标准化系数为 0.077。

表 14-11　模型 5

模型	非标准化系数		标准系数	t	Sig.	B 的 95.0% 置信区间	
	B	标准误差	试用版			下限	上限
1(常量)	3.021	0.431		7.001	0.000	2.174	3.867
学习中孩子的开心比成绩更重要	0.099	0.044	0.077	2.264	0.024	0.013	0.185

注：因变量为"有一些与时俱进的管理服务模式吗？"

2. 社区管理信心指数模型

从表14-12可见,最终进入模型6方程的变量"对子女学习成绩的看法",其标准化系数为-0.094。

表14-12 模型6

模型	非标准化系数		标准系数	t	Sig.	B的95.0%置信区间	
	B	标准误差	试用版			下限	上限
(常量)	3.689	0.357		10.339	0.000	2.989	4.390
义务教育是否不适合孩子个性成长	-0.101	0.034	-0.094	-2.978	0.003	-0.168	-0.035

注:因变量为"对小区管理者有信心吗?"

3. 社区决策参与模型

此处需要说明的是该模型以教育感知和换位思考能力为自变量,社区决策参与为因变量,考虑到因变量为二分类变量,因此此处采用的是二元逻辑斯蒂回归。从表14-13可见,最终进入模型7方程的变量"换位思考能力评分",其标准化系数为0.260。

表14-13 模型7

		B	$S.E.$	$Wals$	df	Sig.	$Exp(B)$
步骤1[a]	换位思考能力评分	-0.598	0.260	5.296	1	0.021	0.550
	B6	-0.083	0.095	0.756	1	0.384	0.921
	B11	0.107	0.104	1.051	1	0.305	1.113
	B12	-0.067	0.115	0.334	1	0.563	0.935
	常量	3.885	1.010	14.794	1	0.000	48.677

注:在步骤1中输入的变量为换位思考能力评分,B6,B11,B12

综上所述,我们可以推断出处在当前应试教育思维的时代洪流中,家长越认为孩子开心比学习成绩更重要的,换位思考能力越高的越能体现家长的新教育公平思维,同样也证明思维开阔的家长更愿意去参与社区管理,服务社区,为社区建设出谋划策。

六、总结和建议

本章核心话题是新教育公平意识如何促进社区发展。新教育公平意识主要体现在"新",即更加注重个体的生命体验、生活感受以及意义赋予等问题。本章主要探讨的是拥有新教育公平意识的人在社区发展和建设上的积极性和能动性是否有所迥异。论及社区发展,赵新华提到社区发展是教育和组织社区群众以共同需要、共同利益、共同意识为着眼点,引导社会成员与政府政策保持一致,有效利用外来援助和社区资源进行社区建设与提供社区服务,并有效改善居民生活、文化、经济、社会等环境,增强社区生活品质的工作方法与工作过程①。

我们通过对新教育公平意识和社区发展两个变量进行相关分析和回归分析,得出的结论如下所示。新教育公平意识包含换位思考能力和教育感知两个层面,社区发展包含邻里关系和社区管理两个维度。其中,换位思考能力与 Y_1(与邻居打招呼)、Y_2(邻居间互相帮忙)、Y_4(邻里活动参与度)存在显著的负相关;在教育感知方面,X_2(学校教育模式认知)与 Y_1(与邻居打招呼)、Y_2(邻居间互相帮忙)、Y_3(邻居间对教育问题的沟通情况)存在显著性的负相关。此外,在建立线性回归模型中,在模型1(邻居间互相打招呼)中的影响因素主要有换位思考能力评分、对子女学习成绩的看法、对义务教育的认知;在模型2(邻里互相帮忙)中的影响因素主要有对义务教育的认知、对子女学习成绩的看法、换位思考能力评分;在模型3(与邻居讨论子女的教育问题)的影响因素主要有对义务教育的认知、对子女学习成绩的看法;在模型4(参与邻里活动)中的影响因素主要有换位思考能力评分、对子女学习成绩的看法;在模型5(对管理模式的感知)和模型6(对社区管理的信心指数)中的影响因素主要有对子女学习成绩的看法;在模型7(社区管理)中的影响因素主要有换位思考能力评分。综上所述,我们可得出以下几点结论。

第一,新教育公平意识与社区发展紧密偶联。社区是具有共同利益的社

---

① 赵新华.社区教育与社区发展探讨[J].中国成人教育,2016(21).

第十四章
新教育公平意识怎样促进社区发展

区全体成员的结合,人们的日常生活和社会交往处处都有社区的影子。社区作为一个空间载体,人们的思维、意识的形成和人生观、世界观、价值观的奠定不可避免地会受到社区的影响,反之亦然。个体由于思维和认知模式不同,其对社区事务的看法、管理意识以及行动能力都是大相径庭。本章通过相关数据分析了解到对当前教育现状敏锐度较高、换位思考能力越强的居民更愿意融入社区和建设社区。换言之,新教育公平意识的出现更大程度上促进了社区的发展,包括邻里关系的推动和居民参与社区管理的积极性和能动性。

第二,居民换位思考能力的强弱影响着邻里关系的发展。现代社会的"信任危机"以及业缘关系取代地缘关系造成的疏离和隔阂,使得越来越多的人害怕或者不愿去维护邻里关系。《中国大百科全书》中对邻里关系的解释是"住地毗连的人们认同特定的角色,据此形成密切的互动关系(邻里关系),有着显著的认同感和感情联系,由此构成相对独立的小群体"。① 随着时代的急剧变迁,传统社区中"远亲不如近邻""邻里相扶、守望相助"的美好社区描述已是过眼云烟。原先在人际交往中占据重要位置的邻里关系逐渐走向了平淡和疏远,变得越来越淡薄和冷漠,出现了邻里关系的陌生化。上述数据分析表明,换位思考能力越强的人越愿意去建立、维护邻里关系,在邻居遇到问题和难题时他们更愿意伸出援助之手,也更愿意与邻居就教育问题相互沟通和参与邻里活动。由此表明,换位思考能力强的人更愿意去维护邻里关系,善用共情的心态去思考问题。在社区建设筹谋中,合理利用具有新教育公平意识的"社区精英"资源不失为一个明智之举。

第三,对教育感知的敏锐程度影响着邻里关系的发展。众所周知,中国目前的教育模式主要为应试教育,长期以来的以分数称霸的思维仍牢牢地占据在人们的内心。尽管当下的教育境况已有一定改观,教育目的也由为社会发展服务转变为同时关注个体的发展,但在奉行发展主义的社会大环境下,效率优先的影子依旧徘徊在教育领域。② 如何能做到真正"以人为本"的教育公平一直以来也是学者不断追逐的话题,程天君提到"以人为本"的教育公

---

① 孙健. 城市社区邻里关系陌生化困境的路径选择[J]. 哈尔滨学院学报,2010(4).
② 程天君. 新教育公平引论——基于我国教育公平模式变迁的思考[J]. 教育发展研究,2017(2).

平之所以难以实现,源自人们对教育公平现实和理念认识上的滞后和谬误①。因此在构建新教育公平观前,更需要家长们对当前教育程度具有一定的认知和了解,对教育公平以及教育模式具有一定的敏锐和感知程度。本章通过数据表明对当前教育认知越清晰的家长,其更愿意与邻居打招呼和探讨子女的教育问题。越认为当前义务教育不适合孩子的个性成长和认为孩子的开心比成绩重要的家长,其对于当前教育现状的认知程度越高,对教育公平意识的感知程度越高,更愿意去追求新教育公平意识。换言之,此类家长在处理社区邻里关系时,面对同样身份的家长更有兴趣和欲望去阐述教育现状或子女的教育问题,更容易促进邻里关系的发展和增进邻里之间的沟通。

第四,对学校教育的认知一定程度上促进了居民对社区管理的参与度。换位思考能力的强弱影响着居民对社区管理的参与度,由此可推断出共情能力越强的人其心态越开放,眼界层次越高,越愿意去接触社区。笔者通过分析发现越认为子女开心比学习成绩重要的家长,越愿意去参与社区管理,由此我们可以推断此类居民其对目前教育敏锐程度较高,对当前学校教育有清晰的认识,其认知能力和思维意识较为前卫,更愿意去了解社区和参与社区管理。

综上所述,新教育公平意识的推动促进了社区的发展。一方面,新教育公平意识的普及和推动更有助于居民参与社区事务,建设良好的邻里关系,同时也为新教育公平意识的推动提供了社区层面的依据。另一方面,社区管理者在促进邻里关系和推动社区管理时,可以多多挖掘具有新教育公平意识的社区居民,多开展关于子女教育方面的活动和座谈会,加紧邻里之间的沟通和交流,推动社区发展和新教育公平意识的传播。这也是本章带给我们的启发和思考之一。

---

① 程天君.新教育公平引论——基于我国教育公平模式变迁的思考[J].教育发展研究,2017(2).

四 总结与建议

第十五章
总结、思考与政策建议

本调研报告所主张、所着眼的新教育公平,其目标不仅仅是培养社会建设者,更要实现人的自由发展,尊重每个人的差异与兴趣,要求教育要适合每一个不同的人,关注个体间的差异以及基于个体差异的教育公平。新教育公平的"新",是因为它旨在实现以人(个体)为核心评估域的视角转换。这不仅关涉到机会、物质等公共资源配置方面的平等,更关涉到尊严、幸福等精神层面的、教育系统内部的公平。新教育公平本质上要做的是去经济化、去政治化,让教育回归教育本身,回归人本身,回到个体的心灵。① 但需要特别强调的是,倡导新教育公平观,将教育公平的评估域由社会转向人,这一目标并非仅仅依靠学校教育就能达成。它的实现,离不开国家、社会(社区)、学校以及家庭的合力。

一、总　结

本调研报告,着眼江苏省,着重调查、探讨了家庭(家长参与)与社区两个领域。

(一) 家庭(家长参与)

从家庭角度讲,近年来,家长参与学校教育成为世界性的教育改革趋势,席卷美国、英国、德国、澳大利亚等国。虽然各国因特定的政治、经济、文化等因素的不同而采取不同的形式,但其核心思想都表明,家长参与是一个健全

---

① 程天君. 新教育公平引论——基于我国教育公平模式变迁的思考[J]. 教育发展研究,2017(2).

教育体系必不可少的组成部分。有效学校运动的创始人之一罗纳德·埃德蒙兹在1980年曾提到,"我深信,我能证明学校有责任使学生掌握最基本的学习技能而无论其家长参与学校生活的程度如何。我也深信,缺乏家长参与,学校就不可能那样出色。即达到如此重要之公共教育事业的最终目标"。

在这一世界性趋势之下,家长参与学校教育的重要性越来越被人们所认识。诸多学者①,围绕着中外家长参与学校教育发表和翻译了许多著作和论文。

而与既有的家长参与研究稍有不同的是,本调研报告主要着眼于家长参与与新教育公平的关联,探索回答如何通过家长的学校教育的参与实现新教育公平。我们的研究结果是,家长参与主要通过三种因素影响新教育公平的认知和行为。首先是家长的素质与主观认知水平,即换位思考能力,会影响家长的新教育公平认知与需求;其次是家长在家庭内参与孩子的学习过程以及更多的亲子互动,会加深家长对孩子个人情感的体验,会使家长更加注重孩子的内心世界,从而增强对新教育公平的需求;最后是家长参与学校教育的水平会影响到家长的新教育公平的行为,通过家校互动水平的提高,新教育公平会有更多的机会变成现实。总结而言,教育不公平的感知程度与换位思考能力、家庭内的亲子沟通、家校间的沟通,共同促进新教育公平的实现。

更为具体地来总结的话,本调研报告发现了以下几点。

第一,中国的教育不公平现状严峻,阶层间、城乡间的教育差距凸显,这在问题的最表层,主要体现为教育资源的分配不均。

第二,随着社会经济的发展,家庭收入水平与家长受教育水平的提高,"70后""80后"的父母们已逐渐摒弃唯分数是从的旧教育理念,更加尊重孩子的意愿与兴趣发展,但回归人本身的新教育公平的理念仍处于萌芽中,尚未成形。

---

① 马忠虎. 家长参与学校教育——美国家庭、学校合作的模式[J]. 外国中小学教育,1996(6);范秀双. 论学生家长参与学校教育的权利[J]. 教学与管理,2000(8);胡金平. 家长参与教育的政治社会学分析[J]. 南京师大学报(社会科学版),2012(5);吴重涵,等. 家长参与的力量——家庭资本、家园校合作与儿童成长[J]. 教育学术月刊,2014(3);吴重涵. 家校合作的家庭视角——《家庭优势:社会阶层与家长参与》中译本序[J]. 教育学术月刊,2015(4);吴重涵,等. 是什么阻碍了家长对子女教育的参与——阶级差异、学校选择性抑制与家长参与[J]. 教育研究,2017(1);蒲蕊,李子彦. 家长参与学校治理的困境及其解决策略[J]. 教育科学研究,2017(8);赵玉如. 中小学生家长参与学校教育:德国经验及启示[J]. 北京教育学院学报(社会科学版),2017(3).

第三,家庭内的亲子互动主要集中于学习交流,家长愿意投入大量时间、金钱、精力进行辅导,但在体育运动、艺术鉴赏、社区参与等其他活动上较贫乏,同时父亲普遍缺席孩子的日常教育与情感互动。

第四,对参与学校教育,父母表现出强烈的渴望与热情,但目前大部分家长只能通过家长会形式参与学校教育,形式单一,日常的家校沟通主要依赖于互联网手段,沟通内容局限于孩子的学习状况,对孩子的人格塑造与个性培养关注较低。

第五,家长的换位思考能力越高,对教育不公平的感知越强,也越期待新教育公平。户口、收入、受教育水平等会影响家长的换位思考能力,但同理心等的培养也会提高个体的换位思考能力,从而促进新教育公平的实现。

(二)社区

从社区的角度讲,社区作为初级群体的一种变形,对现代社会每个人来说都意义重大。初级群体又被称为"首属群体",在传统社会中,是人出生、成长的最为重要的生活空间、活动区域,具有频繁的人际互动和浓厚的情感支持的特点。现代社会随着生活及工作单位组织的科层制化的进程,出现了"首属群体"的重要性逐渐被人淡忘、掉出人们的关注视线的问题,但换个角度说,越是在理性至上、人情淡薄的现代社会,初级群体对于个体的呵护、对于情感的重视的特点,就越成为人们所向往、所追求的东西。现代社会由于流动性的增大,绝大部分人都已不可能在自己的出生地生活一辈子,因而搬家改换居住地已并非一件稀罕的事,这也导致了社区不再是传统意义上的初级群体而只能是初级群体的一种变形,但无论迁移到何地,社区生活总是占据着居民生活、人际交往的一大部分时间,人们业余生活的一大部分总是要在社区中度过,这是一个难以否认的事实。在这个意义上说,社区是人互动、成长的一个重要空间,社区生活关联到社区居民换位思考能力的培养和提升,因而也关联到新教育公平感与为追求新教育公平而做出的努力。

"新教育公平"的核心在于人,在于互动,社区作为人际互动的关键单位,是研究新教育公平观的一个聚焦所在。对社区生活与居民换位思考能力形成之间关系的分析,也是我们谈论新教育公平的一个要点所在。如果在社区建设、社区发展的计划、目标中,在"以人为中心"的发展思想下,居民的"换位思考能力"开发被列为需要去思考去解决的一个重大课题,那么新教育公平的实现也就更具有了实践感和现实感。

更为具体地来总结的话,本调研报告,在社区与新教育公平的问题上,发现了以下几点。

第一,居民对中国目前教育资源分配是否公平的认知与社区教育配置状况、邻里关系、对社区管理的信心指数以及社区中举办政治类活动的频数呈负相关趋势。拥有完善的学校配置、良好的邻里关系、发展乐观、政治类活动举办频繁的社区居民,较倾向于认为目前的学校教育模式适合孩子个性成长的,从而不易挑战现有教育模式。社区的人际关系、自上而下的社区管理模式强化了学校教育模式一统教育的现状。但这并不是说社区发展、社区建设对于新教育公平的实现没有积极意义,我们可以指出的是,社区居民的教育公平感与房价,社区的医疗、环境、教育、治安等硬件水平以及邻里关系、管理服务等软件水平相关,社区在硬件和软件水平上的提升有助于提升社区居民个体的生存幸福感,缓解个体在教育资源争夺上的焦虑,缓解其对中国目前教育资源分配公平程度的消极情绪。

第二,虽然社区居民在某些个别的涉及新教育公平的重要问题,比如教师充分尊重孩子是否重要等显得有些犹疑不定,而社区软环境水平相关因素也与这一问题的认识、态度无显著相关,但总体而言,社区居民个体对于新教育公平的认知能力特别是其换位思考能力受社区的交通、医疗、购物、治安等硬件水平以及邻里关系、管理服务的可获得性、及时性等软环境的影响甚深。社区的硬件设施越完善、服务水平越高、人际关系越和谐,居民的换位思考能力越高。可以说,和谐的社区邻里关系对提升居民换位思考能力、促进新教育公平的意义尤为重大。

第三,不管硬件还是软件方面,社区的发展对促进新教育公平的发展有着至关重要的作用,今后有必要进一步探索社区发展的路径分析,尝试提出可行的策略来推动社区发展,促进社区内人与人之间的平等互动,提升居民对社区的信任度,增进情感交流,增强邻里间关系的信任和亲密程度,从而切实地促进新教育公平。

第十五章
总结、思考与政策建议

二、思　考

教育这个概念经常被理解为社会化的一种手段。从这个角度说,教育是为了社会的存续,由上一代人对下一代人进行道德熏陶、知识传授、技能训练、养成行为规范。换言之,在两者的关系上,是先有社会,然后有教育,教育是为了社会存在而存在的一个东西。

但是仔细审视教育这一概念,其实可以看出,教育与社会化的关系乃为一种交叉的关系,并非前者完全被涵盖在后者的范畴之内。所谓的交叉,是指教育与社会化有重叠的部分,也有其自身独立、不能被社会化概念所涵盖的部分。这一独立的部分,意味着教育在本质上,有其为个人的一面,而这一面,可称为教育的"为私性"。从功能的角度讲,教育为社会建设社会发展服务的同时,也是人之"个体"成长的根本推动力。当然,人之"个体"的成长与社会化,即成为一个成熟的社会人之间并非完全割裂的,但这也不意味着"个体"的成长就能完全消解在"社会化"的概念之中。教育本质上内含对于"个体""个性"的关注和呵护,缺少这一认识,我们就无法更好地去理解新教育公平之"新"。

对于教育的这一"为私性"的特点,日本教育学家中内敏夫曾展开过精彩的论述。笔者也曾在《作为方法的家庭:教育研究的新视角》一文中做过详细的介绍。① 中内敏夫的主要研究领域为教育学、教育社会史、教育思想史,贯穿这三个领域的是他对于"何谓教育"的追问。他的主要学术贡献之一,在于打通以上三个领域,对教育做出深度的思考。他主张把目光转向民众,转向民众的日常生活,从民众的生活史中更全面地理解教育。②

中内跳出传统的思维看教育,认为在日常民众生活中挖掘育人思想和实践并将之定位为教育,更能丰富和深化我们对于教育的认识,在这一思想的引导下,他把教育与学校教育做了截然的区分。学校教育意义上的教育,中内认为应该称作教化。教化不仅是社会取向的、自上而下的意识形态灌输以

---

① 贺晓星.作为方法的家庭:教育研究的新视角[J].教育学术月刊,2014(1).
② 中内敏夫.新しい教育史:制度史から社会史への試み[M].東京:新評論,1987.

及与意识形态灌输密切相连的知识传授,教化还是个人取向的个性发现、个人固有的内在潜能的开发。但是教育不同,它的核心不是意识形态灌输,不是知识传授,不是个性塑造,也不是潜能开发,而是养生。

"教育"一词原本出自中国,取自孟子"君子之乐"。"君子有三乐,而王天下不与存焉。父母俱存,兄弟无故,一乐也;仰不愧于天,俯不怍于人,二乐也;得天下英才而教育之,三乐也。君子有三乐,而王天下不与存焉。"虽然日本的汉学者也在汉语意义上使用"教育"一词,但日本本土语言中的教育与汉语中的教育并非同一意思。日本本土概念的"教育"一词,很重要的一点是,其具有养生的含义,养生等同于教育。

教育并非儒家所强调的修身,而是养生,养生才是目的;其次,如果说养生是教育,那么此处的教育必然带有为私的特性。教育是为私的,它不是为政治为经济,不是"齐家治国平天下"、为国家培养这样那样的所谓精英人才,教育纯粹是为受教育者之个人的一种行为,以受教育者的身心健康为第一要义。这是一种"养"的思想。而所谓的"养",其本质为私的,是"活得更好"。这更好的"更"字,本身包含两个层面的意识,一是与别人比"更好",二是与以前的自己比"更好"。也正是在这一点上说,所谓的教育,其本身必然包含着"为私"的特性。

比如就学校教育来讲,一个成功的教师,他的成就感可以来自两个方面,一是所教的学生与其他同类学生比,在某个方面(当然也可以是各个方面)进步了。这种空间意义上的横向比较特别是学习成绩的横向比较,在当下应试教育一边倒的社会,无疑成了一种教育惯习,具有巨大的现实意义。二是所教的学生与他自己比,在某个方面确实成长、进步了。他可能学习成绩(或者某些方面)依然不如别人,但相比以前的自己,则有了一点点或者是明显的长进。为后一种"个体的"、时间意义上的纵向比较结果而骄傲的教师,是真正懂得何谓教育、何谓教育的"为私性"、何谓教育要对"个体"呵护、关心的教师。

教育必然包含着"为私"的特性,在此意义上去理解的教育,就要求我们换一种眼光去谈论教育不平等。不是简单地在资源分配、机会分配的层面去批判不平等、否定不平等,而是去思考我们是否有可能养成一种对于"个体""为私"的敏感,更为深入地讨论教育不平等的教育学意义以及社会学意义。

在这种对于"个体""为私"敏感的要求下,我们会意识到,对"个体"的关

第十五章
总结、思考与政策建议

注并不完全等同于对"个性"的关注,虽然两者有很紧密的联系。对"个性"的关注,更强调被关注对象的"独一无二"性,他/她的与众不同之处,有时甚至是他/她的"鹤立鸡群"的可能性。在这个意义上说,对于"个性"的追求,有一个在整体中比较的前提,内含了空间的横向比较中把自己凸显出来、把别人比下去的潜在意味。当然,强调个性,尤其强调个体不能完全消解在整体(这个整体可以是社会可以是群体)中的一面,从这一点上说,对"个性"的追求也确有其与对"个体"追求的相通之处。若有意识地要将对"个性"的关注和对"个体"的关注做一区别,后者的本质特点,应该是更强调对对象作为个体存在的生命意义的全盘肯定。换言之,对象或许是一个普普通通没有任何个性的存在,既没有耀眼的光环也没有特别的闪光点,有些甚至还被社会归入"残疾"的类别,但只要他/她是一种有生命的存在,他/她自身就是完整的,不用也不能处理为社会、群体的一个函数。

笔者的一个研究方向是"残疾人"文化与教育,对于即便被社会归入"残疾"的类别,但只要他/她是一种有生命的存在,他/她自身就是完整的,不用也不能处理为社会、群体的一个函数的问题有过一些思考,并注意到了与新教育公平关联的问题。在此谈中国的新教育公平问题引进日本学者的观点虽然有些突兀,但我们通过下述的日本文艺评论家竹田清嗣对"在日朝鲜人"作家金鹤泳的写作风格的解读案例,可以加深对这一问题的认识。①

"在日朝鲜人"指的是虽然出生在日本、成长在日本、生活在日本,但由于父辈甚至祖辈是朝鲜人之故,被排挤在日本社会边缘,饱受种种歧视,融不进日本也成不了日本人的人。某种意义上说,"在日"两字意味着一种身份的屈辱,完全可以直接置换为"残疾"一词。出生在日本、成长在日本、生活在日本,但却成不了日本人,形成不了鲜明的自我认同,这乃是日本社会中一个突出的歧视与被歧视的历史、社会问题,成为"痛苦的由来"。而金鹤泳本人雪上加霜,他还兼有身体的残疾——口吃。

在"在日"问题上,一般"在日朝鲜人"为了摆脱窘境,大致会有两种克服"痛苦"的选择。一是与现实抗争,通过自己不断发愤努力多少寻觅到在日本出人头地之一丝一线的光明。比如竹田青嗣,成年后成了一所著名私立大学的教授,又是赫赫有名的文学评论家。但是,虽然社会地位上与父辈、祖辈相

---

① 贺晓星. 聋教育改革与新教育公平的理论建构[J]. 教育发展研究,2017(2).

比上升了好几个层次,精神上是否真的解决了"融入"与"自我认同"的问题,依然尚存不小的疑虑。二是构建一个神话般的参照群体,再在行动上把参照群体变为所属群体,不仅心理上而且肉体上也返回自己的祖国——"朝鲜"或"韩国",投入一个自己以为能容纳自己、拥抱自己的命运共同体。然而因为宿命般地必须同时直面"在日"与"口吃"两种"残疾",金鹤泳对于"残疾"(生理与社会两种意义上的)以及因残疾而带来的"痛苦"及对其的克服有着自己全新的认识,迥异于上述两种克服"痛苦"的选择。金鹤泳由此形成了独特的写作风格,而正是其写作风格及风格所内含的极为深刻的思想,感动了同为"在日朝鲜人"的竹田清嗣。竹田称金鹤泳"是第一个给了我这样的不可思议的文学体验","赋予了我写作动机的作家"。

这是一种怎样的风格呢?竹田(1998)写道①:

> 存在着自己生存的困苦并常常被谈论为"在日问题""歧视问题",但这些词与自己的"痛苦"没有一丁点的关系。在此,他非常谨慎地将附加在自己痛苦之上的那些社会意义——舍弃,仅仅试图深入描绘痛苦本身的实质。
>
> ……仅仅就是在表述痛苦的实质痛苦的具体性,而这一表述使得表述者获得了一种对自己的崭新理解,从而使得其能够活下去。
>
> 金在其处女作《冻僵的嘴》中描述了自己口吃的痛苦。然而作者的写作,与其说是在描述口吃的痛苦,不如说是在以极为精致的笔触,讲述"口吃"对于当事人来说是一种怎样的体验感受。/"口吃"并不单纯意味着表达的不便。更准确地讲乃为一种很怪异的体验:遭遇他者"目光的拒绝"从而在自己内心形成了"自我意识的牢笼"。而这一牢笼的不好对付,在于即便明白了残疾之因果的缘由,但只要在现实中背负着口吃的残障,就绝不能消解掉。口吃的痛苦是一种"特殊的体验",无法与他人分担,只有自己单独承受。换言之,所谓的"口吃",本质上讲乃为一种不具与他者之间"交换价值"的不毛的痛楚。

金鹤泳的独特的写作风格,在于他并没有刻意去渲染"残疾"之"痛苦"

① 竹田清嗣.現代批評の遠近法[M].東京:講談社学術文庫,1998.

(无论是社会性的还是生理性的)及其社会意义,而是淡淡地在描述自己的感觉——"以极为精致的笔触","非常谨慎地将附加在自己痛苦之上的那些社会意义一一舍弃","仅仅就是在表述痛苦的实质痛苦的具体性",以达到"一种对自己的崭新理解"。这一"对自己的崭新理解",换言之,也是对于残疾的一种崭新理解。

"无法与他人分担,只有自己单独承受"的痛苦,不仅仅局限于口吃;"绝不能消解掉"的无奈,也并非"口吃"独有,而是可以推论到其他一切在医学意义上难以康复的残疾,包括听障。无奈也确实是痛苦的一个主要由来,然而将对于无奈的克服视之为超越痛苦之必由之路的幻想,却是痛苦之为痛苦的根本缘由。金鹤泳的思想表明了,或许将痛苦与无奈认识为并非一定要去克服去超越的某物而是应该学会怀着一种敬畏之心思考如何宿命般地与之共生共存,更具有积极的意义。应该首先去认识到,"残疾"根本上只能是以一种"极为精致的笔触讲述""残疾对于当事人来说是一种怎样的体验感受"。循此思想,"体验感受"的"极为精致的讲述"就变得格外重要。这一"极为精致"的"精致"两字落脚在哪里呢?借用金鹤泳的语言来表述,是"非常谨慎地将附加在自己痛苦之上的那些社会意义一一舍弃","仅仅就是在表述痛苦的实质痛苦的具体性"。在此重要的是,"痛苦的实质痛苦的具体性"首先来自于个体的生命体验、生活感受,要警惕的是一种单纯的社会共同的意义赋予。所谓社会共同的意义赋予,可以理解为社会主流观念的灌输,主流逻辑思维模式的宰制。而这一点,与思考与认识新教育公平问题是直接相关的。

三、政策建议

最后,在对本调研报告的结果分析与思考的基础上,我们尝试针对新教育公平问题,提出如下几点政策建议,为相关的教育实践提供参考。

(一) 树立教育面向全体学生、每个个体的新教育公平之理念和价值观念

我国目前的教育理论主要是在20世纪五六十年代形成的,具有明显的

时代烙印。长期以来,教育的功能、目的被解释为被动的"服务论"和狭隘的"工具论",例如"为无产阶级政治服务","为社会主义经济建设服务",培养劳动者、建设者之类。作为极端的案例,在"文革"时期甚至提出了"把学校办成无产阶级专政的工具"。毫无疑问,任何时代的教育都需要适应社会政治、经济的发展,提供人力资源和智力服务,但教育的功能并非如此单一狭隘。教育首要的功能和目的是促进人的发展,造就身心健康、有道德、有情感、能够自立于社会的现代社会的公民,提高全民族的文化素质,营造较高程度的社会文明,以及传承和弘扬本国文化,促进社会平等和社会融合。这些都是社会现代化与社会和谐的根基,与促进经济建设、科技发展的目标同样重要。只有全面认识教育的社会功能,突出教育树人育人的基本宗旨,才能超越被动的"依附论"和片面的"服务论",建立教育在社会生活中的主体性,实现新教育公平。

教育面向全体学生、每个个体的新教育公平之理念和价值观念,源自社会主义核心理念,也是建立在义务教育、全民教育的价值之上的。目前我国已经基本普及九年义务教育,进入高等教育大众化阶段,并将构建终身教育体制和学习化社会,这一转变势在必行。基础教育的目的不是选拔少数尖子生,或者只面向能够升学的学生。需要强调教育的公平性和民主性,真正改变计划经济时代形成的城乡分治、等级化的学校制度,改变主要面向城市、面向重点学校、以应试为取向、着重培养少数尖子的精英主义教育价值观念。

(二) 促进家长角色意识的觉醒和建构学习型家庭

家长也应当转变自身的教育观念,充分认识到自身在子女教育过程中具有重要作用。而学校应充分发挥在家庭教育中的重要作用,承担起宣传和引导的责任,使家长意识到自己具有学校教育知情权、选择学校(专业、课程)权、学校教育决策权和教育过程参与权、学校教育监督权和评价权[①]等权利。参与子女的学校教育不仅是家长拥有的权利,还是其自身需要承担的责任和义务。广播、电视、多媒体、社会公益组织团体等应发挥作用,

---

① 范秀双.论学生家长参与学校教育的权利[J].教学与管理,2000(8).

做好家长学习的宣传和实践推广工作,营造良好的学习型家庭的社会风气,促进家长角色意识的觉醒。利用社区教育对象的广泛性、教育参与的群众性、教育内容的多样性等特点,做好家长教育工作的组织与宣传也很重要。在终身学习的时代,学习是每个公民应尽的义务,尤其对于身为孩子教养指导者的家长来说,树立自觉学习的意识、提高学习的主动性和积极性、发挥好家长"学习者"角色和子女的"指导者"角色尤其关键。应该使家长在思想意识方面得到一定程度的启迪和熏陶,推动家长从"旁观者"角色向"参与者"角色转变。

构建学习型家庭也是增进家长参与家校沟通的角色意识的有效途径,而良好的氛围是建立学习型家庭的前提。在学习型家庭中,家长注重与子女平等交流,互相商讨,不武断,不强迫,充分尊重子女的人格尊严。在互相教育、互相学习、互相取长补短的家庭人际关系中,亲子关系和谐融洽有利于子女以更积极主动的态度投入学习,而父母的形象也更加良好,从而可以更好地发挥家长对子女教育的引导作用,圆满完成家校沟通中家长所承担的任务。有了良好的氛围,还要通过各种活动建立学习型家庭。创意多彩的家庭学习活动,可以配合学校同步的学习内容而展开;也可以开展一些业余的学习活动,开阔孩子的视野,拓展孩子的知识面,把课堂所学和课外活动有机结合起来,有利于学生把所学知识应用到实际当中去。这些活动不仅有益于孩子发展多方面的情趣和多维学习,也有益于家长全面了解和掌握孩子的学习情况,真正做到关注孩子的个性差异。

(三)强化政府层面的制度性建设的各种作为

第一,均衡各学校教育资源,尤其均衡城市、乡镇学校的教育资源,从质量、数量上加强对乡镇学校的建设。加大对于薄弱学校的重点投入,保障其基本教学设施建设。设立教师流动制度,充分发挥优质师资的教学能力和榜样力量。

第二,健全升学制度。在基础教育阶段设立就近入学、随机入学的择校机制,使每一位学生获得基本的教育机会公平与教育资源公平的保障。在升学体制中引入多元化的评价体系,改变唯成绩论的一元化倾向,将学生各方面质素的评定纳入考评体系之中,以制度监督学校对于学生各方面素质的综合培养。

政府不仅要继续推进宏观教育公平的实现,统筹城乡发展,健全升学制度,还需进一步发展新教育公平,明确父母参与学校教育的权利,提供制度和法律保障,落实参与途径。

(四) 推动家长参与学校教育

除了推动国家宏观教育公平的转向以外,还需渐渐转向新教育公平的发展,即着眼于教育系统内部的公平,实现教育本身的发展,因此,这一阶段的教育公平需大力引入家长的力量,推动家长参与学校教育。

在我国宪法和诸多部教育法律中,学生家长的权利没有被提及,只强调家长义务,《中华人民共和国教育法》第十八条规定:"适龄儿童、少年的父母或者其他监护人以及有关社会组织和个人有义务使适龄儿童、少年接受并完成规定年限的义务教育。"因此,我国需要尽快制定保障家长参与教育权利的法律条款。

可借鉴德国的分级家长委员会制度,出台保障家长委员会建设的法律文件,对家长委员会的构成人选、程序、职责以及经费等进行明确规定,为各级家长委员会的建设及其规范化管理提供重要的法律依据。2010 年,《国家中长期教育改革和发展规划纲要(2010—2020 年)》明确指出:要"完善中小学学校管理制度,建立中小学家长委员会,引导社区和有关专业人士参与学校管理和监督"。此后,中小学家长委员会数量激增,但问题也日益暴露。

纵观世界发达国家,德国教育行政管理的主权在各州,并在此基础上形成了州、地区、县三级教育行政管理体系和督导体系[①]。州教育部代表国家行使对教育的管理和检查职能,全面负责一个州的教育规划、组织、管理和督导工作;在州的咨询机构设置中设有各级各类家长委员会等;地区教育行政部门定期组织本地区家长代表参加培训,并提供学习材料,提高家长参与水平。学生家长更是在班级、学校、区级和州级四个水平上层层推选形成四级家长委员会,深度参与学校及地区教育事务。因此,借鉴德国经验,可以初步

---

① 赵玉如. 中小学生家长参与学校教育:德国经验及启示[J]. 北京教育学院学报(社会科学版),2017(3).

尝试设立班级级、学校级两级家长委员会,推动家长参与学校教育的真正落地。

水平一:班级家长委员会。

一个班的家长都是班级家长委员会的成员,可由他们推选出一位家长担任主席,一至两位家长担任副主席职务。委员会成员在涉及本班情况和问题方面有知情权和参与权。委员会每年至少召开三次会议,负责家长会的承办,按照与班主任达成的一致意见进行组织,并联结校级家长委员会,组织本班委员会家长成员参与学校活动与事务。

水平二:校级家长委员会。

每班家长委员会的主席和副主席自然地成为学校家长委员会成员,由他们选举出一位主席、三位副主席,每年至少召开两次会议。主要负责三方面事务:一是家长参与学校活动的组织与安排,如志愿服务等;二是参与学校的管理与决策,包括课程开设等;三是负责家校合作基金会的运作,每年为学校事业筹集一定数额的资金,用于设立学生与教师的奖助学金,开展学生与教师的福利事业等等。

(五)树立学校层面的"以学生为本、以每一个学生为本、每一个学生的全面发展和终身幸福为本"的基本教育理念

第一,以学生为本。学校不以教育政绩、教育GDP和升学率为本,不牺牲学生为自身争名声、逐利益,而从学生出发,切实考虑学生的实际需求。设立丰富的校本课程,设立一定的兴趣社团并尽力为学生筹备相关的外链资源,使学生拥有自主选择、自由发展的机会,为学生提供锻炼多方面能力的平台。

第二,以每一个学生为本。学校不应以少数学生为本,也不应以高分学生为本。取消重点班、普通班、特长班的设置,使每一位学生处在同样多元的班级中,享受同等条件的教育资源。监督、培训教师进行具体的教育实践,具体对待、认真对待每一位学生,而非以一定的标准或利好将资源在实际操作中偏向少数学生或高分学生。尽力建设友善、平等的班级氛围,反等级化、反边缘化、反排斥、反欺侮,在班级中不能出现如按成绩排座等区别对待各分数段学生的规则。

第三,以每一个学生的全面发展和终身幸福为本。不应以学生的升学率为本。注重学生的身体健康,安排定量的、不得移于他用的体育锻炼时间,鼓励学生多参加体育运动。注重锻炼学生的意志品质,通过组织拓展训练、安排相关课程培养学生的自理、自立、自主、自律等意志品质。注重学生的思想品德教育,安排相关课程,组织相关活动,教师在日常教育实践中寓教于行。培养学生的学习能力,通过实验、参观等多样化的教学方式引发学生非升学工具性目的的学习兴趣,通过自行设计研究计划等方式培养学生自主研究精神。培养学生的团队意识,组织学生进行集体活动,锻炼学生倾听、沟通、表达、协商等各方面综合实力。以幸福、尊严、精神为出发点,真正为学生的人生奠基。

(六) 强化学校层面的各种管理以及家校合作制度

学校需转变管理理念,建立任课老师导师负责制,开设父母培训课程,建立家校合作基金会。

在教育改革新形势下,学校管理层应首先转变管理理念,要清醒地意识到:没有家庭配合的学校教育,不可能使学生得到全面健康的发展。学校在家长参与学校教育方面应起主导作用,因为学校是制度化的教育机构,拥有一批具备教育教学能力的专业人员。学校应主动开展工作,引导家长积极参与。

当前我国家校沟通最普遍的办法就是家长会,但家长或因为工作太忙,或认为是例行公事、毫无意义,或因为本身不善于和老师沟通,在出席家长会后也无法获得子女相关的信息,常常缺席例会。对于家长缺席情况,学校教师和管理人员首先应该对这些现象发生的原因进行自我总结,同时主动去了解这些家长的想法,耐心地与之交流,了解家长的困难与困惑,而非草草结束家长会,不做会后的检查与反省。

除了家长会外,学校还应建立日常化的家校沟通机制,如建立任课老师导师负责制,要求各科任课老师分别对接一定数量的学生,每月定期与学生沟通学习困惑,与家长交流学生的在校学习、交友等情况,且每次达到必要时长,手段方式不能仅限于互联网交流,需实地家访,形成月度汇报档案,并将此纳入教师考评。

在与父母沟通前,教师应熟悉了解学生家庭基本情况,如家长的工作性质、家庭结构等,使家长能感受到教师热情真诚。在与家长沟通时,教师要抱有宽容、理解的态度,不可只对学习成绩好的学生家长笑脸相迎,而对学习困难的学生家长态度冷淡懈怠甚至傲慢。在与家长沟通的内容方面,不应仅仅传递负面消息,也应该给家长传达孩子在学校的积极信息,提高家长对孩子的期望,使其了解关心子女教育的重要性,进而愿意花时间参与子女教育。在沟通手段上,可采用微信、QQ、邮件、书面、电话等多种方式,提高沟通效率。

家长在参与子女教育过程中最大的障碍就是缺乏自信,特别是教育程度低的家长在教育孩子的过程中觉得有心无力。因此,学校应该为家长开设父母培训课程,提高家长教育孩子的能力,以及传授家长科学的教育方式和正确的教育观念,也可以邀请对教育子女有成功经验的家长向大家讲授经验,还可以根据学生年龄特点和身心发展规律开展有针对性的系列辅导讲座,并为家长提供个性化的咨询服务。

建议成立家校合作基金会,每年筹集一定数额资金专门用于学校学生事业的发展,由校级家长委员会管理,专人全职负责经营事务,让家长委员会真正参与到学校决策与管理中,而不是流于形式。

此外,为了体现学校以学生以本的理念,还可以建立学生投诉站点,由专人负责认真对待学生的诉求,并在规定时间之内公示处理结果;规范教师行为,如对待学生不得使用侮辱性词汇,可由学生进行投诉,与教师奖金挂钩;塑造多元、包容的校园文化,鼓励师生共同参与活动,比如校园涂鸦、体育活动、文娱表演等。

最后,不仅学校教育需要向新教育公平转向,而且父母的教育理念也需要实现变革。因为"70后""80后"父母虽不再唯分数是从,但对孩子个性、创新等方面的关注仍然落后,所以新教育公平的理念不仅需要向学校教育推广,也需要对父母加以普及与宣传。

(七)家庭层面的家长素质提升,尤其是换位思考能力的提升

最后是我们的调查报告最想强调的一点,就是家庭层面的家长素质提升,尤其是其换位思考能力的提升。

当今社会是一个迅速变化的时代,个体需要不断学习才能跟上社会的发展步伐。因此倡导父母树立终身学习理念,建立学习型家庭,营造出浓厚的学习氛围,在身体力行中,孩子通过耳濡目染也能树立良好的学习理念与学习习惯。家长应有意识地加强自身的同理心培养,提高自己的换位思考能力,从而强化对新教育公平的感知,推动孩子全面的教育发展。

家长在关注孩子教育的同时,不能止于关注学习,要树立全面教育观,关注孩子的个性发展,提升孩子的尊严,尊重孩子的意愿,培养孩子的情操。

此外,父亲和母亲不同性别角色对于新教育公平的理念推广以及相应实践的影响也值得更深入的关注。费孝通在《生育制度》中认为一男一女的组合是抚育后代的基本单位,因为社会最基本的分工就是男女分工,所以男性女性都是家庭教育不可或缺的部分。但在当下的中国,一方面是母亲对于孩子的教育参与过于积极,另一方面是父亲对于孩子的教育参与过于缺失,这都影响了孩子的成长和新教育公平的实现。需要增强父亲对孩子教育的参与意识,加强其与学校的沟通,培养其与孩子进行亲密互动的习惯,这将有助孩子更全面地发展与成长。

(八) 社会、社区层面的外部环境建设

大力建设城市文化氛围,投入更多资源建立图书馆、历史馆、博物馆、艺术馆、展览馆、科学馆等文化场所。打造学生的第二课堂,以更具体、生动、丰富的形式展现给学生不一样的知识世界,激发学生对学习的探索热情与求知欲望。

当地有高校的地方政府应充分盘活高校资源,一方面,可以举办开放式展览、体育竞赛等更多更丰富的文艺体育活动,让中小学生走进大学校园,走进大学实验室;另一方面,也可以让高校走进中小学校园,举办高校名师走进课堂,开展天文、地理、物理、生物、历史等丰富有趣的科普趣味讲座,拓宽学生的视野。

建设社区文化是提升换位思考能力的有效途径。通过各类文化活动的开展,如文艺比赛、各类讲座等活动的开展,建设社区文化,使社区居民在物质生活满足的同时,得以在社区活动中谋求精神层次的提高。

社区教育是学校教育的重要补充,也是我们深入思考新教育公平问题的

第十五章
总结、思考与政策建议

一个聚焦点。"社区教育是广大民众在社会现代化过程中适应社会转型和变迁,实现自身社会化的重要载体,也是社区民众实现终身学习的基本教育形态。"①通过社区教育,如安全、养老等各类知识讲座,邀请学校教师义务进社区进行讲解活动等,对于已经离开学校的居民,是一种新的学习方式。社区教育使得居民能够获取生活中需要的知识,并且在共同学习中改善社区氛围,加强邻里关系,而社区氛围的改善、活动的加强、邻里关系的建设,一定关系到新教育公平的实现。

---

① 庄西真. 社区治理与社区教育[M]. 苏州:苏州大学出版社,2016:7.

参考文献

一、著作类

1. 苏霍姆林斯基.给教师的建议[M].杜殿坤,编译.北京:教育科学出版社,1984.
2. 托尼·布什.当代西方教育管理模式[M].强海燕,主译.南京:南京师范大学出版社,1998.
3. 费孝通.乡土中国 生育制度[M].北京:北京大学出版社,1998.
4. 赵忠心.家庭教育学——教育子女的科学与艺术[M].北京:人民教育出版社,2001.
5. 何瑞珠.家庭学校与社区协作:从理念研究到实践[M].香港:香港中文大学出版社,2002.
6. 乐善耀.学习型家庭[M].上海:文汇出版社,2002.
7. 吴康宁.转向教育的背后——吴康宁教育讲演录[M].上海:华东师范大学出版社,2008.
8. 吴奇程,袁元.家庭教育学[M].广州:广东高等教育出版社,2011.

二、期刊类

1. 刘力.家长参与学校教育的功能及方式[J].教育研究与实验,1992(1).
2. 马忠虎.家长参与学校教育——美国家庭、学校合作的模式[J].外国中小学教育,1996(6).
3. 权慧,等.对现阶段小学教育中家长参与教育现象的分析[J].现代中小学教育,2000(5).
4. 田正平,李江源.教育公平新论[J].清华大学教育研究,2002(1).
5. 陈时见.全球化视域下多元文化教育的时代使命[J].比较教育研究,2005(12).
6. 杨东平.从权利平等到机会均等——新中国教育公平的轨迹[J].北京大学教育评论,2006(2).

7. 孙亚蜀.应试教育对素质教育的惯性影响及应对[J].中国成人教育,2006(4).

8. 程天君.素质教育的历史脉络与未来取向——兼理新中国教育目的之演进[J].教育理论与实践,2007(11).

9. 贾莉莉.美国家长怎样参与学校教育[J].上海教育科研,2007(3).

10. 石中英.教育机会均等的内涵及其政策意义[J].北京大学教育评论,2007(4).

11. 董泽芳,张国强.社会公平与教育机会均等[J].教育与经济,2007(2).

12. 吕星宇.教育过程公平研究:教育公平研究的新趋势[J].当代教育科学,2008(15).

13. 李春玲.高等教育扩张与教育机会不平等——高校扩招的平等化效应考查[J].社会学研究,2010(3).

14. 杨东平.试论以人为本的教育价值观[J].清华大学教育研究,2010(2).

15. 孙新.论教育公平制度的需求——新制度教育学的视角[J].现代教育管理,2011(2).

16. 黄河清,等.家校合作中的家长教育方式[J].教育学术月刊,2011(11).

17. 徐慧芬,韩丽丽,秦利娟,等.高中生家长新教育观形成机制探究[J].当代教育论坛(综合研究),2011(11).

18. 谢礼珊,龚金红,梁艳.顾客不公平与员工情感性劳动关系研究——换位思考能力和负面情感作用[J].管理学报,2011(5).

19. 邓银城,卜晓艳.对中部地区学生教育公平感的调查及教育公平的思考[J].孝感学院学报,2011(3).

20. 姚姿如,杨兆山."以人为本"教育理念的意蕴[J].教育研究,2011(3).

21. 程天君,教育改革的转型与教育政策的调整——基于新中国教育60年来的基本经验[J].北京大学教育评论,2012(4).

22. 龙安邦,范蔚.我国教育公平研究的现状及特点[J].现代教育管理,2013(1).

23. 韩志祥.应试教育向素质教育转变中的几点思考[J].中国科教创新导刊,2013(6).

24. 陈武英,卢家楣,等.共情的性别差异[J].心理科学进展,2014(9).

25. 吕寿伟.分配,还是承认——一种复合的教育正义观[J].教育学报,2014(2).

26. 王建华.论人类的教育[J].清华大学教育研究,2014(2).

27. 程天君,陈栋.自主抑或依傍:困境中的"省部共建"高校[J].高等教育研究,2015(5).

28. 陈武英,刘连启.情境对共情的影响[J].心理科学进展,2016(1).

29. 解方舟,吴姗姗,杨平,等.共情能力的作用及其培养[J].中国健康心理学杂志,2016(9).

30. 吕珍琼.促进家长参与学校管理的对策思考[J].教师,2016(7).

31. 孙龙,雷弢.北京老城区居民邻里关系调查分析[J].城市问题,2007(2).

32. 李金刚.多元教育公平观:新教育公平的题中之义——基于涂尔干社会团结思想的分析[J].教育发展研究,2017(2).

33. 程天君.新教育公平引论——基于我国新教育公平模式变迁的思考[J].教育发展研究,2017(2).

34. 吴重涵,张俊,王梅雾.是什么阻碍了家长对子女教育的参与——阶层差异、学校选择性抑制与家长参与[J].教育研究,2017(1).

35. 陈栋.底线与上限:论教育公平的立场、内涵和限度——兼论新教育公平的实践路径[J].教育发展研究,2017(2).

36. 贺晓星.聋教育改革与新教育公平的理论建构[J].教育发展研究,2017(2).

37. 朱光成."新教育"理念下区域推进家校合作的行动探索[J].中小学德育,2017(3).

38. 王建华.新教育公平的旨趣[J].教育发展研究,2017(2).

三、论文类

1. 李丽.家长参与及其与学生学习动机、学业成绩的关系研究[D].济南:山东师范大学,2004.

2. 潘振娅.影响家校合作的家长因素研究——基于对上海YH中学的调查分析[D].上海:华东师范大学,2008.
3. 叶月婵.家长参与对小学生学业成就的影响研究[D].兰州:西北师范大学,2010.

附录1
"教育公平与家长参与"问卷

尊敬的家长您好!

  我们是南京大学社会学院教育社会学研究团队,正在进行一项有关教育公平与家长参与的社会调研,旨在了解家长参与对教育公平的影响。希望您能在百忙之中帮助填答这份问卷。您的真实回答,有助于推动教育公平的实现。问卷中问题的回答没有对错之分,也不影响您的生活及您孩子的学习,请根据自己的真实想法和实际情况填答。您所填写的所有信息,仅供研究之用,我们会予以严格保密。回答选择题时,请您在选中的选项数字上打√;回答填空题时,请您在_____内填写文字或数字。

  除孩子不跟父母生活在一起等特殊情况外,此问卷的调查对象是孩子父母,敬请孩子父母(而不是祖父母/外祖父母等)填答。衷心感谢您的支持!

南京大学社会学院
2017年6月

A. 家长的基本信息

A1. 您是孩子的
  1. 母亲   2. 父亲   3. 爷爷   4. 奶奶   5. 外公
  6. 外婆   7. 其他关系的监护人

A2. 您的年龄是_____周岁

A3. 您目前最高学历是
  1. 没有接受过教育   2. 小学毕业   3. 初中毕业   4. 高中/中专毕业
  5. 大专毕业   6. 本科毕业   7. 研究生毕业

A4. 孩子父亲的职业是
  1. 机关事业单位领导/公司老板   2. 企业管理人员   3. 企业普通职员
  4. 政府机关/事业单位人员   5. 军人/警察   6. 个体工商户
  7. 技术工人/手工艺人/体力工人   8. 流动商贩   9. 农民
  10. 离退休人员   11. 无业、失业、下岗、待就业
  12. 其他_____

附录 1 "教育公平与家长参与"问卷

A5. 孩子母亲的职业是
    1. 机关事业单位领导/公司老板　　2. 企业管理人员　　3. 企业普通职员
    4. 政府机关/事业单位人员　　5. 军人/警察　　6. 个体工商户
    7. 技术工人/手工艺人/体力工人　　8. 流动商贩　　9. 农民
    10. 离退休人员　　　　　　11. 无业、失业、下岗、待就业
    12. 其他_____

A6. 您目前的户口登记状况是
    1. 农村户口　　　　2. 城镇户口　　　　3. 其他_____

A7. 您全家 2016 年总收入(x)大约是
    1. 无收入　　　　2. $x \leqslant 2$ 万　　　　3. 2 万 $< x \leqslant 5$ 万
    4. 5 万 $< x \leqslant 10$ 万　　5. 10 万 $< x \leqslant 20$ 万
    6. 20 万 $x \leqslant 30$ 万　　7. $x > 30$ 万

B. 孩子的基本信息（请父母或者站在孩子父母的角度回答）
（特别说明：此部分问题，独生子女的，请单选；非独生子女家庭，请多选）

B1. 您有几个孩子（包括继子继女、养子养女）
    1. 男孩_____个　　2. 女孩_____个

B2. 在接受中小学教育的孩子的年级是
    1. 小学_____年级　　2. 初中_____年级　　3. 高中_____年级

B3. 您孩子上学期的学习表现在班级中处于
    1. 前 10 名　　　　2. 中游　　　　3. 后 10 名

B4. 您孩子在班上是
    1. 班干部　　　　2. 非班干部

B5. 您孩子的健康状况
    1. 健康　　　　2. 一般　　　　3. 很差

C. 家长参与（如果没有特别注明，以下均为单选题）

C1. 家庭中跟孩子教育有关的重大事情，主要由谁来决定
    1. 父亲　　　　2. 母亲　　　　3. 祖父母/外祖父母
    4. 其他亲属　　5. 孩子自己　　6. 大家商量

C2. 平日孩子的学习主要由谁负责
   1. 父亲　　　　　 2. 母亲　　　　　 3. 祖父母/外祖父母
   4. 其他亲属　　 5. 孩子自己　　 6. 无人负责

C3. 在最近的一个星期,您平均每天花了多长时间与孩子交流学习(x)
   1. 几乎没有　　　　　　　　 2. $x \leq 1$ 小时
   3. 1 小时 $< x \leq 2$ 小时　　　 4. $x > 2$ 小时

C4. 在最近的一个星期,您是否对孩子进行过作业辅导
   1. 没有　　　 2. 有过 1 次　　 3. 2—3 次　　 4. 4 次及以上

C5. 对于孩子作业的辅导,您是否有过力不从心的感觉
   1. 从来没有过　　 2. 偶尔会有　　 3. 经常有　　 4. 总是有

C6. 过去一年用于孩子参加学习辅导班、兴趣班的费用(x)是
   1. 0 元　　　　　　　　　　 2. 0.5 万 $< x \leq 1$ 万
   3. 1 万 $< x \leq 1.5$ 万　　　 4. 1.5 万 $< x \leq 2$ 万
   5. $x > 2$ 万

C7. 您通常是通过什么方式判断孩子表现的
   1. 考试成绩　　　　　　　　 2. 老师的反馈
   3. 自己的观察判断　　　　 4. 孩子自己的评价

C8. 过去的一个学年,您或您爱人参加或接受孩子学校举办的以下联系活动有多少次?请在相应的栏内打√

	没有这项活动	没有参加	1—2 次	3 次及以上
a. 家长会				
b. 学校举办的运动会、子女作品展、节日演出等活动				
c. 家长开放日				
d. 志愿者活动				

C9. 您对参加学校活动(家长会、开放日、运动会、座谈会等)的态度是
   1. 积极参加　　 2. 也乐意参加　　 3. 无所谓　　 4. 想办法推脱
   5. 反感此类活动

C10. 您认为教育好孩子是谁的责任
   1. 完全是学校的责任
   2. 完全是家长的责任

附录 1 "教育公平与家长参与"问卷

3. 家长和学校都有责任,学校责任更大

4. 家长和学校都有责任,家长责任更大

5. 家长和学校责任一样大

C11. 上个学期,您是否主动联系过学校老师

1. 没有　　　　2. 1 次　　　　3. 2 次　　　　4. 3 次及以上

C12. 上个学期您联系老师,主要谈什么内容(可多选)

1. 孩子的学习　　　　　　2. 孩子的品行

3. 孩子的心理状况　　　　4. 孩子的身体状况

5. 孩子的交友　　　　　　6. 其他_____

C13. 您平常主要通过何种方式与老师进行沟通

1. 微信/QQ/电子邮件　　　2. 电话交流

3. 去学校,当面交流

4. 其他_____

C14. 您每次与教师交流一般要花多长时间(x)

1. $x \leqslant 0.5$ 小时　　　　2. 0.5 小时 $< x \leqslant 1$ 小时

3. 1 小时 $< x \leqslant 2$ 小时　　4. $x > 2$ 小时

C15. 您的家庭中一般由谁参与家校沟通

1. 父亲　　2. 母亲　　3. 双方都参加　　4. 双方都不参加

C16. 您与教师进行交流的时候,您认为占主动位置的是

1. 家长　　　　　　　　2. 教师

3. 家长与教师共同　　　4. 不清楚

C17. 您对孩子的学历期望是

1. 硕士及以上毕业　　　2. 本科毕业

3. 大专毕业　　　　　　4. 高中毕业

5. 初中毕业　　　　　　6. 从没想过

7. 尊重孩子意愿

C18. 您最希望孩子将来做什么工作

1. 公务员　　　　　　　2. 公司管理人员

3. 科学家、工程师　　　4. 教师、医生、律师

5. 设计师　　　　　　　6. 艺术表演类人员

7. 专业运动员　　　　　8. 技术工人

9. 没想过　　　　　　　10. 其他_____

C19. 以下各项中,对您孩子成长来说,您认为最重要的两项依次是:

　　　1_____、2_____

　　　1. 学习成绩　　2. 个性发展　　3. 人际交往能力

　　　4. 身体素质　　5. 创新能力　　6. 自信自尊

C20. 过去一个月中,您有意识地与孩子一起进行下列活动的情况如何

	没有做过	1次	2周至少1次	每周至少1次
a. 读书				
b. 看电视				
c. 运动				
d. 参观博物馆、美术馆等文化场所				
e. 外出观看电影、演出、体育比赛等				
f. 社区活动				

D. 教育与自我认知

D1. 作为家长,您认为以下各项对您孩子的教育是否重要?请在相应的栏内打√

	不重要	不太重要	一般	比较重要	非常重要
a. 学校以学生为本而不是以升学率为本					
b. 学校有丰富的校本课程					
c. 学校硬件条件一流					
d. 老师有责任感					
e. 老师在教学中充分尊重孩子的差异					
f. 老师能根据孩子的特长有针对性地进行教学					
g. 老师不让任何一个孩子掉队					
h. 有一位能与孩子融洽沟通的班主任					
i. 孩子能在学习中感到开心					

续 表

	不重要	不太重要	一般	比较重要	非常重要
j. 孩子能在学校生活中体验到自尊					
k. 学校积极应对应试教育,不把孩子培养为考试机器					
l. 学校对孩子的学习评价体系更为多元,不把成绩看成唯一指标					
m. 班级有相互关心的友爱氛围					
n. 班级有争先恐后的竞争氛围					
o. 孩子的应试能力能得到提升					

D2. 您认为中国不同阶层的学生接受教育的机会平等吗?
　　1. 非常平等　　2. 平等　　3. 一般　　4. 不平等
　　5. 非常不平等

D3. 您认为中国目前城乡之间的教育差距如何?
　　1. 没有差距　　2. 差距较小　　3. 不好说　　4. 差距较大
　　5. 差距非常大

D4. 您认为中国目前教育资源的分配公平吗?
　　1. 非常公平　　2. 公平　　3. 一般　　4. 不公平
　　5. 非常不公平

D5. 如果请您为中国的教育公平现状打分,您会打＿＿＿＿分(100分为满分)

D6. 请对您自己做一个描述,在下表空栏里打√

	非常不符合	不符合	一般	很符合	非常符合
a. 我会常常幻想或设想一些可能发生在我身上的事情					
b. 我能深深体验到电影或电视剧中人物的感情					
c. 有时我觉得很难从对方的角度来看事情					

续　表

	非常不符合	不符合	一般	很符合	非常符合
d. 当看到别人遭遇不幸时,我不会为他们难过					
e. 我很少会对一本书或一部电影、电视剧深深地入迷					
f. 如果我确定自己是对的,我不会浪费许多时间来听别人的争论					
g. 我认为任何事情都有两面,并且力图看到这两面					
h. 在批评别人以前,我会试图想象如果我是他们会有什么感受					
i. 我常常对飞碟等神秘的现象感兴趣					
j. 我认为时间是流逝的,分分秒秒一去不复返					
k. 有陌生人跟我打招呼,我会情不自禁有一种不快感					
l. 看见自己喜欢的东西,我常常会想拥有而控制不住自己					
m. 我同意这样的观点:人有信仰总是好事					
n. 当效率与质量冲突时,我会为了做好一件事,一点儿也不顾效率					

若您对中国教育问题或是本调查有什么意见建议,请写在下栏。

感谢您的支持帮助!祝您身体健康、阖家幸福!

附录2
"教育公平与社区发展"问卷

您好!

  我们是南京大学社会学院教育社会学研究团队,正在进行一项有关教育公平与社区发展的社会调研,旨在了解社区发展与教育公平之间的关系。希望您能在百忙之中帮助填答这份问卷,您真实的回答,有助于教育公平的实现,推动社区的发展。问卷中问题的回答没有对错之分,也不影响您的生活,请根据您的真实想法和实际情况填答。您所填写的所有信息,仅供研究之用,我们会予以严格保密。回答选择题时,请您在选中的选项数字上打√;回答填空题时,请您在_____内填写文字或数字。衷心感谢您的支持!

南京大学社会学院
2017年6月

A. 小区信息(如无特殊说明,选择题为单选)

A1. 您住的小区名称是_____

A2. 您搬进现在这小区是在_____年_____月

A3. 您所住的单元入住率为_____%

A4. 您所在的小区类型为(可多选)
 1. 商品房 2. 单位分配房(家属大院) 3. 学区房
 4. 拆迁安置房 5. 廉租房   6. 其他

A5. 您选择居住在这个小区的目的是
 1. 小孩上学需要 2. 有升值空间 3. 工作需要
 4. 居住需要   5. 其他

A6. 您所在小区现在的房价大约是_____元/平方米

A7. 您通常的出行方式为(可多选)
 1. 地铁 2. 私人自行车 3. 公共自行车(如摩拜、ofo)
 4. 公共巴士 5. 私人轿车 6. 步行 7. 出租车
 8. 网络呼叫快车(如滴滴) 9. 其他

A8. 您觉得小区中的邻里关系如何?
　　1. 非常好　　2. 比较好　　3. 一般　　4. 不太好　　5. 很不好

A9. 您觉得自己隔壁邻居的整体素质如何?
　　1. 很高　　2. 还可以　　3. 一般　　4. 较差　　5. 很差

A10. 在您日常生活中,您遇到邻居时打招呼吗?
　　1. 经常　　2. 有时　　3. 很少　　4. 从不

A11. 在您日常生活中,您感到邻居之间会相互帮忙吗?
　　1. 经常　　2. 有时　　3. 很少　　4. 从不

A12. 在您日常生活中,您感到邻居之间就孩子的教育问题会相互沟通吗?
　　1. 经常　　2. 有时　　3. 很少　　4. 从不

A13. 在您日常生活中,您会参与一些小区组织的邻里活动吗?
　　1. 经常　　2. 有时　　3. 很少　　4. 从不

A14. 请对您所在小区的一些基本情况做出评价(请在相应的栏内打√)

	非常不满意	不满意	一般	比较满意	非常满意
a. 出行便利程度					
b. 就医问诊便利程度					
c. 基本购物需求满足程度					
d. 更多的消费需求满足程度,如看电影、逛街、约会聚餐					
e. 环境卫生状况(包括绿化程度、街道干净程度、空气污染程度等)					
f. 教育配置状况(包括幼儿园、小学等学校,以及图书馆、博物馆、美术馆等)					
g. 治安状况					
h. 小区配套设施的完善程度(如老年活动场所、儿童活动场所、体育运动场所等)					
i. 小区管理状况					

A15. 您在小区的日常生活中遇到问题,能很容易请小区管理者提供帮助吗?
　　1. 非常容易　　2. 比较容易　　3. 一般　　4. 不太容易
　　5. 很不容易

附录 2
"教育公平与社区发展"问卷

A16. 对于一些突发事件,小区管理者能做到及时处理吗?
   1. 非常及时　　2. 比较及时　　3. 一般　　4. 不太及时
   5. 很不及时

A17. 感受到小区管理者有一些与时俱进的管理服务模式(如组建小区微信群、QQ 群等)吗?
   1. 强烈感到　　2. 比较感到　　3. 一般　　4. 不太感到
   5. 没有感到

A18. 在小区发展方面,您对小区管理者有信心吗?
   1. 很有信心　　2. 比较有信心　　3. 一般　　4. 不太有信心
   5. 没有信心

A19. 您参与过小区重大事务的决策么?
   1. 参与过　　2. 没参与过

A20. (A19 题选择"参与过"的回答)您一般是如何参与小区重大事务决策的?(可多选)
   1. 作为普通居民参与投票　　2. 作为业主委员会成员参与决策
   3. 不是业委会成员,但会作为热心居民积极参与到小区事务中

A21. (A19 题选择"没参与过"的回答)您没有参与过小区决策的原因主要是(可多选)
   1. 没时间、没精力参与　　2. 小区只是个住的地方,关我啥事,没必要参与
   3. 小区管理者很能干,不需要我参与　　4. 不知道怎么参与进去
   5. 小区决策主要是通过业主,但我不是业主

A22. 在过去一年内,您所在小区进行下列活动的频数是?(请在相应的栏内打√)

	从未有过	一年一次	半年一次	每月一次	一周一次
a. 政治类(居民大会、业主委员会等)					
b. 教育类(公益讲座、安全知识讲座等)					
c. 文化类(舞蹈歌唱比赛、美食节等)					
d. 体育类(跑步健身等)					

续 表

	从未有过	一年一次	半年一次	每月一次	一周一次
e. 休闲娱乐类(集体旅游等)					
f. 志愿服务类(环保志愿者活动等)					

A23. 您参与小区下列活动的程度如何？请在相应的栏内打√,并请在表格最后一列给您认为小区最需要加强开展的活动打分,填入相应的数字:1 为不太需要,2 为需要,3 为强烈需要

	几乎不参与	有时参与	经常参与	需要程度打分
a. 政治类(居民大会、业主委员会等)				
b. 教育类(公益讲座、安全知识讲座等)				
c. 文化类(舞蹈歌唱比赛、美食节等)				
d. 体育类(跑步健身等)				
e. 休闲娱乐类(集体旅游等)				
f. 志愿服务类(环保志愿者活动等)				

B. 教育感知

B1. 您认为中国不同阶层的学生接受教育的机会平等吗？
　　1. 非常平等　　2. 平等　　3. 一般　　4. 不平等　　5. 非常不平等

B2. 您认为中国目前城乡之间的教育差距如何？
　　1. 没有差距　　2. 差距较小　　3. 不好说　　4. 差距较大
　　5. 差距非常大

B3. 您认为中国目前教育资源的分配公平吗？
　　1. 非常公平　　2. 公平　　3. 一般　　4. 不公平　　5. 非常不公平

B4. 您认为现在的孩子接受的是应试教育吗？
　　1. 绝对是　　2. 是　　3. 不好说　　4. 不是　　5. 绝对不是

B5. 您认为政府应该切实落实素质教育的推进吗？
　　1. 绝对应该　　2. 应该　　3. 无所谓　　4. 不应该
　　5. 绝对不应该

附录 2
"教育公平与社区发展"问卷

B6. 您是否认为目前义务教育阶段的学校教育模式不适合孩子的个性成长?
  1. 绝对是 2. 是 3. 不好说 4. 不是 5. 绝对不是

B7. 您是否认为在考上大学前,孩子应该专心学习,其他跟考试无关的事都不应该做?
  1. 绝对是 2. 是 3. 不好说 4. 不是 5. 绝对不是

B8. 您是否认为考试成绩不好的学生都是比较笨的孩子?
  1. 绝对是 2. 是 3. 不好说 4. 不是 5. 绝对不是

B9. 您是否认为为了帮助班上学习落后的学生,老师可以放慢教学的进度?
  1. 绝对是 2. 是 3. 不好说 4. 不是 5. 绝对不是

B10. 您是否认为东部经济发达,所以理应将好的教育资源调剂给经济不发达地区?
  1. 绝对是 2. 是 3. 不好说 4. 不是 5. 绝对不是

B11. 您是否认为在学习过程中,孩子的开心比成绩更重要?
  1. 绝对是 2. 是 3. 不好说 4. 不是 5. 绝对不是

B12. 您是否认为学校教育应该以学生为本而不是以升学率为本?
  1. 绝对是 2. 是 3. 不好说 4. 不是 5. 绝对不是

B13. 您是否认为教师的责任就是不让班上的任何一个孩子掉队?
  1. 绝对是 2. 是 3. 不好说 4. 不是 5. 绝对不是

B14. 您是否认为在学校教育中重要的是老师要充分尊重孩子的差异?
  1. 绝对是 2. 是 3. 不好说 4. 不是 5. 绝对不是

B15. 您是否认为学校的硬件条件不行学校教育质量也就不行?
  1. 绝对是 2. 是 3. 不好说 4. 不是 5. 绝对不是

B16. 您是否认为学校的师资力量不行学校教育质量也就不行?
  1. 绝对是 2. 是 3. 不好说 4. 不是 5. 绝对不是

B17. 您是否认为有一位能与孩子融洽沟通的班主任才是实现教育公平的关键?
  1. 绝对是 2. 是 3. 不好说 4. 不是 5. 绝对不是

B18. 您是否认为现在的学校教育能根据学生的特长有针对性地进行教学的教师太少?
  1. 绝对是 2. 是 3. 不好说 4. 不是 5. 绝对不是

B19. 您是否认为丰富的校本课程能促进学生的个性发展因而很重要?
    1. 绝对是   2. 是   3. 不好说   4. 不是   5. 绝对不是

C. 自我认知

C1. 请对您自己做一个描述,在下表空栏里打√

	非常不符合	不符合	一般	很符合	非常符合
a. 我会常常幻想或设想一些可能发生在我身上的事情					
b. 我能深深体验到电影或电视剧中人物的感情					
c. 有时我觉得很难从对方的角度来看事情					
d. 当看到别人遭遇不幸时,我不会为他们难过					
e. 我很少会对一本书或一部电影、电视剧深深地入迷					
f. 如果我确定自己是对的,我不会浪费许多时间来听别人的争论					
g. 我认为任何事情都有两面,并且力图看到这两面					
h. 在批评别人以前,我会试图想象如果我是他们会有什么感受					
i. 我常常对飞碟等神秘的现象感兴趣					
j. 我认为时间是流逝的,分分秒秒一去不复返					
k. 有陌生人跟我打招呼,我会情不自禁有一种不快感					
l. 看见自己喜欢的东西,我常常会想拥有而控制不住自己					
m. 我同意这样的观点:人有信仰总是好事					
n. 当效率与质量冲突时,我会为了做好一件事,一点儿也不顾效率					

附录 2 "教育公平与社区发展"问卷

D. 基本信息

D1. 您的性别是
    1. 男   2. 女

D2. 您的年龄是_____周岁

D3. 您目前最高学历是
    1. 没有接受过教育   2. 小学毕业   3. 初中毕业
    4. 高中/中专毕业   5. 大专毕业   6. 本科毕业
    7. 研究生毕业

D4. 您目前的户口登记状况是
    1. 农业户口   2. 城镇户口   3. 其他

D5. 您目前的工作是
    1. 机关事业单位领导/公司老板   2. 企业管理人员   3. 企业普通职员
    4. 政府机关/事业单位人员   5. 军人/警察   6. 个体工商户
    7. 技术工人/手工艺人/体力工人   8. 流动商贩   9. 农民
    10. 离退休人员   11. 无业、失业、下岗、待就业
    12. 其他_____

D6. 您家 2016 年全年家庭总收入(x)大约是
    1. 无收入   2. $x \leq 2$ 万   3. 2 万$< x \leq 5$ 万
    4. 5 万$< x \leq 10$ 万   5. 10 万$< x \leq 20$ 万
    6. 20 万$< x \leq 30$ 万   7. $x > 30$ 万

D7. 您家里是否购买了汽车
    1. 没有汽车   2. 有汽车,有_____辆,购买时价格共约_____万元

D8. 您或家人是否去过国外旅游(不包括留学)
    1. 没有去过   2. 去过_____次,其中最喜欢的国家是_____

若您对中国教育问题、本小区发展问题或是本调查有什么意见建议,请写在下栏。

感谢您的支持帮助! 祝您身体健康、阖家幸福!

后　记

家长、社区与新教育公平是一个具有社会现实意义以及教育学、社会学学理意义的研究主题，本书是一个粗浅的研究尝试，虽然还存在着许多不足和缺憾，但毕竟是在这一研究领域迈出了小小的一步。

本书几乎每一章都有大量的图表以及相应的统计数据和分析，这与本书乃为一个课题调研报告有关。我们根据研究主题和问题意识设计了问卷，展开了问卷调查，本书的初衷，就是想把问卷调查的结果，以教育社会学研究常用的实证方法，换言之在此也就是图表和数据分析的方法，尽量科学、客观地呈现给读者。

本书的调查数据来自江苏省，虽然不能代表全国，但数据的分析与解读，依然可以为我们认识家长参与、社区发展与新教育公平的问题带来许多有价值的参考。

本书是一个团队的研究成果，执笔者除贺晓星外，多为南京大学社会学院的研究生甚至是本科生。具体执笔情况如下：

前言，施培松、刘慧、贺晓星；第一章，贺晓星；第二章，施培松、贺晓星；第三章，杨佳宇、贺晓星；第四章，邓冬婷、贺晓星；第五章，武艺、贺晓星；第六章，杨佳宇；第七章，杨医铭；第八章，杨丹；第九章，祖子涵；第十章，杨涛伊；第十一章，黄旭生；第十二章，台敏佳；第十三章，任路路；第十四章，李婷婷；第十五章，刘慧、贺晓星。执笔的当时，施培松、任路路、刘慧、台敏佳、杨医铭、杨丹是南京大学社会学院社会学系研究生，黄旭生、李婷婷是南京大学社会工作系研究生，杨佳宇、邓冬婷、武艺、杨涛伊是南京大学社会学系本科生，祖子涵则是南京大学法学院本科生。贺晓星通览了全稿，并做了必要的内容和文字表述上的修改、调整，为本书的主要责任人。

本书得到了江苏高校哲学社会科学优秀创新团队——"新教育公平的理论建构与实践探索"团队的资助，得到了南京师范大学教育社会学研究中心

后 记

原中心主任吴康宁教授以及现中心主任、优秀创新团队负责人程天君教授的支持和鼓励,对此我表示衷心的感谢。还要特别感谢的是,本书的责任编辑、南京师范大学出版社的王艳老师。王老师在今夏酷暑中,细读本书文稿,与我多次邮件往返,认真指出原稿中存在的各种问题和纰漏,敬业精神让人感动。

由于才疏学浅,本书对于家长参与、社区发展与新教育公平问题的许多讨论还只停留在量化统计的表层,还需要更多深入的理论分析。作为本书的主要作者,为此要负主要的责任。期待以后能有机会对本调查进行更进一步的优化,并结合质性研究的调查材料,做出更有见地也更有理论深度的解读,切实深化我们对于家长参与、社区发展与新教育公平问题的认识。

贺晓星
2018 年 8 月 9 日于南大和园恒先斋